北京城市治理研究基地学术文库

经济类课程建设与课程思政案例

主编◎王书平　李洪梅

副主编◎潘素昆　郝　凯　刘　晓

知识产权出版社
全国百佳图书出版单位
—北京—

图书在版编目（CIP）数据

经济类课程建设与课程思政案例／王书平，李洪梅主编；
潘素昆，郝凯，刘晓副主编.—北京：知识产权出版社，2024.7
ISBN 978-7-5130-9377-4

Ⅰ.①经…　Ⅱ.①王…　②李…　③潘…　④郝…　⑤刘…
Ⅲ.①高等学校－思想政治教育－案例－中国　Ⅳ.①G641

中国国家版本馆 CIP 数据核字（2024）第 106415 号

责任编辑：赵　昱　　　　　　　　责任校对：潘凤越
封面设计：北京麦莫瑞文化传播有限公司　　责任印制：孙婷婷

经济类课程建设与课程思政案例

主　编　王书平　李洪梅

副主编　潘素昆　郝　凯　刘　晓

出版发行：知识产权出版社有限责任公司	网　　址：http：//www.ipph.cn	
社　　址：北京市海淀区气象路 50 号院	邮　　编：100081	
责编电话：010-82000860 转 8128	责编邮箱：zhaoyu@cnipr.com	
发行电话：010-82000860 转 8101/8102	发行传真：010-82000893/82005070/82000270	
印　　刷：北京中献拓方科技发展有限公司	经　　销：新华书店、各大网上书店及相关专业书店	
开　　本：720mm×1000mm　1/16	印　　张：19.75	
版　　次：2024 年 7 月第 1 版	印　　次：2024 年 7 月第 1 次印刷	
字　　数：310 千字	定　　价：98.00 元	

ISBN 978-7-5130-9377-4

前　言

课程建设是一流本科专业建设的一项重要内容，也是提高本科人才培养质量的重要途径。在多年的专业建设中，我们发现经济与金融、国际经济与贸易两个专业的理论课相对较多，而理论课的一个薄弱环节是阐明知识点的实际案例比较少，这影响了教学效果。为此，我们组织北方工业大学经济管理学院经济系的教师，对经济类课程中的知识点与实际案例的有机结合进行了研究，撰写了《经济类课程建设与课程思政案例》。每位教师结合自己主讲的本科课程，选择某个重要的知识点，以论文的形式撰写一个案例，并在案例中适当融入一些思政元素。本案例集共分为三篇。

第一篇是经济学篇。经济学方面的课程主要包括微观经济学、宏观经济学、计量经济学、经济学专题等。在本篇中围绕经济学相关课程的某个重要知识点进行阐述，通过对知识点的说明和进一步分析加深对课程内容的理解，并融入中国的经济实践与思政元素。

第二篇是国际经济与贸易篇。国际经济与贸易方面的课程主要包括国际贸易、国际贸易网络、国际经济学、国际贸易理论与政策、国际服务贸易、博弈论等。在本篇中围绕国际经济与贸易领域相关课程的某个重要知识点进行阐述，通过对知识点的说明和进一步分析加深对课程内容的理解，并融入中国在国际经济与贸易方面的实践经验。

第三篇是金融学篇。金融学方面的课程主要包括金融学、金融风险管理、互联网金融、证券投资学、金融机构与金融市场、固定收益证券等。在本篇中围绕金融学领域相关课程的某个重要知识点进行阐述，通过对知识点的说明和进一步分析加深对课程内容的理解，并融入中国的金融实践与思政元素。

本案例集是北方工业大学经济系北京市一流本科专业建设（国际经济与

贸易专业、经济与金融专业）的一项成果，也是北方工业大学北京城市治理研究基地、学校 1138 工程项目、北京市高等教育学会 2023 年课题"经济学类专业课'课程思政'内涵与建设实践研究"的阶段性成果之一。

　　本案例集可用于课堂教学实践，一方面提高本科教学的深度和广度，另一方面提升全面课程思政的效果，以实现全员育人的目标。

王书平

北方工业大学经济管理学院经济系

2023 年 10 月

目　录

第三篇 金融学篇———————————————●

第一篇　经济学篇

经济学方面的课程主要包括微观经济学、宏观经济学、计量经济学、经济学专题等。本篇围绕经济学相关课程的部分重要知识点进行阐述，通过对知识点的说明和进一步分析加深对课程内容的理解，并融入中国的经济实践与思政元素。

在新时代的教学教改背景下，关于思政元素融入高校专业课程教学过程的问题，基于微观经济学课程，《融合思政元素的微观经济学课程教改探索》通过对知识点内容的理解，梳理整个课程内容和思政元素之间的关系，结合翻转课堂的教学模式，将相关的思政内容贯穿整个教学过程中。

完善的委托代理机制是保障全民所有资源得以健康有序开发的必要条件。基于微观经济学课程，《基于委托代理模型的资源型企业道德风险分析》将委托代理理论应用到国家和资源型企业的分析之中，构建期望总效用模型，给出了防范资源型企业道德风险问题产生的相关措施。

描述失业率与通货膨胀率相互作用的菲利普斯曲线在不同经济周期会呈现不同特征。基于宏观经济学课程，《我国菲利普斯曲线的实证分析》从长期和短期的视角分析我国通货膨胀率与失业率的关系，运用协整检验、向量误差修正模型以及脉冲响应来分析菲利普斯曲线对我国经济的适用性。

"供给侧结构性改革"树立了钢铁行业依靠创新降本增效实现产

业转型升级的新发展理念。基于宏观经济学课程,《供给侧改革下的宝钢股份创新——基于 AD-AS 模型》构造 VAR 模型强调我国经济运行从需求侧到供给侧改革的紧迫性和重要性,构建 AD-AS 模型解读供给侧改革,根据 AS 曲线移动将宏观政策落实到企业层面。

IS-LM 模型可分析货币政策对宏观经济的影响情况及衡量货币政策效果。基于宏观经济学课程,《货币政策对我国宏观经济影响的实证分析——基于 IS-LM 模型》建立我国的 IS-LM 模型,并测算我国的货币政策乘数、货币政策对经济增长的贡献以及货币政策的投机效应,对货币政策影响宏观经济的效果进行分析。

党的十八大报告中提出了"建设优秀传统文化传承体系,弘扬中华优秀传统文化"的重大任务。基于计量经济学课程,《传统文化产品的受众群体特征分析——来自 CGSS 的证据》讨论以戏曲为代表的传统文化产品的受众群体特征问题,使用有序概率模型进行回归分析,并与其他文化产品受众群体特征进行比较。

党的二十大报告中指出,坚持把发展经济的着力点放在实体经济上。基于经济学专题课程,《中国非金融企业的金融投资与研发投入》选择中国沪深两市 A 股上市公司数据,运用固定效应模型分析非金融企业的金融投资对研发投入的影响及其机制。

融合思政元素的微观经济学
课程教改探索

张雪峰

（北方工业大学经济管理学院，北京，100144）

摘要：课程思政是指在"课程教学"中融入"思想政治"的元素，在课程知识技能传授以及专业能力培养的过程中塑造新时代价值观的高效模式。在新时代的教学教改背景下，关于思政元素融入高校专业课程教学过程的问题，本文以微观经济学课程为研究对象，探讨课程思政融合的必要性与可行性，通过对课程知识点内容的理解，梳理整个课程内容和思政元素之间的关系，结合翻转课堂的教学模式，将相关的思政内容贯穿整个教学过程中，从而实现高等教育的"立德树人"的根本任务。

关键词：教学教改；微观经济学；课程思政

1. 引言

课程思政不同于思政课程，是指在"课程教学"中融入"思想政治"的元素，在课程知识技能传授以及专业能力培养的过程中塑造新时代的价值观的高效模式[1]。习近平总书记在 2016 年的全国高校思想政治工作会议中指出："高校思想政治工作关系高校培养什么样的人、如何培养人以及为谁培养人这个根本问题。要坚持把立德树人作为中心环节，把思想政治工作贯穿教育教学全过程，实现全程育人、全方位育人，努力开创我国高等教育事业发展新局面。"新时代背景下我国的高等教育事业要坚持以"立德树人"为根本任务，在教育教学过程中落实思想政治教育的元素，从传统意义上的"思政课程"走向新时代发展下的"课程思政"[2]。伴随着后续教学教改相关文件的印发，国内各大高校关于"课程思政"方面的教学教改工作被提上议程。在这样的思政教育改革发展大背景下，国内高校相继展开"课程思政"相关的教学教改工作。但是高等教育发展涉及国家人才培养以及国家发展，故在高校课程中如何合理、有效地融入思政元素成为各大高校教育人员所面对的重大问题。

微观经济学课程作为社会科学类的学科，是经济学专业学生的专业必修课，基础内容为消费者决策、厂商理论、竞争市场均衡、不完全竞争、市场失灵、博弈论等。基于对微观经济学研究对象个体决策的学习，学生们能够了解现代经济学研究个体行为的基本经济学范式，培养基本的经济学思维方式，掌握基本的经济学分析方法。微观经济学作为一门专业必修课，在高校中存在几十年的授课历史。根据对往年教学情况的分析，微观经济学课程的学科定位明显，教师们对于该课程的教学主要以讲授法为主，同时结合学生实践的方法，使学生们能够达到掌握经济学相关的系统的专业知识的程度。在这些年的教学经历下，这门课程形成了"以班级授课、集中答疑为主的授课方式，以课后练习、期末考试为辅的测验方式"的教学模式。目前国内高校中课程的教学模式以这种模式为主，这也是在中国特有的形势下产生的教育模式。但是伴随着新时代的发展以及发展中所面临的各种风险挑战，这种教学模式已无法满足当前时代人才的培养要求。目前对于人才的要求不仅包括对学科专业知识的掌握，还包括思想政治方面的素养。

所以本文以微观经济学课程为研究对象，探索微观经济学中所蕴含的思政元素，并将其融入课程的教学实践中，从而在知识技能传授以及专业能力培养的过程中实现"立德树人""价值塑造"等目标。本文微观经济学课程的教学对象为本科生，也即微观经济学的初学者，使用教材为《西方经济学》（主编：颜鹏飞、刘凤良、吴汉洪）及《微观经济学》（主编：张雪峰），考虑到本科生所处阶段的特性，探讨不同思政重点对课程教学质量提升的作用。

2. 微观经济学课程思政体系的必要性与可行性

2.1　落实"立德树人"根本任务

德是做人之本，德育是教育之魂，立德树人是高校立身之本[3]。在 2016 年的全国高校思想政治工作会议上，习近平总书记指出："高校立身之本在于立德树人。只有培养出一流人才的高校，才能够成为世界一流大学。""思想政治工作从根本上说是做人的工作，必须围绕学生、关照学生、服务学生，不断提高学生思想水平、政治觉悟、道德品质、文化素养，让学生成为德才兼备、全面发展的人才。"我国高校教育应不仅集中在课程专业知识传授，还需要注重对学生的思想政治教育，让学生更加关注国家政治、文化、经济等发展现状。

微观经济学作为一门社会科学类的学科，不仅蕴含着课程本身的专业知识，还存在着积极的思政含义。经济水平的发展决定着国运，经济实力水平是国家军事力量发展的基础，是居民生活水平的保障，是社会秩序安定的后盾。而国家经济水平的发展离不开经济方面人才的培养，作为经济学专业学生学习的基础课程，微观经济学的学习需要结合本国的国家经济政策及发展现状，需要紧跟国家的发展方针，以国家的思想政治目标为导向。在新时代人才培养的发展背景下，微观经济学与思政元素二者相互统一，你中有我，我中有你，故寻找微观经济学课程内容中包含的思政元素是顺应时代发展的必然要求，是我国在人才需求方面的必然要求，也是各大高校落实"立德树人"这一根本任务的必然要求。

2.2 思政元素的融合有助于课程教学质量的上升

作为经济学专业学生学习面临的基础导向课程，微观经济学涉及的专业知识内容广泛且细碎，课程所包含的经济学专业相关的定义较为琐碎，并且课程的知识背景为国外，所以在学习微观经济学课程时，学生面临知识学习难度较大、学习兴趣匮乏等问题，最重要的是对于课程所涉及的知识背景无法产生共鸣。并且基于传统的教学模式，教师的授课方法主要以理论知识讲解与PPT授课相结合的方式进行，在这种传统的简单枯燥的教学模式下，学生对于该课程更加兴致索然，从而严重影响课程的教学质量。

基于这种情况，思政元素的融合显得尤为重要。微观经济学的课程思政，可理解为大思政，应在课程教学中融合先进的教学方法，并将符合中国实际的事例逐渐渗透日常教学中，同时引导学生阅读经济学家或者经济学研究的事例。教师通过挖掘课程中所蕴含的思政元素，结合国家思想政治建设以及经济发展策略方针，在教授课程理论知识的过程中，将课程所涉及的思政内容以故事或案例的形式融入，使学生在分析故事或案例的同时理解课程理论知识，并且能够提升自身的思想政治水平，更加关注国家相关的发展建设现状。故在这种教学模式下，学生对课程知识的掌握程度有所提升，并且在思政元素的融入后，整个课堂气氛好转，从而提升整个课程的教学质量。

3. 微观经济学课程思政建设的基本思路

为了有效开展微观经济学课程思政建设，我们需要构建一个科学的框架以保证有章可循、有据可依、有据可考。

3.1 教学理念

在教学理念方面，坚持育人与育才相统一的原则。素质教育要求培养德智体美劳全面发展的学生，在高校教育教学中亦要遵循这一理念。近年来，高等学历人群犯罪率上升的趋势不断凸显，这也给高等教育带来了警示。高校教育不光要教知识，更要教做人。对于微观经济学课程思政而言，首先总体上要坚持育人与育才相统一的原则，之后将这一原则贯彻到教育教学的每一步骤和环节，力争实现"润物无声"的效果，培养经世济民的优秀人才；其次，坚持课程内容与新时代学生特性相结合的做法，探索新一代学生的特征，考虑以授课群体更能接受的方式进行课程教学，将课程知识与现实情境融合起来，在提升课程思政性的基础上增加趣味性。

3.2　教师队伍

在教师队伍方面，提高队伍整体的素质、能力与意识。教师是课程思政建设的主力军，教师的教学行为将会对学生产生直接的影响，教师队伍的整体水平关系到课程思政的作用发挥，因此提高教师队伍的素质、能力与意识尤为重要。在微观经济学课程思政建设中，教师要培养融入思政元素的意识，增强自身的道德修养，提高自身的专业能力，同时能够有效剔除课程中所隐藏的资本主义价值属性，教会学生站在中国的立场上看待和思考问题。

3.3　课程目标

微观经济学课程思政建设目标为在学生系统掌握微观经济学理论体系的基础上，对学生进行价值引导，培养学生结合中国实际发展特点思考现实问题的能力，力争实现将知识和价值内化于心，并通过能力外化为行。同时立足课程建设"主战场"，充分发挥教师队伍、课堂教学在课程思政建设中的"主力军"和"主渠道"作用，为培养合格的中国特色社会主义事业的建设者和接班人奠定坚实的基础。

3.4　教学内容

在教学内容上，促进专业知识与思政元素的有机融合。一是要科学设置微观经济学课程体系，完善课程内容，保证知识理论的先进性与正确性，为思政元素的有机融合奠定基础；二是要力争解决专业教育和思政教育"两张皮"问题，深度挖掘经济学中思想政治资源，优化内容供给，将习近平新时代中国特色社会主义思想、社会主义核心价值观、中华优秀传统文化、经济法、国内经济政策等思政元素有机融入课程内容。

3.5 教学方法

在教学方法上，推进现代化与创新型方式的应用。新技术的发展为教育教学带来了诸多便利。尤其在新冠疫情期间，线上教育发挥了巨大的作用。在微观经济学课程思政建设中，同样要实践应用现代信息技术进行教学，形成线上线下的良性互动。同时将专题讨论、案例分析、小组展示等模式引入课堂教学，使学生更具体和形象地感受课程思政所发挥的作用。还考虑将理论与实践相融合，在条件允许的情况下主动创造实地调研机会，增进学生对微观经济学课程知识的理解。

3.6 教学评价

在教学评价上，注重系统性和多元化的安排。微观经济学课程思政建设中教学评价更为复杂，成绩或分数并不能有效体现课程思政的效果。因此，要进行系统性的调整，主观和客观评价指标均要进行有层次的设置，使教学评价更加科学。同时要采用多元化的评价体系，不能对某一种方式偏听偏信。

4. 微观经济学课程思政建设的难点

基于以上的分析框架，在微观经济学课程思政建设的实际过程中，一些问题和难点不断浮现，主要体现在以下几个方面。

4.1 课程内容的设计

微观经济学课程思政建设要求把思政元素结合到课程体系中，但这种结合不是简单的贴合，而是有机的融合。这就需要教学团队认真地钻研与思考。一是从微观经济学哪些角度切入，加入思政元素。微观经济学包括消费者选择理论、厂商理论、市场均衡理论等，课程体系相对较大，但并不是每一部分都可以被融入思政元素，要找到合适的突破口，直击核心。二是哪些思政元素适合被融入微观经济学课程中。与上述分析一致，对思政元素的选择同样不能"一刀切"，要坚持以马克思主义为指导，具体问题具体分析。正如微观经济学中所讲的效用论，要选择合适的思政元素使其发挥的效用最大化，否则就会"画虎不成反类犬"。三是思政元素以何种形式融入微观经济学中，是课堂讨论、案例分析还是课后作业，当形式不适合内容时，同样会阻碍课程思政建设的进程。综上，在切入角度、思政元素和形式选择方面，都需要教学团队坚持马克思主义方法论，从实际出发，认真考量、仔细斟酌，考虑采取"00后"学生熟悉的方式，比如在需求与供给理论的讲授中，结合国家碳达峰碳中和目标，将理论应用到碳排放权交易市场中，分析需求曲线、供给曲线点和线的移动；在市场结构理论的讲授中，引入视频平台，代替传统的京东、淘宝平台，介绍企业在平台经济中的垄断行为、广告行为等；在博弈理论讲授中，引入拍卖游戏、囚徒困境等博弈论游戏，以趣味性的增加提升学习效果。

4.2 教学方式的创新

课程思政建设的最终目的是要完成立德树人的根本任务，因此课程思政建设的效率更为关键。传统的思政教育说服教育性较强，模式相对固定，教学效率不高。那么当思政教育与专业教育有机融合成为课程思政后，其效率提高也需要跟上脚步。而教学方式的创新能够吸引学生的兴趣，激起他们的学习热情，进而增强教学效果，促进微观经济学课程思政效率的提高。但如何去创新，怎样结合微观经济学理论讲好中国故事，以何种方式借助经济原理激起学生对于中国特色社会主义的认同感，都需要教学团队结合实际不断地探索与实践。

4.3　教学效果的评价

微观经济学课程思政的教学效果评价可以分为两部分进行考核，一部分是学生对于微观经济学知识的掌握程度。此部分的评价相对容易，可以通过设置一些客观的指标来检验，比如平时测验、期中考试与期末考试等。但是另一部分即微观经济学课程中思政教育的效果评价就相对复杂。因为思政教育对学生的影响是潜移默化的，难以用一个客观的指标去定量考核，进而难以衡量学生的掌握程度及微观经济学课程中思政教育的效果。所以，对于思政教育效果的考核，需要采用一些其他更有效的评价方式。

5. 课程思政元素的挖掘与实践方案

5.1　课程内容与思政元素结合

微观经济学课程的知识框架中所蕴含的思政元素分布较为广泛，需要系统地梳理课程的知识内容，从而深入地挖掘出其中蕴含的重要的、便于理解的思政内容，并进一步将思政元素合理、有效地融入教学过程中。所以本文以微观经济学的课程内容为基础，对其课程内容与思政元素之间的关系梳理如表1所示。

表1　微观经济学课程内容和思政元素

课程章节	课程内容	思政元素	课程知识点
第一章　绪论	微观经济学发展历史及研究方法、市场概念	《关于新时代加快完善社会主义市场经济体制的意见》	计划经济与市场经济
第二章　需求与供给的基本原理	需求与供给及相关概念、市场均衡及价格决定	新冠疫情期间国家对居民生活必需品的价格管制	供求决定价格

课程章节	课程内容	思政元素	课程知识点
第三章 消费者选择	效用的概念、消费者剩余、确定性下的消费者选择	1. 2021年8月，习近平主持召开中央全面深化改革委员会第二十一次会议，提出"加强反垄断反不正当竞争监管力度"； 2. 双循环发展格局背景下国内循环体系构建的重要一步：对消费者行为的优化	1. 消费者剩余变化分析； 2. 消费者行为理论
第四章 生产论	厂商、生产函数概念、不同情况下的生产函数、要素投入的最佳组合	国家"南水北调"工程、"西电东送"工程的实施	要素投入的合理配置
第五章 成本论	成本相关概念、短期与长期成本曲线	全国政协关于建立生态补偿机制的发言	成本与机会成本
第六章 完全竞争市场	厂商和市场类型、厂商利润最大化均衡条件、短期均衡和长期均衡	"十四五"时期产业结构调整升级战略	1. 利润最大化与社会福利； 2. 实现利润最大化
第七章 垄断竞争和垄断市场	垄断市场与垄断厂商的概念、垄断市场的定价策略与效率评价、均衡	1. 2021年8月，习近平主持召开中央全面深化改革委员会第二十一次会议，提出"加强反垄断反不正当竞争监管力度"； 2. 结合同学们熟悉的网络平台讲解案例	垄断与价格歧视
第八章 寡头市场与博弈论初步	博弈论概念、寡头垄断市场、经典寡头模型、市场效率	1. 中美贸易战以及中国在国际上的地位转变； 2. 美国对华为公司发布的"限芯令"	1. 博弈论、零和博弈； 2. 垄断
第九章 要素市场	要素需求与供给理论、劳动与土地的供给、洛伦兹曲线与基尼系数	1. 《中共中央关于坚持和完善中国特色社会主义制度、推进国家治理体系和治理能力现代化若干重大问题的决定》； 2. 习近平对国内住房问题的分析； 3. 国家统计局关于我国收入水平的数据分析	1. 生产要素资源的供需； 2. 土地的供给； 3. 基尼系数计算与含义

课程章节	课程内容	思政元素	课程知识点
第十章 一般均衡和福利经济学	一般均衡分析、经济效率与帕累托标准、帕累托条件	我国发展始终坚守改革开放方针的现实依据	一般均衡分析
第十一章 市场失灵及政府作用	市场失灵的概念及原因、解决方案	习近平在全国生态环境保护大会发表关于生态环境的讲话	1. 外部性及解决方案; 2. 公共物品概念及特征

  表 1 对微观经济学的课程章节内容和相关的思政元素、课程知识点之间的对应关系进行整理,针对相应的课程内容挖掘出相对应的思政方面的元素,从而能够在课程知识内容的讲授中合理地融入思政内容[4]。根据整理的表 1 内容,一个课程章节中可以包含多个角度的思政因素,所以在相关的课程知识授课环节中,教师需要着重关注重点的、前沿的思政元素,合理、高效地实现教学的思政目标,从而完成立德树人的根本任务。

5.2 课程内容教授与翻转课堂结合

  翻转课堂是指在现代技术水平的支持下,学生自主安排课外学习时间,提前了解课程相关知识,并进一步梳理、加工,同教师互动讨论[5]。关于微观经济学课程内容和思政元素的“切入点”,可以合理借鉴翻转课堂的教学模式,通过让学生提前了解相关的课程知识内容,帮助学生了解挖掘课程知识中蕴含的思政内容的方法,从而进一步让学生学会自己挖掘课程内容之中包含的其他思政内容,让学生在课堂上分享、报告自己所梳理的课程内容和思政元素。通过这种方法,学生在寻找挖掘课程知识点所涉及的思政元素的同时,进一步加强了对课程知识内容的了解,并且对涉及的思想政治教育以及国家政策发展现状加深了解,从而增强课堂教学效果。具体做法包括三方面:

  一是精准切入,协同发展。将经济热点、国情国策、现实问题引入教学设计，发挥专业教育和思政教育的协同效应。减少突兀的思政，拒绝简单的糅合，做出令学生喜爱的"思政味"，这是教师在实际教学过程需要不断探索的内容。在此方面，笔者及教学团队进行了一些实践。比如讲授消费者选择与理性消费理论时，结合我国以国内大循环为主体，国际国内双循环相互促进的格局来进行阐释，引导学生思考如何运用消费理论发挥我国超大规模市场优势，进而扩大内需，推动双循环的畅通。再如讲授"看不见的手"与一般均衡理论时，将我国的改革开放引入课堂，通过具体的政策和案例，来阐释政府和市场在均衡分析中的机制与作用。总之，正如上文所言，在微观经济学课程思政建设中，要找到合适的切入点加入思政元素，做到两者的有机融合，实现"1+1>2"的效果。

二是创新模式，提高效率。为了提高微观经济学课程思政建设的效率，笔者及教学团队在教学模式及方法创新上进行了以下实践。首先是进行图表展示与数据对比。通过图表和数据，学生可以更直观地看出我国经济的发展历程、现实状况、未来趋势等，进而凸显我国社会主义建设的不易，从而增强学生的民族自豪感与对社会主义的认同感。其次是开展专题研讨，拓展视野。通过对现实经济问题的讨论，提高学生的课堂参与程度，开拓学生在经济领域的视野，进而激发学生了解国情党情的主动性。最后是分析案例，理论联系实际。借助于具体案例，学生能够深入了解我国发展战略、经济政策等实施的理论依据。

三是多元评价，问题反馈。笔者及教学团队将微观经济学课程思政的效果评价分为两部分，一部分是专业教育的评价。这一部分主要采取测验与考试的形式，对课堂出勤、小组展示、课后作业、期中测试、期末考试等赋予不同的权重，最终以一个量化的指标来测度学生的学习情况。相比专业教育，由于标准制定、实际操作等因素影响，微观经济学思政教育难以进行定量的考核评价，因此课程思政效果的评价较为定性，另一部分采用学生的反馈来评估课程思政效果。具体而言，从学生的切身感受、评价反馈、价值观提升以及和学生的交流中发现课程教学的问题与不足，进而有针对性地完善教学设计，优化教学效果。

6. 结语

　　微观经济学作为经济学基础课程，兼具培养经济学专业知识与思政教育人才的价值。所以，深入挖掘微观经济学课程中所蕴含的思政元素既是实现我国高等教育"立德树人"的根本任务、开创高等教育教学改革的新篇章，也是紧跟我党思想政治方针以及国家政策发展的关键一步。微观经济学课程思政教改探索尝试在教学中引导学生树立正确的社会主义价值观、人生观、世界观，使教师使用科学且严谨的教学内容和教学方法，在现代微观经济学经典内容中体现中国特色社会主义市场经济的内容，探讨中国现实问题中的微观经济学，并且融合我国微观层面经济数据进行解读。本文围绕微观经济学课程教学融入思政元素的必要性和可行性展开论述，并进一步梳理课程内容和思政元素之间的联系，结合翻转课堂的教学模式，将思政元素合理、有效地融入高校专业课程讲授过程中。笔者认为，课程思政的目的就是要解决高校教育关于培养怎样的人、如何培养人以及为谁培养人这一根本问题，深化落实教育教学改革，引导学生积极向上发展，推动中国发展建设。主要论点总结如下：

　　（1）课程思政建设要坚持马克思主义的指导地位。在微观经济学课程思政建设中，无论是课程体系与思政元素的有机融合，还是教学方式方法的选择，都需要从实际出发，都是马克思主义的具体实践。因此，无论哪门学科的课程思政建设，都要牢牢把握马克思主义的指导地位。一是教师要对课程深层的价值属性进行判断，严防资本主义通过课程在意识形态领域进行渗透。二是教师要将习近平新时代中国特色社会主义思想、社会主义核心价值观、中华优秀传统文化、宪法法治等有机融入课程思政建设，增进学生对于社会主义的自信心和认同感。三是在教学内容、模式、方法的选择上要从实际情况出发，能够促进学生学习以及课程思政建设。

　　（2）课程思政建设要结合实际、勇于开拓、创新进取。课程思政与单独的专业教育和思政教育有所不同，它力求在教授专业知识的过程中通过思政元素对学生产生潜移默化的影响。因此若想达到"润物无声"的效果，则需要勇于创新，优化传统的课堂教学，激起学生对于课程思政的兴趣。此外，教学方式方法也影响着课程思政的效率，因而在上述方面也需要开拓进取，打造出新颖的教学模式，进而提高课程思政建设的效率。此外，必须将创新性的课程内容落于实际，所使用的教学手段、方法、案例应不断调整，以适应新时代、新发展和新一代的学生。

（3）课程思政建设要做好"持久战"的准备。相比专业教育，思政教育的效果较难衡量，并且可能在短时间内难以显现。但教师不能由于教学成果反映较慢而渐渐放弃课程思政，相反对课程思政要有一个正确客观的认识，明白课程思政是一个长期性的过程，要继续做好课程思政的建设工作。此外，对于大多数学科而言，课程思政建设已经成为未来共同的趋势。因此，课程思政建设任重而道远，教师需要有更坚定的信心和勇气去迎接挑战。

参考文献

[1] 林海萍，周湘，张心齐，等．德融课程 盐溶于汤：微生物学课程思政的思考与实践［J］．微生物学通报，2022，49（8）：3520-3530.

[2] 孙慧倩，王烨．植入社会主义核心价值观的会计学课程思政框架构建［J］．财会通讯，2021（12）：163-167.

[3] 张婷，陈继旭．中医运动养生教学中思政元素的挖掘与探索［J］．广州体育学院学报，2021，41（5）：113-116.

[4] 王穗辉，潘国荣，张松林．课程思政元素融入测绘专业课教学的探讨［J］．测绘地理信息，2022，47（2）：152-154.

[5] 刘永红，段丽君，李慧慧，等．SPOC 教学模式下课程思政教学设计与实践——以无机及分析化学课程思政教学改革为例［J］．化学教育（中英文），2021，42（20）：35-40.

基于委托代理模型的资源型企业道德风险分析

郑婷婷

（北方工业大学经济管理学院，北京，100144）

摘要： 完善的委托代理机制是保障全民所有资源得以健康有序开发的必要条件。本文将委托代理理论应用到国家和资源型企业的分析之中，构建期望总效用模型，主要分析了固定收入、当期和未来收益系数、监管力度等因素对作为代理人的资源型企业可能发生道德风险的影响，并在此基础上给出了防范资源型企业道德风险问题产生的相关措施。

关键词： 委托代理；道德风险；资源型企业

1. 引言

在微观经济学和管理经济学课程中非对称信息部分有一个非常经典的模型：委托代理模型。这个模型是解决道德风险问题的经典模型，可以说明有效的风险配置与激励之间的权衡关系：通过让代理人承担一定的收入风险，让代理人有较高的努力程度。

我国是一个资源大国，自然资源虽属于国家全民所有，但是全民又不能直接参与到自然资源的经营中，在经营中需要委托相关的企业进行管理，随之产生了一系列的"负外部性"问题，因此深化自然资源的产权改革、完善委托代理机制显得十分重要。

近年来，中央政府积极出台了一系列的政策措施，落实自然资源资产产权制度改革。2019 年 4 月，中共中央办公厅、国务院办公厅印发《关于统筹推进自然资源资产产权制度改革的指导意见》，提出在福建等地探索开展全民所有自然资源资产所有权委托代理机制试点；2022 年 3 月，中共中央办公厅、国务院办公厅印发《全民所有自然资源资产所有权委托代理机制试点方案》，提出要完善委托代理配套制度、探索建立履行所有者职责的考核机制。因此对资源型企业道德风险和监管问题展开分析，积极探索自然资源委托代理机制的研究，具有重要的意义。

2. 文献综述

传统的契约论认为在所有者和经营者之间存在一种委托代理关系，这种关系可以视为一种契约，在这种契约下委托人授权代理人从事某些活动。委托代理理论是建立在所有权及经营权相分离的基础上，所有者把经营权委托给经营者而产生的非对称信息博弈。

从理性经济人的角度来讲，之所以称这种契约关系为博弈，是因为在这种契约关系中，委托者和经营者各自追求的是自身的利益最大化，委托人追求投资收益最大化，代理人追求个人利益最大化，这两者之间并不都是一致的，只要有矛盾存在，就容易产生诸如道德风险之类的委托代理问题。而且信息不对称的存在，为经营者追求自身利益最大化提供了便利，有可能造成委托者的损失。

在现代社会中，关于委托代理的现象普遍存在于各个领域（郝颖，2010）[1]，如国家与国企经理、国企经理与雇员、公司股东与经理、债权人与债务人等之间的关系都是委托代理关系。现实生活中委托代理关系的存在以及其在发展中存在的问题，使得关于委托代理理论的研究越来越多。例如，基于委托代理理论的国有企业改革方面的主要代表人物有张维迎等（1995）[2]，他们认为产权明晰是提高企业绩效的关键。在企业治理方面，基于委托代理理论的研究能够有针对性地改善企业的委托代理关系，帮助企业提升效率和

17

竞争力（田富军等，2010）[3]。此外相当一部分学者利用委托代理理论研究管理激励（周驰等，2022；王熹，2022）[4][5]、企业治理（韩松、习媛杰，2021）[6]等。

在资源产业开采经营中，也存在这种相应的委托代理关系。一般说来，矿产资源的产权包含的内容比较广泛，它包括由矿产资源所有权及其派生出来一系列的权利组合，包括所有权、经营权、使用权、控制权、收益权、探矿权、采矿权等（罗能生、王仲博，2012）[7]。其中通常备受讨论的主要是所有权、经营权和使用权。相较于其他国家来说，我国矿产资源的产权问题可能更为复杂，存在多级委托代理的情况，包括从全民到国家再到中央政府，之后是中央政府各部门或地方政府，最后才是矿产资源企业等，形成一条比较长的委托代理的链条（李裕伟，2004）[8]。

如果将所有权、经营权、使用权都集中在政府手中的话，很容易造成垄断，会损失消费者剩余。❶ 这与政府的职能不符合，所以政府一般会将所有权控制在手中，委托企业进行经营，这样就形成委托代理关系，国家成为委托人（为了便于分析，本文没有分区中央和地方政府，将国家统一作为委托人）。这个委托人在将使用权交给企业这个代理人的时候，希望企业在获得自身收益的情况下，上交一定份额的税收，补偿委托人出让使用权的损失，甚至可以承担相应的社会责任，也就是通过企业来获取经济行为利益最大化（孟婕等，2023）[9]。企业变成了代理人，其出发点则是以营利为目的。

在信息不对称的情况下，委托人不可能对代理人的行为进行完全观察和验证；同样地，政府也不可能对企业的行为进行完全的观察和验证。在这种情况下，代理人难免发生偷懒、渎职、欺骗、谋私等不良行为，甚至不惜违法犯罪来谋求个人利益最大化，即产生所谓的道德风险问题。具体来说，资源型企业为了自身的利益，会产生诸如寻租、逃税漏税、生产的外部性（环境污染等）一系列的道德风险（Hilson，2006）[10]，考虑到这些问题不便于一一衡量，我们统一将其称为代理人发生道德风险。

---

❶ 也就是通常所说的垄断的福利净损失。

代理人道德风险发生与否主要取决于两个因素：一是对代理人的激励是否足够多，大于其发生道德风险所能产生的收益，从而抑制道德风险的发生；二是对代理人的行为进行监督以及处罚的程度，如果监督和处罚的程度高，代理人发生道德风险被发现的概率很高，而且一旦被发现会受到较大程度的处罚，那么也会抑制道德风险的发生。

同样地，政府为了鼓励资源型企业减少道德风险，也采用了一系列的措施：为了减少资源型企业的生产外部性等问题，对于安全生产、环境治理等企业采取了退税等鼓励措施；为了减少企业寻租或者偷税漏税等风险，采用了一系列监管措施，企业一旦被发现，会面临巨额的罚款，甚至直接被取缔。这些措施在减少企业道德风险方面发生的作用如何，哪些措施的实施更为有力，哪些是政府在制定措施时不必要考虑的，都需要进一步的分析。

3. 模型的选择和分析

本文借鉴了王火根（2006）[11]的分析方法，对资源型企业道德风险问题进行进一步分析。

3.1 假设前提

为了便于进行分析，我们对政府委托人、企业代理人的市场行为进行一般性假设，包括持续经营假设、成本递增假设、道德风险概率性假设，以上假设均贴合实际。具体解释如下：

（1）持续经营假设：资源型企业与委托人政府之间签订了长期的开采合同，其间代理人具有较好的经营能力且每年的投入程度保持稳定，基于此，政府虽然无法对企业经营活动的投入程度进行观察，但可以对企业的预期产出有基本观测。

将合同年限、代理人投入程度、企业预期产出水平分别用 n、a、π 来表示，则 $\pi_t = b_t a + \varepsilon_t$，其中，$b_t$ 是系数，ε_t 是代表市场上出现的随机事件，服从正态分布，并且 $E(\varepsilon_t)=0$，$V(\varepsilon_t)=\sigma^2$，方差 σ^2 表明市场对于企业经营的扰动程度。

（2）成本递增假设：企业经营活动是存在成本的，由于政府拥有矿产资源所有权，政府出让了所有权，就需要通过税费等分成方式得到补偿，当然企业还有其他的经营成本，在此我们假设企业尚未达到规模经济效应，即企业的经营成本将会随着企业经营活动的扩大而增加。

那么我们可以将经营企业的成本设为：$C=ca$，其中 $c>0$，代表了成本系数，c 越大，说明企业的经营成本越大，即代理人投入成本越高。

（3）道德风险概率性假设：代理人在合同期内可能产生道德风险，设代理人每期产生道德风险未被发现的概率为 q，被发现的概率为 $1-q$。如果代理人在经营期间没有发生道德风险，则其获得的收益报酬为 W，一般包括固定收入与奖励收入，则奖励收入与代理人投入程度 a 相关，既包括当期奖励，也包括为鼓励代理人持续经营的长期奖励，如限制性股票、长期股权投资收益等。但在此我们假定奖励收入不是随时都能得到的，只有在企业经营期间没有发生道德风险，或者即使企业发生道德风险，但是没有被政府发现，才会由委托人发放给代理人。

若不考虑道德风险，假设代理人第 i 年的收益为：

$$W(\pi_i)=\theta+\beta_1\pi_i+\beta_2\gamma_n(\pi_i-A_i)\phi-C \qquad (1)$$

公式（1）中的 θ 表示给予代理人的固定收入，β_1 表示产出分成比例，即代理人对资源总产出的当期收益系数，β_2 表示企业的经营收益与行业利润平均值之差的未来收益系数，延期支付比率 γ_n 代表 n 时期的贴现系数，$0<\gamma<1$，A_i 表示第 i 期行业平均利润。ϕ 表示奖励方式，如现金奖励、税收奖励等，政府要通过各种激励手段确保企业愿意开发矿产资源并且保证政府能够通过税收优惠、矿产资源补偿费等形式获得企业的一部分长期利润。

如果代理人在经营期间内发生道德风险，若不被委托人发现，则其不仅可以有固定收入 θ 和奖励收入，而且还有发生道德风险而获得的额外好处；若被发现，则永久失去矿产资源的使用权，这里我们假定一旦发生道德风险被发现，企业仅仅能够获得基本的固定收入 θ。则代理人第 i 年所能获得的收益大致为：

$$V(\pi_i) = q\left[\theta + \beta_1(\pi_i - L) + \beta_2\gamma_n(\pi_i - A_i - L)\phi - C + h(L)\right] + (1-q)\theta \qquad (2)$$

式中的 θ 表示给予代理人的固定报酬，β_1 为产出分成比例，$0 \leq \beta_1 \leq 1$，$\beta_1 = 0$ 意味着企业不承担风险，$\beta_1 = 1$ 意味着企业承担全部风险，β_2 表示代理人与行业平均利润值之差的未来收益系数，延期支付比率 γ_n 代表 n 时期的贴现系数，$0 < \gamma < 1$，L 是代理人发生道德风险时带给政府的损失；$h(L)$ 为代理人产生道德风险时而获得的额外好处。

3.2 模型的构建

如果企业在合同期内没发生道德风险，其期望的总效用为：

$$W = \sum_{i=1}^{n} \delta^{i-1} W_i = W(\pi_1) + \delta W(\pi_2) + \cdots + \delta^{n-1} W(\pi_n) \qquad (3)$$

如果企业在合同期内发生道德风险，那么其期望总效用为：

$$V = \sum_{i=1}^{n} \delta^{i-1} V_i = V(\pi_1) + \delta V(\pi_2) + \cdots + \delta^{n-1} V(\pi_n) \qquad (4)$$

从而，企业在合同期内发生道德风险与不发生道德风险的期望效用之差为：

$$\begin{aligned}
W - V &= \sum_{i=1}^{n} \delta^{i-1} W_i - \sum_{i=1}^{n} \delta^{i-1} V_i \\
&= \sum_{i=1}^{n} \delta^{i-1} \big[-q\beta_1 L + (q-1)\beta_1 \pi_1 + (q-2)\beta_2\gamma_n \\
&\quad (\pi_i - L - A_i)\phi + qh(L) - (q+1)C - \beta_2\gamma_n\phi L \big] \qquad (5)
\end{aligned}$$

将 $W-V$ 定义为：假如企业代理人产生道德风险，那么与不产生道德风险相比，它的期望总效用的变化，用 ΔU 表示。当 $\Delta U > 0$ 时，企业代理人产生道德风险所获得期望总效用比不产生道德风险所获得的期望总效用多，那么代理人有产生道德风险的动机，ΔU 越大，这种动机就会越强烈，代理人的道德风险问题也就越严重。因此，可以用 ΔU 代表代理人的道德风险程度。

3.3 模型的分析

下面通过分别用 ΔU 对固定收入、收益系数和风险概率这几个变量求偏导，来对影响产生道德风险的因素进行分析：

$$\frac{\partial \Delta U}{\partial \theta} = 0 \tag{6}$$

$$\frac{\partial \Delta U}{\partial \beta_1} = -\sum_{i=1}^{n} \delta^{i-1} \left[qL + (1-q)\pi_i \right] \tag{7}$$

$$\frac{\partial \Delta U}{\partial \beta_2} = \sum_{i=1}^{n} \delta^{i-1} \left[(q-1)\gamma_n(\pi_i - L - A_i)\phi - \gamma_n L\phi \right] \tag{8}$$

$$\frac{\partial \Delta U}{\partial q} = \sum_{i=1}^{n} \delta^{i-1} \left[-\beta_1 L + \beta_1 \pi_i + \beta_2 \gamma_n(\pi_i - L - A_i)\phi + h(L) - C \right] \tag{9}$$

根据公式（6），ΔU 的表达式中，根本不包含 θ，这也就是说，代理人产生道德风险程度与固定收入 θ 大小无关。

由 $0 \leqslant 1-q \leqslant 1$，可知公式（7）$<0$，即代理人产生道德风险程度与当期收益系数 β_1 呈反比关系，也就是说，当期收益系数 β_1 越大，代理人产生的道德风险程度越小。由此可见，在资源型企业收益的利益分配格局之中，要照顾企业的收益，不能让企业的收益过多地以资源税收等形式转移到各级政府中去，因为一旦企业现期所能得到的收益过少的话，企业就很容易发生道德风险，以此来提高自身的收益。

而公式（8）的符号不能够直观地确定，要分情况讨论：

（1）如果政府对于企业的监管力度很大的话，那么代理人一旦产生道德风险，其被发现的概率就会很大，即 q 趋近于 1，则公式（8）小于 0，在这种情况下，代理人产生道德风险程度与未来收益系数 β_2 呈反比关系，也就是说在政府监管力度很大的情况下，未来收益系数 β_2 越大，代理人为了追求长久的利益，在当前产生的道德风险程度越小。

（2）如果政府对于企业的监管力度很小的话，那么即使代理人产生道德风险，它被发现的概率都很小，即 q 无限趋近于 0，则

$$\frac{\partial \Delta U}{\partial \beta_2} = \sum_{i=1}^{n} \delta^{i-1} [\gamma_n (\pi_i - A_i) \phi] \tag{10}$$

在这种情况下，仍然无法确定公式的符号。

接下来，我们继续进行讨论：

如果代理人努力经营生产，使企业的经营效益远远大于同行平均水平，即 $\pi_i > A_i$，此时，公式（8）的值小于 0，这说明在政府监管力度很小的情况下，经营能力强的代理人产生道德风险程度与未来收益系数 β_2 呈反比关系，未来收益系数 β_2 越大，代理人产生的道德风险程度越小；

如果代理人努力经营产生的经济效益远远小于同行平均水平时，即 $\pi_i < A_i$，则公式（8）的值大于 0，这说明在政府监管力度小的情况下，能力弱的代理人产生道德风险程度与未来收益系数 β_2 呈正比关系，未来收益系数 β_2 越大，代理人产生的道德风险程度越大。

之所以产生这种情况，这是因为在政府监管力度很小的情况下，能力差的经营者当期的收入水平较低，在当期分享系数一定的情况下，能力差的代理人因为当期的总体收入少，为了获取足够的利益，未来的分成系数越大，越有动机产生道德风险，而且此时的监管能力较小，被发现的概率降低，所以经营状况差的企业比经营情况好的企业更容易产生道德风险。

而公式（9）涉及的变量比较多，其符号无法确定。我们假设 ΔU 为零，期望从中计算出 q 的算式：

$$q = \sum_{i=1}^{n} \delta^{i-1} \{ [\beta_1 \pi_i + \beta_2 \gamma^n (\pi_i - A_i) \phi + C] / [\beta_1 (\pi_i - L) + \beta_2 \gamma_n (\pi_i - A_i - L) \phi - C + h(L)] \} \tag{11}$$

由此推断，q 与 L、n、C 成正比，与 $h(L)$ 成反比，与其他系数的关系无法确定。即代理人产生道德风险被发现的概率 q 与发生道德风险时带给政府的损失 L、经营年限 n、成本 C 成正比，与资源型企业产生道德风险时而获得的额外好处 $h(L)$ 成反比。因为委托人即政府的监管力度越大，代理人产生道德风险被发现的概率 q 也就越大，这也就是说：代理人产生道德风险给政府带来的损失越大，政府监管的力度就会越大；代理人代理资源的时间越长，政府需要的监管力度就越大；企业的成本越高，也就是资源转让成本越高，政府需要的监管力度就越大。而政府的监管能力越小，代理人产生道德风险之后获得的收益越大，发生道德风险的可能性就越高，可见假若企业产生道德风险之后获得的收益越多，就需要投入更多的监管力度，才能减弱企业产生道德风险的可能性。

4. 结论及措施

对于自然资源资产所有权委托代理机制的分析，既是积极落实政府在自然资源资产管理过程中的权责机制，又体现了保护国有资产，避免资源浪费，同时也践行了社会主义生态文明观。因此本文从委托代理理论入手，分析了我国资源企业道德风险问题，通过以上的分析，得出如下结论：（1）代理人产生道德风险程度与固定收入 θ 大小无关；（2）代理人产生道德风险程度与当期收益系数 β_1 成反比；（3）在政府监管力度很大的情况下，代理人产生道德风险程度与未来收益系数 β_2 成反比；（4）在政府监管力度很小的情况下，经营能力强的代理人产生道德风险的程度与未来收益 β_2 成反比，经营能力弱的代理人产生道德风险的程度与未来收益 β_2 成正比；（5）代理人产生道德风险被发现的概率 q 与发生道德风险时带给政府的损失 L、经营年限 n、成本 C 成正比，与资源企业产生道德风险时而获得的额外好处 $h(L)$ 成反比。

基于此，为了减少代理人道德风险的发生，提高企业管理水平，可以从以下几个方面进行努力。

其一，改革现有的资源型产业的利益分配格局，建设资源型产业利益共享机制。

我国现有的资源型产业的利益分配机制是不够完善的，特别是在各级政府之间、政府和企业之间、企业和居民之间都存在需要改进和理顺的地方。从前文的分析中，可以看到，代理人产生道德风险程度与当期收益系数 β_1 呈反比关系，当期收益系数越大，代理人产生道德风险的可能性越小，所以要改革现行资源型行业利益分配机制，让利于民，让利于地方基层，建立资源型行业利益共享机制，使资源产地能从能源矿产资源的开发中获得相应的利益。

其二，实现竞争性矿权出让，实现资源代理人市场化选拔。

采用竞争性的矿权出让办法，能够最大限度减少企业和政府在基准价格水平确定方面的不必要博弈，这是从根本上遏制企业寻租的一个比较好的办法。建立健全的委托代理型契约关系，按照资产所有者的经济目标要求，由委托人在平等竞争的市场规则下选择、聘任和解雇企业的经营管理人员，形成职业经营管理人员应聘辞职的双向选择、公平竞争的企业家市场供求机制（王维诚、陈芳芳，2004）[12]，通过这种方法，可以有效地提高代理人的经营能力，减少道德风险发生的可能性。

其三，建立良好的外部环境，加大监管的同时减少监管成本。

一般来说，正是因为产生道德风险之后的收益 $h(L)$ 比较多，所以代理人才会冒险，要避免或者减少这一情况，就需要委托人加大监管力度。但是，不可否认的是，委托人加大监管力度，是需要成本的。对于国家来说，应从宏观、法律规范、政策环境上为代理人激励与约束机制的培育和完善提供宽松适宜的外部条件，并相应地建立具体的中介机构和组织体系，帮助国家对代理企业的行为进行规范。我国矿产资源开发管理中，引入资产管理公司，即政府控制所有权，资产管理公司经营矿产权，矿产企业使用矿产权进行生产和开发。这样不仅可以将经营权从政府部门分离出来，同时满足政府部门收益最大化和企业利润最大化目标，还有利于实现资源产权明晰化的目标。

参考文献

[1] 郝颖. 基于委托代理理论的企业投资研究综述 [J]. 管理学报，2010，7（12）：1863-1872.

[2] 张维迎，吴有昌，马捷. 公有制经济中的委托人—代理人关系：理论分析和政策含义 [J]. 经济研究，1995（4）：10-20.

［3］田富军，杨昌明，王军．资源型企业重组中的委托代理关系研究［J］．技术经济与管理研究，2010，172（5）：73-76.

［4］周驰，李赫，于静．委托代理关系下品牌商网络直播营销激励机制设计［J］．中国管理科学，2022（12）：1-12.

［5］王熹．委托—代理理论视角下经理人激励机制与努力水平选择研究的演化［J］．理论学刊，2022（2）：137-143.

［6］韩松，习媛杰．风险视角下企业治理结构和研发创新——基于委托代理模型的研究［J］．经济理论与经济管理，2021，41（4）：39-53.

［7］罗能生，王仲博．基于委托代理模型的我国矿产资源优化配置研究［J］．中国人口·资源与环境，2012，22（8）：153-159.

［8］李裕伟．关于矿产资源资产和产权问题的若干思考［J］．中国国土资源经济，2004（6）：15-18，48.

［9］孟婕，曹英志，邓跃，等．我国自然资源资产所有权委托代理关系研究［J］．自然资源情报，2023（7）：17-22.

［10］HILSON G. Introduction to This Special Issue，Improving Environmental，Economic and Ethical Performance in the Mining Industry：part 1. Environmental Management and Sustainable Development［J］. Journal of Cleaner Production，2006（14）：225-226.

［11］王火根．中央储备粮库委托—代理关系中的激励约束机制研究［J］．粮食加工，2006（3）：57-60.

［12］王维诚，陈芳芳．论国企经理人激励体制改革［J］．管理科学文摘，2004（6）：43-44.

我国菲利普斯曲线的实证分析

王书平

（北方工业大学经济管理学院，北京，100144）

摘要： 失业率与通货膨胀率是政府实施政策进行宏观调控的重要指标，而描述二者相互作用的菲利普斯曲线在不同经济周期下会呈现出不同特征。本文选取1992—2021年相关数据，从长期和短期的视角系统分析了我国通货膨胀率与失业率的关系，综合运用协整检验、向量误差修正模型以及脉冲响应来分析菲利普斯曲线对于我国经济的适用性。研究发现：菲利普斯曲线在我国是成立的，通货膨胀率与失业率之间存在长期协整关系；当我国通货膨胀率短期波动偏离长期均衡时，将会以2~3年的调整速度从非均衡状态转变为均衡状态。因此，继续坚持"六稳""六保"政策，推动产业转型升级与人才结构优化协同发展有助于我国更好地抑制通货膨胀并促进就业。

关键词： 菲利普斯曲线；失业率；通货膨胀率；协整检验；向量误差修正模型

1. 引言

在本科的宏观经济学课程中，有两个重要的知识点：失业理论和通货膨胀理论。这两个理论之间具有重要的关系，一般用菲利普斯曲线来刻画失业率与通货膨胀率的交替关系。失业率和通货膨胀率作为影响社会经济稳定的重要因素，一直是我国宏观调控改革的重要政策目标。从全球范围来看，菲利普斯曲线对经济的重要影响已得到广泛认可，即各国在短期内都极可能被迫选择充分就业和价格稳定这两个目标中的一个。一国为了扩大内需和降低失业率而采取积极的财政政策和货币政策，必然要承担物价上涨的风险。

菲利普斯曲线的普遍适用性在欧美已经得到广泛验证，但在中国却一直存在很多争议。近年来，中国经济保持着高速高质量发展势头，但与此同时也面临着巨大的就业压力，新冠疫情发生之前，城镇登记失业率为3.62%，疫情发生之后，失业率为4.24%，再加上最近几年，高校毕业生数量不断攀升，就业形势更加严峻，通胀和失业的矛盾愈发凸显。因此，检验该理论在我国的适用性，对于推动我国的经济体制改革有着重要的实践意义。

戈登（Gordon，2011）[1] 对有限通胀的滞后值进行了回归，发现样本的长度会影响结论的准确性。巴罗（Barro，2013）[2] 认为由于长期平均通胀水平的提高以及通胀波动性的增加，总需求的波动将会更加明显。我国对于菲利普斯曲线的研究较晚。孙燕（2012）[3] 构建 LSTVAR 模型，指出通货膨胀和经济增长之间具有显著的非线性关系，现阶段我国的菲利普斯曲线的形式是凹的。纪尚伯（2012）[4] 指出我国的菲利普斯曲线从 1978 年开始呈现显著的动态变化特征，即产出对通胀的弹性系数先增大后减小。朱娅茹（2014）[5] 通过建立倒数模型验证了通货膨胀率和失业率间为反向变动关系。刘明（2014）[6] 认为具有时滞效应的货币供应量、经济的高速增长以及居民的收入与消费水平是影响我国通货膨胀的主要因素，同时指出我国的通货膨胀率与失业率的关系具备菲利普斯曲线的特性。

此外，也有一部分学者认为中国的经济不适用菲利普斯曲线。黎德福（2005）[7] 构建二元经济模型发现我国的通货膨胀与失业不存在稳定关系，但与劳动力转移速度密切相关。王双正（2009）[8] 认为对于我国的转型经济发展而言，因为并不完全符合菲利普斯曲线的假定条件，所以我国不存在菲利普斯曲线。

学者们在验证模型的适用性后还继续进行了拓展式研究，提出当前中国经济周期下的通货膨胀预期和应对通货膨胀的策略。廉永辉和张琳（2013）[9]

提出短期的货币政策通过调整短期的的通货膨胀等因素，进而对失业率这一真实变量产生影响，从而导致社会收入分配不均衡。黄正新和黄金波（2014）[10]指出货币政策时间的不一致性导致了通胀预期陷阱，公众通胀预期的非稳定性和周期性是常态。刘伟和苏剑（2014）[11]认为我国近年来所出现的低通货膨胀率现象，是需求收缩和供给膨胀两方面共同导致的。

上述研究基本上围绕着通货膨胀和失业的国内外研究进程，并基于对于二者的预期提出了相应的解决方案。在此背景下，本文将基于经典菲利普斯曲线理论，结合当前我国经济发展现状，构建向量误差修正模型来检验菲利普斯曲线在我国的适用性，并试图从长期和短期两个视角来剖析通货膨胀与失业之间的内在联系，进而为国家制定宏观调控政策提供参考依据。

2. 基本分析

本文选取 1992—2021 年的数据来分析我国通货膨胀率与失业率的关系，数据均来源于各年的中国统计年鉴。需要注意的是，菲利普斯曲线中的失业率指某个时期符合全部就业条件的就业人口中未工作的劳动者数占比。但考虑到我国城乡二元格局，农村失业人口不在失业率统计范围之内，故将我国城镇失业率数据纳入模型[12]。此外，由于国家统计局 2018 年才开始陆续公布城镇调查失业率信息，数据不够全面，不利于进行实证分析，因而采用城镇登记失业率衡量失业率（U_t），商品零售价格指数（RPI）衡量通货膨胀率（π_t），计算公式为通货膨胀率=RPI-100（见表1）。

表 1　变量描述性统计

变量	个案数	最小值	最大值	平均值	标准差
通货膨胀率	30	-3.00	21.70	2.90	5.30
失业率	30	2.30	4.30	3.70	0.58

2.1 失业率现状

20 世纪 90 年代我国失业率持续大幅攀升,随着我国经济体制改革的逐步深入,国家开始重视劳动力市场并采取了一系列的深层次改革措施。如逐步对国有企业的富余职工下岗分流,开始真正触及劳动力的存量结构[13]。在下岗分流的高峰期(2000 年末),全国累计下岗职工 911 万,远远超过当年的城镇登记失业人数,导致我国的失业率在 2000 年创下了改革开放以来的新高。

在进入 21 世纪后,我国的失业率仍有较大幅度的上升,就 2000—2003 年这一段时间来说,城镇登记失业率年平均增长 10% 左右,而这几年正值中国加入 WTO,全球化进程对我国经济生活乃至个人就业生活的影响不断加大:在短期内,对原有就业格局的冲击变得尤为明显,一些传统行业的就业机会非但没有增加,甚至还出现了下降,使得我国结构性失业的问题更加突出。[14]

从 2004 年开始,我国城镇登记失业率一直稳定在 4% 左右,没有出现大幅度的变化,这是由于各种因素的共同影响,如经济增长、投资力度、政策因素等,总之这是一种动态的平衡。

失业率的再一次高峰出现在 2020 年,受疫情冲击,全国各类生产经营活动受限,出现了企业停工停产的现象,劳动力市场也遭受了冲击。2020 年我国城镇登记失业率为 4.24%(见图 1)。

具体来看新冠疫情对失业率的影响,采用国家统计局公布的城镇调查月失业率。从图 2 可以清楚地看出,疫情的暴发对就业状况冲击明显,失业率在 2020 年 2 月达到最高峰。随着疫情防控工作的深入,以及"六稳""六保"政策的实施,劳动力市场回暖,受季节等因素影响,疫情在年底小范围暴发,失业率轻微回升。2022 年受超预期因素影响,就业压力又有所加大。2022 年 4 月,城镇调查失业率升至 6.1%,截至 7 月,失业率降至5.4% 左右。

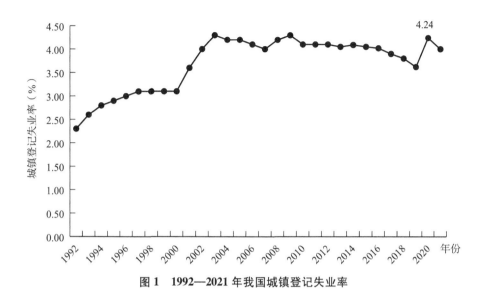

图 1 1992—2021 年我国城镇登记失业率

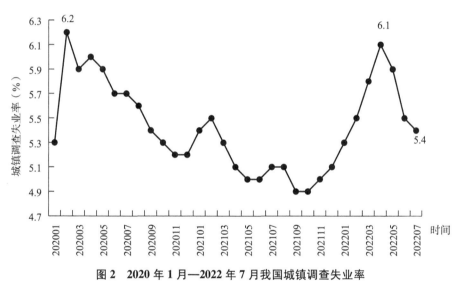

图 2 2020 年 1 月—2022 年 7 月我国城镇调查失业率

2.2 通货膨胀率现状

由图 3 可看出，1992—1994 年我国的通货膨胀率达有史以来最高点。在此期间，国民经济快速增长，社会总需求急剧上升，大量货币增发，当时的经济情况被称为"四高、四热、四紧、一乱",也就是高投资增长、高工业生产、高货币发行、高物价膨胀;集资购房热、股市投机热、房地产热、开发区热;资金紧缺、原材料紧缺、能源紧缺、运输紧张;社会经济秩序紊乱。[15]随后到1996年经济实现软着陆,通胀得以抑制。2007—2008年,我国国民经济步入高增长高通胀的阶段,为避免过热的经济增长与物价上升而导致的通货膨胀,国家出台了"双防"方针,同时,央行也上调了利率。2011年,随着劳动力成本的上升以及房地产价格居高不下,货币供给的不断增加,通货膨胀率达到了一个较高的水平。央行采用稳健略紧缩的货币政策,把稳定物价总水平放在一个突出的位置,近十年来国内通胀水平一般维持在2%以内,属于温和的通货膨胀。

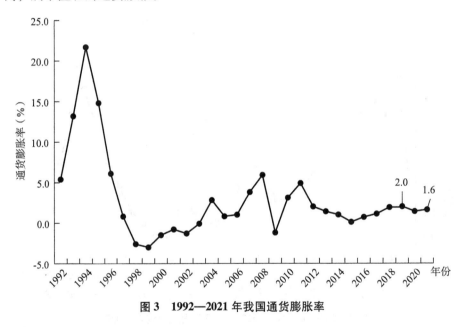

图3 1992—2021年我国通货膨胀率

受疫情影响,国内经济发展速度下滑,随着疫情影响的变小,至2021年我国GDP基本达到正常增速,并且通胀率也从2019年的2.0%降至2021年的1.6%。然而,考虑到当前国际经济形势依然比较严峻,加之国外采取了无限量的宽松货币政策,刺激了国内的经济复苏,也对全球通胀形成了上行压制,因此未来我国所面临的输入性通胀是否会对我国宏观经济产生负面影响还尚未可知，所以，本文将基于当前所存在的通货膨胀，引入菲利普斯曲线来探讨通货膨胀和失业之间的关系，并给出相应的对策以应对国际经济的冲击。

2.3　我国的菲利普斯曲线

1992—1994 年我国的失业率和通货膨胀率双双逐年攀升，呈现出与菲利普斯曲线相背离的趋势。当时我国正处于一场脱胎换骨式的经济体制改革之中，国有企业改革不断深化，从政策调整阶段进入了制度创新阶段，不过由于当时我国经济制度的不完善，人们对社会经济整体运行情况的期望很低，致使通货膨胀率和失业率间的关系变得模糊不清，原始曲线特征消失。[16]但是在 20 世纪 90 年代后期这一现象逐渐发生改变，我国的通货膨胀率和失业率间的关系开始符合典型的菲利普斯曲线特征（见图 4）。

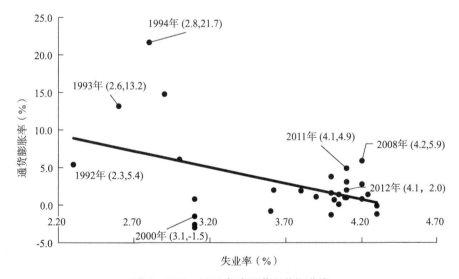

图 4　1992—2021 年我国菲利普斯曲线

自 2000 年以来，失业和通胀的关系就开始错综复杂，失业率从 2000 年的 3.1%一路攀升至 4%左右，之后就一直维持在这一区间内。同时通胀率也在持续波动，直到 2012 年才逐渐稳定下来。其间尤其是在 2008 年金融危机的冲击之下，失业人数大幅增加，通货膨胀率一直保持在高位，这主要与我国当时的经济特殊政策以及国情条件有关。为应对国际性经济危机投放了大量的基础性货币，同时还实施了积极的财政政策，造成通货膨胀进一步恶化。[17] 2011 年，随着金融秩序的逐渐复苏，中国的市场经济体系已初具规模，受金融危机冲击，国内市场趋于放松和理性，人们对未来经济发展趋势有了较为准确的预测。[18]

由表 2 可以明显看出，我国的失业率与通货膨胀率呈显著负相关关系，符合菲利普斯曲线规律，所以可以初步判定该模型在我国适用。本文将根据历史数据，对于两者的关系进行实证检验。

表 2　通货膨胀率与失业率的相关性

变量	检验工具	通货膨胀率	失业率
通货膨胀率	皮尔逊相关性	1	−0.471**
	显著性（双尾）		0.009
失业率	皮尔逊相关性	−0.471**	1
	显著性（双尾）	0.009	

注：** 表示在 1% 水平下相关性显著。

3. 实证研究

3.1　长期视角

（1）平稳性检验。本文的数据长度范围为 1992—2021 年，考虑到直接使用非平稳的时间序列数据进行实证分析会造成伪回归，因此利用 ADF 方法对样本的平稳度进行单位根检验，并以此来确定序列单整阶数。研究发现，所有变量都在 5% 的显著性水平下一阶差分平稳，即一阶单整，满足协整检验的条件，见表 3。

表 3 单位根检验结果

项目		单位根检验值	显著性水平	结论
水平统计量	通货膨胀率	−1.996265	0.2867	不平稳
	失业率	1.118003	0.9276	不平稳
一阶差分统计量	通货膨胀率	−6.475250	0.0001	平稳
	失业率	−4.655517	0.0000	平稳

（2）协整关系检验。由于通货膨胀率与失业率均为非平稳序列，所以需要进一步检验二者间是否具有协整关系。结果表明在 5% 的显著性水平下拒绝了不存在协整关系的原假设，即通货膨胀率和失业率间具有一个协整关系，从而得到如下协整方程，反映了二者间存在长期均衡关系。

$$\pi_t = -4.708913u_t + 20.48725 \tag{1}$$

3.2 短期视角

（1）向量误差修正模型的建立。式（1）刻画了序列和序列的长期均衡关系。为考察二者间的动态关联，构建向量误差修正模型（VECM）。表 4 为 VECM 的估算结果。

经过检验后，得到通货膨胀率的 VECM 为：

$$\Delta\pi_t = -0.429485ecm_{t-1} + 0.443736\Delta\pi_{t-1} - 0.106693\Delta u_{t-1} \tag{2}$$

研究结果表明，模型估计结果的 F 统计量相应的 $p < 0.001$，从而说明模型估计整体上是显著的。误差修正项系数为 −0.429485，也就是存在反方向的误差修正机制，对应的 p 值为 $0.000 < 0.05$，即在 5% 的检验水平下是显著的。因此，为了保持通货膨胀率与失业率之间的长期均衡状态，当期会用 2~3 年的时间修正上一时期二者间的不平衡，使之回归到均衡态。

表 4　向量误差修正模型估算结果

误差修正项	通货膨胀率的一阶差分	失业率的一阶差分
误差修正系数	-0.429485	-0.009424
	(0.13326)	(0.00919)
	[-3.22297]	[-1.02546]
滞后一阶通货 膨胀率的一阶差分	0.443736	0.014534
	(0.16324)	(0.01126)
	[2.71835]	[1.29096]
滞后一阶失业率 的一阶差分	-0.106693	0.138082
	(2.74397)	(0.18924)
	[-0.03888]	[0.72965]

注：（）中为相应回归系数估计量的标准差，[ ] 中为 t 值。

（2）脉冲响应分析。要探讨通货膨胀率与失业率之间的动态影响，还需要通过脉冲响应函数来分析二者之间的冲击效应。在脉冲响应图中，横轴为滞后期，纵轴为脉冲响应函数的幅度值，图中间的实线指脉冲响应函数，上下两条虚线指两倍标准差的偏离值。响应函数的结果报告如图 5—图 8 所示。

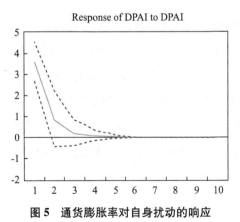

图 5　通货膨胀率对自身扰动的响应

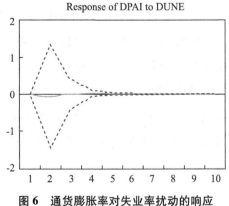

图 6　通货膨胀率对失业率扰动的响应

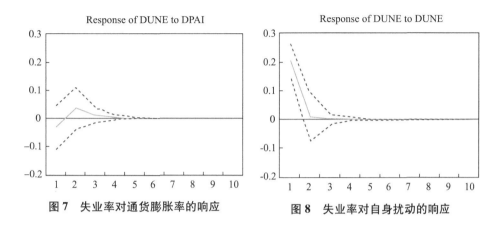

图7　失业率对通货膨胀率的响应　　图8　失业率对自身扰动的响应

　　图6展示了当给失业率一个标准差的正向冲击后，失业率会在短期内迅速下降，在第2期达到最低点后快速反弹，到第4期后该影响就逐渐减弱而归零。这表明短期内失业的正向冲击会对通货膨胀产生负向作用，之后，其影响会慢慢消失。这一现象与经济学理论相符合，失业的增加必然会导致有效需求减少，产品购买力减弱，从一定意义上压低了物价水平，进而抑制了通货膨胀。

　　如图7所示，通货膨胀率一个标准差的正向冲击致使第1期上升，在第2期达高峰后逐渐下降而趋向零。这一现象与经济理论基本相符，通胀的正向冲击一般会在第一年内对失业率造成积极影响，这可能是由于通胀引起劳动力雇用成本上升进而提高了失业率，此后，该冲击对失业率造成负向影响并逐渐消失。

4. 结论及建议

4.1　结论

　　本文选取1992—2021年的通货膨胀率与失业率的数据，运用协整检验、向量误差修正模型和脉冲响应分析方法检验了二者的长期平衡及短期调整关系。得出以下结论：

（1）当前我国失业率稳定在4%左右，通货膨胀率稳定在2%左右，属于温和的通货膨胀。

（2）菲利普斯曲线适用于我国国情，通货膨胀率与失业率之间呈显著负相关，同时存在长期协整机制，弹性系数为-4.71。

（3）短期调整关系表明为保持通货膨胀率与失业率之间的长期均衡状态，当期会用2~3年的时间修正上一时期二者间的不平衡，使之回归到均衡态。

4.2 建议

从以上的分析可以看出，菲利普斯曲线在我国是成立的，但如果仅仅依靠传统菲利普斯曲线进行经济预测与政策制定是不实际的，而应该根据不同的经济周期，做出有差别的选择与权衡，实施动态的宏观调控，以达到控制通货膨胀、减少失业的目的。为此，本文提出如下建议：

首先，要切实做好"六稳""六保"的工作。在全球经济整体不景气和国际贸易收缩的情况下，我国基于"六稳"工作，明确提出"六保"任务，尤其是要以保扩大就业、保稳定民生、保市场主体为工作重点。根据国情，注重运用改革和创新措施，为企业纾难、激发企业活力，帮助受影响最直接且量大面广的中小微企业和个体工商户渡过难关。

其次，大力推进产业转型升级。疫情给我们的经济和社会带来了空前的冲击，但同时也给我国传统制造业的转型升级和我国创新型制造业的加速扩张带来了机遇。从长远来看，以数字经济为主导的产业转型升级将是当前经济发展的大趋势。政府要对培育新动能给予足够的重视，实现新旧动能的协同转换，加快发展信息技术服务业，尤其要将数字化技术的优势发挥出来，加快培育人工智能、云计算、大数据等数字化产业，提高产业结构升级的效率和质量。

再次，促进企业人才结构调整优化，与产业转型升级协同发展。在产业转型升级的过程中，会不可避免地产生结构性失业问题，一旦社会劳动力供应不足，将会危及企业的日常生产经营活动。这就要求高等学校加强实践课程比重，培育青年学生创新思维和创新能力，进一步促进产学研结合和校企合作培养人才。另外，政府要在资金、失业保险、就业和教育等方面起到引导作用。加强对下岗职工的培训，使其适应市场需要，促进下岗职工的有序流动，提高其针对性、实用性和有效性。

最后，加快形成以国内大循环为主体、国内国际双循环相辅相成的新发展格局，以进一步扩大消费内需拉动为主要战略基础，建立完善的内需体系，挖掘消费潜力。而且，由于消费者的支付能力在较大程度上依赖就业收入，就业与经济发展存在着千丝万缕的联系，就业是人们赖以生存的基础，也是促进经济发展的主要动力。

参考文献

［1］GORDON R J. The history of the Phillips curve：Consensus and bifurcation ［J］. Economica，2011，78（309）.

［2］BARRO R. Inflation and Economic Growth ［J］. Annals of Economics and Finance，2013，14（1）.

［3］孙燕. 我国产出缺口与通胀菲利普斯曲线形态的研究——基于 LSTVAR 模型的实证分析 ［J］. 上海经济研究，2012，24（1）：10-18，61.

［4］纪尚伯. 中国菲利普斯曲线的动态变化研究 ［J］. 统计与决策，2012（14）：122-126.

［5］朱娅茹. 菲利普斯曲线在中国的验证 ［J］. 现代经济信息，2014（17）：5，7.

［6］刘明. 中国通货膨胀的变动特征——一组基于 CPI 的宏观经济变量统计分析 ［J］. 经济问题探索，2014（4）：6-10.

［7］黎德福. 二元经济条件下中国的菲利普斯曲线和奥肯法则 ［J］. 世界经济，2005（8）：53-61.

［8］王双正. 经济增长、通货膨胀与就业关系研究——兼论西方菲利普斯曲线在中国的适用性 ［J］. 山西财经大学学报，2009，31（10）：22-29.

［9］廉永辉，张琳. 货币政策对经济不平等的影响评述 ［J］. 经济评论，2013（5）：154-160.

[10] 黄正新，黄金波．中国通货膨胀预期陷阱研究［J］．经济研究，2014，49（11）：
      31-42，129.

[11] 刘伟，苏剑．良性与恶性"通缩"冲击下的中国经济增长和宏观调控——对近期中国经
      济趋势的考察［J］．经济学动态，2014（12）：4-9.

[12] 黄正新，石立．菲利普斯曲线理论与政策源流新探——宏观经济分析的重要工具
      ［J］．商学研究，2019，26（6）：101-106.

[13] 沈少川．我国通货膨胀率与失业率二者关系的实证研究［J］．中国市场，2015
      （42）：10-13.

[14] 徐步青．菲利普斯曲线下货币政策有效性分析［J］．现代商业，2021（26）：
      135-138.

[15] 桑瑜．"菲利普斯曲线"存疑：对通胀与失业关系的再讨论［J］．财贸经济，2017，
      38（9）：146-158.

[16] 徐海．菲利普斯曲线在中国宏观经济中的实证分析［J］．时代金融，2014（9）：
      8-9.

[17] 江俊瑶，朱琳．实证分析失业率与通货膨胀率的关系［J］．现代商业，2020（29）：
      130-132.

[18] 程希．中国通货膨胀率与失业率的实证分析［J］．时代金融，2017（8）：17-18.

供给侧改革下的宝钢股份创新

——基于 AD-AS 模型

王昕宇　　胡睿欣

（北方工业大学经济管理学院，北京，100144）

摘要： 供给侧结构性改革树立了钢铁行业依靠创新降本增效实现产业转型升级的新发展理念。本文首先从宏观角度出发，通过构造简易的 VAR 模型强调我国经济运行从需求侧到供给侧的紧迫性和重要性，再构建 AD-AS 模型对供给侧改革的概念进行解读，并在该模型下根据 AS 曲线移动将宏观政策落实到企业，以宝钢股份为例，对其成本结构剖析的同时探析宝钢股份如何在目标实现的过程中降本增效，实现绿色低碳发展，有助于为整个钢铁业乃至制造业提供理论参考及经验借鉴。结合 AD-AS 理论模型和具体企业，我们研究发现：钢铁企业实现供给侧改革去产能和降成本的目标，不仅需要加大研发投入，进行科技创新，更离不开人力资本的支撑。

关键词： 供给侧改革；创新；宝钢股份；AD-AS 模型

1. 引言

1.1　研究背景

宏观经济学中的总供求分析阐明了国民经济的平稳运行离不开总需求和

总供给的相对平衡。由于新古典经济学和凯恩斯主义经济学提出的前提都是假设总供给不变而仅仅改变总需求，这让许多国家认为仅重视需求侧中的三驾马车——投资、消费以及进出口便可使经济良好运行，然而在此过程中不少国家开始发现，这样的机制并不完善，许多消费动力往往来自供给侧发生的变化，因此这些国家开始注重对供给侧的管理，我国的供给侧结构性改革也应运而生。

本文以钢铁行业为例来反映供给侧改革的改革路径和效果。钢铁行业给国家建设提供了重要的原材料保障，支撑着国民经济的发展。然而，随着宏观环境的变化，钢铁行业发展的各种瓶颈开始显现：结构不合理、低端产品产能过剩、高端产品研发能力不足，且伴随着高成本和低产品附加值。同时，我国以总需求管理为主的宏观调控手段发挥作用的空间已经缩小，无法适应这种客观需求的"新常态"。因而如何降成本是钢铁行业在"新常态"下必须面对和解决的痛点。面对挑战，供给侧改革的提出是适应和引领中国经济在该状态下的有效手段，因此钢铁企业采取了一系列措施有效地进行"降成本"。如今，我国已进入"十四五"发展的跑道，更加强调自身技术创新的高质量发展理念，绿色化和智能化也将是钢铁工业创新的两大主题。与此同时，我国不断为世界环境的保护作出贡献，针对气候问题于 2020 年提出了"双碳"目标，据此钢铁工业自身也不断向目标靠拢。

1.2 研究意义

本研究能够帮助制造业企业在成本控制上更好地了解中国现实问题，对揭示中国钢铁行业具体成本—收益情况具有一定意义。成本控制对这类企业来讲是不可逃避的难题，所以针对这方面展开研究的论文数量很多，但是针对某一企业跟踪的案例并不多。因此本文在供给侧的背景下基于创新的视角对企业成本管控进行研究，提出可实施的建议。这不仅可以帮助企业紧跟时代发展步伐，还有助于丰富供给经济学理论，引导相关研究由需求侧导向向供给侧改革转变。

1.3 文献综述

面对改革，在企业积极采取相应手段的同时，经济领域对这方面的研究也没有中断过，通过图1我们发现相关研究集中在2017—2019年，其路径与实践更是研究重点。

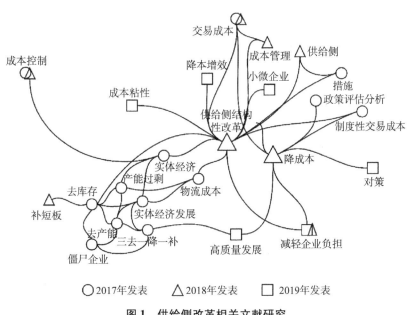

图1 供给侧改革相关文献研究

钢铁行业应朝着绿色化和智能化转型升级，针对这一点，各界已达成共识，但是低成本是任何一个行业转型过程中乃至转型成功后保持竞争力的关键。这也就意味着，降成本不仅是供给侧改革的重要环节，也是"双碳"目标实现的主要着力点，这是因为降低运营的能耗是低碳的核心。供给侧改革提出后，对企业来说，应以提升实体经济企业"生产率"作为总的行为向导，使企业发挥主观能动性，调动企业技术和管理创新的内生动力，从而进一步拓展新技术、新模式和新业态（冯圆，2018）[1]。此外，钢铁企业自身转型升级也是很有必要的，通过整合价值链、控制总量，技术改造与创新、节能减排等手段尽可能达到该目的（谭高，2017）[2]。就政府而言，黄奇帆

(2016)[3]、高培勇（2017）[4]、刘尚希（2018）[5]等认为降成本的关键在于政策引领、制度建设、法规健全等方面，即政府权力体系的完善以及相应政策的调整能有效推进企业各方面成本的有效降低（张杰、宋志刚，2016）[6]。随着供给侧改革在业界的深化，刘尚希等（2019）[7]指出，降成本应从"政策驱动"转向"创新驱动"，需要尽快夯实降成本创新的基础，在"双碳"目标提出后，对于钢铁行业，社会各界公认的"关键变量"依然是创新，也就是说，要实现钢铁企业的节能减排，降低企业运营成本，将互联网技术、信息技术与生产过程紧密结合是最行之有效的方法（Bruce，1995）[8]，这意味着创新是推进我国钢铁行业碳达峰、碳减排进程的第一动力（李新创，2021）[9]。

基于上述分析，本文以中国最具竞争力的特大型钢铁联合企业宝钢股份作为案例研究对象，剖析其成本构成、创新举措，同时探析宝钢股份如何在实现"双碳"目标的过程中持续降本增效，实现绿色低碳发展，希冀为整个钢铁业乃至制造业提供理论参考及经验借鉴。

2. 供给侧改革——AD-AS 模型分析

2.1 从需求侧到供给侧

为对我国经济改革从需求侧转移到供给侧的重要性和紧迫性有更清晰的认知，我们可以通过其中一种计量方法——VAR 模型来对我国经济的需求、供给与工业品价格的因果关系及影响进行一个简单直观的研究。

我们此次研究的时间段为 2009—2016 年，因为这段时间涵盖了全球金融危机后的关键时刻。2009 年是次贷危机的巅峰，危机对全球经济产生了深远的影响，而供给侧改革的确切提出时间是在 2015 年底，这一年之前和之后的经济环境可能存在显著差异。所以我们采用 2009—2016 年来观察供给侧改革提出前后的供给侧变化。通过比较这两个时间段内的规模以上工业增加值

（G）、固定资产投资完成额（T）、PPI（P）的累计同比月度数据，我们能够更详细地分析供给侧改革对产出、需求和价格的影响。这有助于揭示供给侧改革在经济结构和发展方向上的实际效果，并提供更全面的了解关键时期经济的变迁。

通过 R 语言建立简单的 VAR 模型，我们来分析一下以上变量之间的影响。VAR 模型的基本形式是弱平稳过程的自回归表达式，它将同一样本周期内的几个变量描述为其过去值的线性函数。该表达式如下：

$$Y_t = \phi_0 + \phi_1 Y_{t-1} + \cdots + \phi_p Y_{t-p} + B X_t + \varepsilon_t, \quad t = 1, 2 \cdots, T \tag{1}$$

其中：Y_t 表示 k 维的内源变量列向量；Y_{t-i}，$i = 1$，2，$\cdots$，p 是一个滞后的内源变量；X_t 表示 d 维的外源变量列向量；P 代表滞后顺序；T 是样本数（见表 1）。

表 1　平稳性检验

变量	ADF 检验	PP 检验	KPSS	结论
G	0.2457	−19.7173	0.9884	不平稳
T	0.1169	−8.3511	2.1381	不平稳
P	0.2049	−5.5994	0.69	不平稳
Diff G	<0.01	−156.7968	0.0506	平稳
Diff T	<0.01	−102.2316	0.0196	平稳
Diff P	<0.01	−88.7359	0.0519	平稳

首先对三组数据分别进行平稳性检验，结果显示序列 G、T 和 P 均为一阶单整，序列之间存在协整关系，同时，通过 VAR 模型得到 2009—2015 年间序列 G 与 P，Y 与 P 的最优滞后阶数为 2，序列 Y 与 G 的最优滞后阶数为 3，2015—2016 年的最优滞后阶数为 1，分别对序列在 2009—2015 年及 2015—2016 年序列进行格兰杰因果检验，得到以下结果（见表 2、表 3、表 4）：

表 2　2009—2015 年投资与价格、产出与价格的格兰杰因果检验

原假设	样本量	F 检验	P 值
T 不是 P 格兰杰原因	82	4.46965	0.01457
P 不是 T 格兰杰原因		3.94546	0.02337
G 不是 P 格兰杰原因	82	2.73217	0.07139
P 不是 G 格兰杰原因		0.14239	0.86751

表 3　2009—2015 年投资与产出的格兰杰因果检验

原假设	样本量	F 检验	P 值
G 不是 T 格兰杰原因	81	1.29003	0.28417
T 不是 G 格兰杰原因		5.13384	0.00279

表 4　2015—2016 年投资、产出、价格之间的格兰杰因果检验

原假设	样本量	F 检验	P 值
T 不是 P 格兰杰原因	23	6.66332	0.02175
P 不是 T 格兰杰原因		12.4655	0.00303
G 不是 P 格兰杰原因	23	10.2934	0.00586
P 不是 G 格兰杰原因		1.36229	0.26136
G 不是 T 格兰杰原因	23	1.72271	0.19712
T 不是 G 格兰杰原因		2.13576	0.16518

　　通过对结果分析我们可以知道在 2015 年以前，T 对价格 P 及产出 G 的影响较为显著，表明我国经济呈现出以需求侧为驱动的特征。但自 2015 年以来，需求对价格及产出的影响明显减弱。其中，检验结果显示，在 2015—2016 年，需求变动的原因来自价格，价格变动的原因却又来自产出，并且需求对产出因果关系显著减弱，需求与产出没有明显的因果关系，经济呈现出产出决定价格、价格决定需求的供给驱动的特征。因此，供给侧改革的出现是十分重要且迫切的。

2.2　供给侧改革的概念

供给侧改革主要是对社会生产力水平进行改革，目的是通过经济结构的调整，促进各生产要素实现最优化的配置，进而促使我国经济质与量的增长。因此无论是对社会经济发展，还是国家发展，供给侧改革政策的实施尤其重要且必要。

为了对供给侧改革有更具体的认知，我们以 AD-AS 模型[10]进行分析（见图 2）。

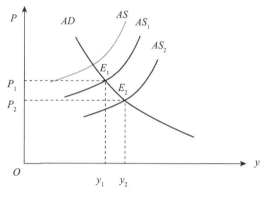

图 2　AD-AS 模型

其中 AD 是总需求曲线，AS_1 和 AS_2 都是不同情况下的总供给曲线。当总需求曲线 AD 与 AS_1 相交与 E_1 时，此时 E_1 对应的 y_1 和 P_1 分别是充分就业时的产量和充分就业时的价格水平，此时的均衡 E_1 是较低水平的均衡。如果 AS_1 曲线向右下方移动将得到 AS_2 曲线，此时均衡点为 E_2，这时候 y_2 和 P_2 对应的充分就业的产量和价格水平就是高水平的均衡，此时物价水平较低的同时还能保持较大的产量，所以从长期来看，供给侧改革的提出是为了总供给曲线 AS_1 向右下方移动最终达到 AS_2。

但从短期来看我国面临的问题是产能过剩，同时有效供给也较为缺乏，所以短期来看我国此时的改革目标是淘汰掉落后产能，使低效率企业退出市场，从而供给减少，降低企业成本，让 AS_1 曲线向左上方移动到 AS，满足供需匹配从而降低和控制金融风险、债务风险等其他不稳定性因素。在短期内打好基础，之后才能扩大生产可能性边界，释放新的经济增长动能，增加有效供给，而这更离不开前期有效供给占比的增大，即技术的创新。

2.3 降成本现状

因为本文所研究的钢铁企业主要问题最终都集中在降成本部分，因此针对供给侧改革中的降成本这个重要任务，中央和地方政府均出台了一系列政策（见表5）。其中，发文内容主要集中于降低制度性交易成本和税费成本，降低物流成本、人力成本、融资成本以及能源成本方面的各年发文数相对比较稳定。因此这些成本需要企业自身进行优化改进。

表5 降成本政策推进

时间	发文机关	政策名称
2016 年 8 月	国务院	《降低实体经济企业成本工作方案》
2017 年 6 月	国家发展改革委、工业和信息化部、财政部、人民银行	《关于做好 2017 年降成本重点工作的通知》
2017 年 8 月	国务院办公室	《关于进一步推进物流降本增效促进实体经济发展的意见》
2018 年 4 月	国家发展改革委、工业和信息化部、财政部、人民银行	《关于做好 2018 年降成本重点工作的通知》
2018 年 7 月	财政部、税务总局	《关于进一步扩大小型微利企业所得税优惠政策范围的通知》
2019 年 4 月	国务院办公厅	《降低社会保险费率综合方案》
2019 年 5 月	国家发展改革委、工业和信息化部、财政部、人民银行	《关于做好 2019 年降成本重点工作的通知》
2020 年 2 月	国家发展改革委办公厅	《关于疫情防控期间采取支持性两部制电价政策，降低企业用电成本的通知》
2020 年 5 月	国家发展改革委、交通运输部	《关于进一步降低物流成本的实施意见》

续表

时间	发文机关	政策名称
2020 年 7 月	国家发展改革委、工业和信息化部、财政部、人民银行	《关于做好 2020 年降成本重点工作的通知》
2021 年 4 月	国家发展改革委、工业和信息化部、财政部、人民银行	《关于做好 2021 年降成本重点工作的通知》
2021 年 4 月	国家税务总局办公厅、中华全国工商业联合会办公厅	《2021 年助力小微企业发展"春雨润苗"专项行动方案》

3. 供给侧改革下宝钢股份的创新现状

　　前文已经说过，短期内供给侧改革总供给曲线需要向左上方移动，长期内将向右下方移动。由于总供给曲线的移动较为复杂，所以对钢铁企业来说改革方向主要集中于劳动力、技术，即淘汰落后产能降成本，因此提高科学技术和减少不必要劳动力可以为长期的供给侧改革效果打下坚实基础。

　　所以本文也主要对三个方面：成本创新、技术创新、人力资源创新进行较为深入的研究，从而发现供给侧改革下具体企业的改革效果。目前中国钢铁工业面临降低碳排放量、中期原材料价格波动、寻求钢铁产能过剩解决方案等重大挑战，但是，这也是钢铁行业的发展机遇，经验证据表明，逐步扭转钢铁企业成本构成的各种不合理现象，用新技术、新业态、新模式降低企业运营成本，大力改造提升传统产业，已成为企业生存、发展所必需的核心内容。

3.1　宝钢股份的成本结构

　　作为全国范围内大型国有钢铁企业的宝钢股份（以下简称宝钢），公司专业生产高技术含量、高附加值的钢铁产品。目前，宝钢采取了事业部制，该组织结构采用了高度集权下的分权管理体制，同时也是大型制造业企业较为典型的组织结构形式，拥有较多部门。宝钢在成为中国市场主要钢材供应商的同时，产品出口日本、韩国等四十多个国家和地区。在供给侧结构性改革的大时代背景下，"成本变革、技术领先、服务先行、智慧制造、城市钢厂"这五大产能建设在 2019—2024 年发展规划中得到了进一步强化，经过几年的努力，宝钢在降成本方面已小有成效，2022 上半年，宝钢成本削减了 56.23 亿元。2016 年 8 月国务院发布的《降低实体经济企业成本工作方案》（以下简称《方案》）将企业成本划分为税费负担、融资成本、制度性交易成本、人工成本、能源成本以及物流成本六大成本。基于《方案》对成本的分类以及宝钢相关数据的易得性，本文主要探析宝钢除制度性交易成本以外的其他五类成本近几年的变化趋势。

图 3 描述了宝钢各成本在 2013—2021 年间的增减变化趋势。总体来看，各成本增长率普遍在 2016—2020 年出现了逐步降低的趋势，这说明宝钢在供给侧改革方面进行了积极的响应，采取了各种措施降低运营成本，然而，新冠疫情的影响导致全球各种成本的上涨，受此影响，宝钢各成本在 2021 年呈现出显著的上升趋势。作为钢铁企业主要原材料的铁矿石，鉴于其不可再生性，其价格持续上涨是钢铁企业面临的必然压力，因此，宝钢能源成本仅在供给侧改革前期增长幅度最大，随后基本处于下降状态。然而，宝钢人工成本增长率自 2017—2020 年却一直在降低，并且在 2020 年有较大幅度的下降。近年来，人力资本对于企业发展的重要性日益显现，实践也证明了人力资本水平的提升是企业绿色低碳创新效率的关键所在，具体到宝钢上，其人工成本增长率在 2021 年出现了大幅上升，并且是在所有成本中增加幅度最大的。

3.2 宝钢股份技术研发现状

伴随着中国经济发展进入新时代，作为国家重要基础工业之一的钢铁业面临着新的挑战：一方面，国内市场中低端产品需求不大，导致中低端钢铁产品产能过剩，虽然对高端钢材产品的需求大幅增加，但是高端产品的加工设备技术依靠进口解决。另一方面，实现绿色低碳转型，改变不可持续的粗放式发展模式，是工业企业践行党中央建设生态文明社会的必由之路。基于中国经济高质量发展，"美丽中国"宏伟目标，以及钢铁企业生产成本较高、

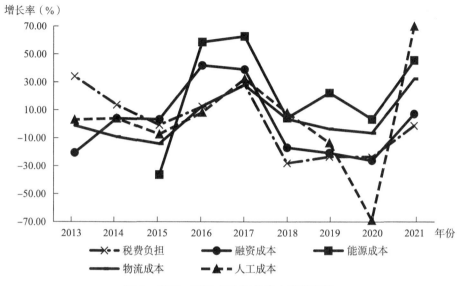

图 3 2013—2021 年宝钢各成本变化趋势

产业结构无法适应经济需求等宏观及微观背景，创新驱动发展是降本增效、实现国家基本战略在市场、企业层面的集中体现。事实上，宝钢近年来也在积极实行创新。关于创新，常用的指标是企业的研发投入，发明专利申请占专利申请总量的占比（以下简称发明专利申请占比），本文也选用这两个指标对宝钢创新能力进行考察。

表 6 描述了宝钢 2013—2021 年的研发投入状况，从整体上来看，宝钢在研发上的投入逐年增加，且在 2017 年有显著的增加，一方面可能是因为全球经济温和复苏，房地产和基建行业对钢材使用量增加，导致 2017 年我国很多行业对钢材需求增长，为中国钢铁行业结构调整提供了较为乐观的市场环境，另一方面的原因可能在于宝钢秉承着深化供给侧结构性改革的理念，从某种意义上说，2017 年也是一些领域改革取得突破的决定性一年，宝钢的研发投入是明显增加的。表 6 还显示了 2021 年的研发投入较前几年明显提升，可能是因为在疫情得到控制的情况下，钢铁行业面对产能产量"双限"、能耗"双控"以及市场波动大等其他挑战显著增加的复杂局面，只有对低碳环保建设全面推进，加强研发投入，提升技术引领能力，才能有效助力"双减"目标

経済类课程建设与课程思政案例

的实现。不仅如此，发明专利申请占比逐渐上升，这表明国内高端制造业如高铁、新能源汽车等产业的高速增长产生较高的需求量让公司对其重视越来越高，并坚持实施以技术领先为主的产品开发战略。

表6　2013—2021年宝钢企业研发能力

年份	研发投入（百万元）	营业收入（百万元）	研发强度（%）	研发投入增长率（%）	发明专利申请占比（%）	WSD排名
2013	3430	189688	1.80	-9.90	>55	11
2014	3931	187414	2.00	14	>66	—
2015	3449	163790	2.11	-12	—	—
2016	3662	185459	2.00	6	>70	23
2017	5350	289093	1.85	46	>74	10
2018	7031	304779	2.30	31	>88	17
2019	8864	291594	3.04	26	>92	14
2020	8773	281519	3.08	-1.60	—	5
2021	11371	364349	3.12	29.60	—	5

数据来源：宝钢股份年度报告。

图4展示了宝钢2013—2021年研发投入与毛利率之间的关系。从图4可以看出，研发投入和毛利率总体上呈现出同向的上升趋势，这在一定程度上说明，研发投入的增加带来了利润的增加，但是利润增加的幅度较小，这可能是因为研发投入的效果并不是当年就能显现，具有滞后效应。

图5描述了宝钢与整个行业研发强度的对比（全行业的研发强度用均值表示）。图5显示，宝钢研发强度自2017年逐步向行业均值看齐，并于2019年超过全行业平均水平，这意味着宝钢的研发强度逐渐领先于整个钢铁行业，这一结论也与宝钢在世界钢动态公司（WSD）发布的"世界级钢铁企业竞争力"中排名相一致，即自2019年后，宝钢竞争力在全世界钢铁行业中名列前茅，这也再一次验证了宝钢研发投入带来的积极效果。

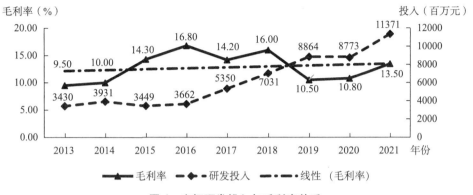

图 4　宝钢研发投入与毛利率关系

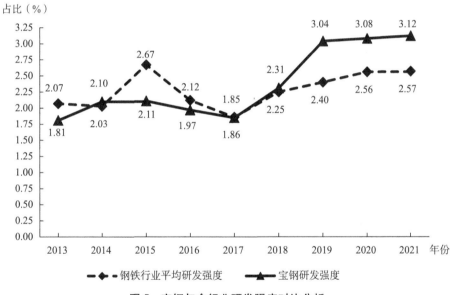

图 5　宝钢与全行业研发强度对比分析

3.3　宝钢股份人力资本现状

　　鉴于人力资本是知识积累和科技创新的重要源泉（张磊，2016）[11]，是决定创新活动质量和效率的关键因素（倪超、孟大虎，2017）[12]。本文进一步分析宝钢的人力资本现状，以期探析人力资本与创新的关系，在人力资本计量指标的选取上，我们选取了运用比较普遍的教育指标法。

图 6 描述了宝钢近 9 年人力资本的状况。首先，在宝钢全体员工中，本科及以上的占比各年均在 40% 以上，并且自 2019 年后呈现出较大增长幅度。其次，自 2020 年，不论是本科还是硕士及以上学历人员都较上一年有所增长，其中，硕士及以上学历人员增幅尤为明显。最后，不论是本科以上学历还是研究生及以上学历的员工，二者在全体职工中的比重均在 2020 年和 2021 年达到最大值。图 6 中关于人力资本的相关数据，说明宝钢一直重视人才的引进和培养。

图 6　2013—2021 年宝钢人力资本状况

4. 对策建议

我们首先探析了宝钢自供给侧改革后各项成本的变化，同时观测其近些年在研发与人力资本投入的变化，研究发现，宝钢实现降成本和去产能的成效与持续的研发投入密不可分，而创新力又来自人力资本的积累，"双碳"目标要求企业降低运营的能耗，实际上则是要求进一步降低成本，基于供给侧改革的经验与前文对 AD-AS 模型中的曲线移动，总而言之，不管从短期来看还是长期来看，总供给曲线 AS 的移动一直都离不开创新[13]。

4.1　管理模式创新

　　面对新常态以及钢铁行业环境的种种挑战，管理模式作为企业一种可持续发展的有效手段，其重要性是不言而喻的。管理作为一家企业的顶层设计，企业需要在管理模式上产生新的构想，形成新的模式。从企业自身出发，只有意识到人才和创新等要素的重要性，才能优化企业资源配置，有效实施企业的战略创新。通过管理模式的创新，企业可以选择最佳的执行路径，与国家产业发展规划以及出台的相关政策相结合，充分利用国家的指向，真正实现绿色发展，并在该机制下建立广泛有效的沟通交流，从而优化企业的组织结构和工作流程。

4.2　人才创新培养

　　作为公司核心力量的人力资本，公司应制订相应的招聘培训计划，提高高层次人力资本比例，增加高端专业人才的储备，加强绿色低碳专业技术人员培训，优化人力资本结构，提升全员综合素养，力求实现人力资本与物质资本的高效匹配与相互支撑。虽然 2021 年宝钢本科及以上学历的员工占全员 46% 以上，但是专科及以下学历仍高达 54%，因此，宝钢可尝试利用上海高端人才较为集中的地方优势，与多所大学以校企合作教学模式，有针对性地培养综合性人才，同时激励在职员工继续深造，从而提高高学历人员比重，争取在未来的 5 年内使高学历人员占比达到 50% 以上，建设核心专业人才队伍。此外，宝钢还应挖掘更多优质培训资源，有针对性地对各层级的人才持续精准培养，即通过各种渠道加大人力资本储备。

4.3　增加研发投入

　　面对新常态，保持研发能力是各企业可持续发展的有力保障。宝钢作为钢铁行业的龙头企业，其创新能力也处于领先地位，因此宝钢更应积极保持国内高端产品市场差异化竞争优势，通过坚持实施以技术领先为主的产品开发战略，加大绿色环保研发并应用到制造流程中，形成自己的多样化产业链，从而提高国际竞争力。不仅如此，在关注自身研发能力的同时，宝钢也要把焦点放到国内的高端制造业市场，带动如航空、新能源汽车等产业对高端产品的需求，生产出满足其需求的高附加值产品，产生更多利润的同时也提升企业的研发加工技术。开辟多渠道以与国外展开更深层次的学习交流与技术合作，努力研发更高端新材料技术，在降低进口成本的同时增加产品附加值，进一步提高宝钢整体循环经济的水平，不断追求高端产品结构产生的经济效益。企业在履行社会责任以及积极响应"双碳"政策方面，应重视对环境造成的污染，因此研发投入在绿色节能、环境保护以及可持续发展这几个方面更应该予以增加，推进"三治四化"，加快建设绿色城市钢厂。

4.4　降低综合运营能耗

由于钢铁产业的特殊性，铁矿石等原材料国内供不应求，需要"进料加工"，即从国外进口，这样会产生较高的能源成本。针对这类现象，企业可以间接性淘汰一些落后产能，从而减少对一些原材料的需求，并且提高高端产品的占比，弱化产能过剩的现象，推进循环经济，开源节流，从而达到降低能源成本的效果。有相关数据统计，一些发达国家的物流成本仅占钢材总成本的 8%～10%，相比之下我国物流成本占钢材总成本高达 15%～30%。这意味着物流成本还是企业需要重点关注的降成本对象。企业可以通过进一步完善自身供应链服务，继续发挥钢铁集团物流的作用，同时进行数字化转型，利用数字化平台实现信息互通，减少不必要的物流成本，并在运输关键环节保持信息畅通，提高周转速度。

参考文献

[1] 冯圆. 实体经济企业降成本的路径选择与行为优化研究 [J]. 会计研究，2018（1）：9-15.

［2］谭高. 供给侧结构性改革内涵、意义与实践路径分析［J］. 当代经济，2017（4）：20-22.

［3］黄奇帆. 落实供给侧结构性改革 推动重庆经济转型升级［J］. 中国经贸导刊，2016（25）：7-10.

［4］高培勇. 深化供给侧结构性改革必须依靠新理念新思想新战略［J］. 理论学，2017（8）：50.

［5］刘尚希. "降成本"关键要加快改革步伐［J］. 中国中小企业，2018（7）：14.

［6］张杰，宋志刚. 供给侧结构性改革中"去产能"面临的困局、风险及对策［J］. 河北学刊，2016，36（4）：123-129.

［7］刘尚希，王志刚，程瑜，等. 应对高成本发展阶段的新思路：从政策驱动转向创新驱动［J］. 财政研究，2019（12）：40-47.

［8］BRUCE M R. Back to the future：MES from 1999—2000［J］. AMR Inc，1995，80（3）.

［9］李新创. 系统性、全过程开展碳达峰及降碳行动协同推进新兴铸管低碳高质量发展［EB/OL］.［2024 - 03 - 01］http：//www.mpi1972.com/xwzx/tpxw _ 449/202104/t20210427_95808.html.

［10］武立勋，金晨. 基于AD-AS模型对新常态下供给侧改革途径的探讨［J］. 农村经济与科技，2017，28（3）：49-50.

［11］张磊. 集团公司财务风险控制研究［J］. 商场现代化，2016（18）：128-129.

［12］倪超，孟大虎. 人力资本、经济增长与空间溢出效应——基于我国1978—2015年省级面板数据的实证研究［J］. 北京工商大学学报（社会科学版），2017，32（6）：113-122.

［13］王海军，冯乾. 供给侧结构性改革的经济学理论内涵——基于总供给总需求的分析框架［J］. 西安交通大学学报（社会科学版），2016，36（6）：9-15.

货币政策对我国宏观经济影响的实证分析

——基于 IS-LM 模型

王书平

（北方工业大学经济管理学院，北京，100144）

摘要：本文以 2001—2020 年的宏观经济数据为基础，建立我国的 IS-LM 模型，并测算样本期内我国的货币政策乘数、货币政策对经济增长的贡献以及货币政策的投机效应，在此基础上，对货币政策影响宏观经济的效果进行分析。结果表明：（1）我国 IS 曲线斜率为负，LM 曲线斜率为正，形状与经典 IS-LM 模型吻合；（2）我国货币政策乘数大于零，货币政策对经济增长有正向作用，近 20 年内平均拉动经济增长约 1.4752%；（3）样本期内，货币政策几乎不存在投机效应，货币政策效果较好。

关键词：货币政策；宏观经济；IS-LM 模型；货币政策乘数；投机效应

1. 引言

在本科的宏观经济学课程中，会讲到一个国民收入决定模型，即 IS-LM 模型（产品市场与货币市场均衡模型），此模型也是西方经济学国民收入决定理论的核心模型。在理论上，可以运用 IS-LM 模型分析货币政策对宏观经济（国民收入和利率）的影响情况，以及衡量货币政策效果。那么，在我国经济实践中，货币政策对宏观经济的影响情况如何？其政策效果又怎样？理论上的结论在现实中是否成立？这些问题值得进一步深入研究。

一些学者利用 IS-LM 模型对我国宏观经济政策效果进行了理论分析。北京大学中国经济研究中心的杨目等（1998）[1]分析了中国 IS-LM 图形形状，认为我国的货币政策是有效的，财政政策和货币政策应该有机配合才能发挥最大作用。彭晓莲（2009）[2]分析了我国特色的 IS-LM 曲线，并得出在经济危机下我国的宏观经济政策效果均被弱化的结论。张永波（2010）[3]将 IS 和 LM 曲线的斜率进行长短期分类，分析应对金融危机的货币政策，发现短期内货币政策效果较好，长期效果会逐渐减弱甚至较差。冯素瑶（2017）[4]分析了影响 IS-LM 曲线斜率的因素，认为我国的 IS 和 LM 曲线都较为陡峭，但陡峭的程度相差不大，宏观政策效果会被弱化。

此外，也有学者用 IS-LM 模型实证研究我国宏观经济政策对国民经济的影响。司春林等（2002）[5]估计了 1978—1999 年的中国 IS-LM 模型，认为我国 IS 曲线较陡，LM 曲线较平，财政政策比货币政策在影响总产出方面具有更显著的效果。刘玉红、高铁梅（2006）[6]建立了 2000—2006 年中国季度可变参数 IS-LM 模型，认为中国的 IS 曲线斜率越来越小，财政政策效果正在减弱，而 LM 曲线斜率从 2000 年以来开始持续上升，货币政策效果在逐渐增强。杨晓华（2006）[7]估计了 1985—2003 年的 IS-LM 模型，并在此基础上测算了财政政策乘数效应，发现财政政策对经济增长贡献显著，最大拉动约 2.38%。周海涛、李锋森（2010）[8]估计了 1994—2008 年我国的 IS-LM 曲线，并测算了样本期内的财政政策和货币政策效果，结果表明货币政策对经济增长的拉动效果比财经政策高 2.79%，但货币政策效果的波动要明显得多。陈海明（2018）[9]基于 1992—2017 年的时间序列数据对货币政策的有效性进行分析，发现无论是能预期到的还是不能预期到的货币冲击，都会对产出有显著影响，且未预期到的货币冲击的产出效应更大。

综上所述，从对宏观经济政策效果的理论分析来看，大部分学者都认为我国的货币政策和财政政策是有效的，但由于我国陡峭的 IS 和 LM 曲线，导致宏观经济政策效果被弱化；从对宏观经济政策效果的实证研究来看，结论也大都是认为我国宏观经济政策是有效的，但由于我国经济的阶段特殊性，选择不同的样本期估计的 IS-LM 曲线，其斜率特征并不一致，因而不同样本期内宏观经济政策对经济增长的贡献也相差较大。

鉴于此，本文首先利用 2001—2020 年的宏观经济数据对我国的 IS-LM 模型进行估计，其次主要测算了样本期内的货币政策乘数、货币政策对经济增长的拉动效果以及货币政策的投机效应，在此基础上，对样本期内货币政策影响宏观经济的效果进行分析，以验证前文结论在我国是否成立。

2. 我国 IS-LM 模型的估计

2.1 变量选取与数据来源

本文选取 2001—2020 年间我国宏观经济统计数据为样本，建立我国 IS-LM 经济模型，模型由五个内生变量和四个外生变量组成，如表 1 所示。

表 1　模型变量

内生变量		外生变量	
名称	符号	名称	符号
国民收入	Y	政府支出	G
居民消费	C	货币供给量	M
投资	I	出口	EXP
进口	IMP	上期消费	C_{t-1}
利率	R		

由于模型变量与统计数据的内涵存在差异，需要对相关数据进行调整。消费为居民消费，国民收入为支出法 GDP，进口为货物和服务进口总额。投资是私人部门的投资，包括固定资产投资和库存投资，用资本形成总额来衡

量。政府支出由政府消费和国家预算内投资组成。货币供给量选择广义货币量（M_2）来表示，包括狭义货币（M_1）和准货币。利率是指实际利率，实际利率为名义利率减去通货膨胀率，其中名义利率选取居民一年期定期存款利率为代表，若某年先后实行多个利率，按照其执行天数加权平均而得；通货膨胀率用居民消费价格指数 CPI 来计算。

　　模型数据主要来源于《中国统计年鉴》《中国金融年鉴》以及中国人民银行官网。建模过程中，应用不同的价格指数将原始宏观数据换算为 2001 年的不变价格，用居民消费价格指数换算居民消费和政府支出；用商品零售价格指数换算国民收入、投资、进口、出口和货币供应量。

2.2　模型建立

　　在产品市场上，总供给等于总需求，总需求由当期消费、投资、政府支出和净出口（NX）组成。通常的假定，当期消费主要由现行的国民收入、实际利率和上期消费来决定。收入水平越高，则消费水平支出就越大；实际利率越高，则人们更倾向于储蓄，从而减少消费；当期消费还与上期消费有关，消费者会受自己过去消费习惯的影响，且上期消费一般也认为是外生的。投资，也取决于现行的国民收入和实际利率。收入水平越高，投资水平也相对越高；实际利率是其借款的成本，利率水平越高，投资的水平会下降。此外，假定政府支出为给定的外生变量；出口取决于国外需求，也是外生给定的；而进口则是国民收入的函数。

　　在货币市场上，货币需求等于货币供给，货币供给量为外生变量，由中央人民银行决定；货币需求分为交易性货币需求与投机性货币需求，分别与国民收入和实际利率有关。

　　综上所述，建立具体模型如表 2 所示，从式（1）—式（5）可以推导出 IS 曲线，式（6）是货币市场的均衡条件，也就是 LM 曲线。

表 2　经济关系式

代数式		名称
$Y=C+I+G+NX$	（1）	收入恒等式
$C=\alpha_0+\alpha_1 Y+\alpha_2 R+\alpha_3 C_{t-1}$	（2）	消费函数
$I=\beta_0+\beta_1 Y+\beta_2 R$	（3）	投资函数
$IMP=\gamma_0+\gamma_1 Y$	（4）	进口函数
$NX=EXP-IMP$	（5）	净出口函数
$\dfrac{M}{P}=\delta_0+\delta_1 Y+\delta_2 R$	（6）	货币需求函数

2.3　模型估计

在联立方程中，由于内生变量之间的相互影响，普通最小二乘法估计的方程得到的将是不一致的和有偏的。因此，本文以常数项、所有的外生变量和所有内生变量的一阶滞后变量作为工具变量，利用三阶段最小二乘法对上述模型进行估计，结果如表 3 所示。

表 3　我国 IS-LM 模型的三阶段最小二乘估计

解释变量	消费函数	投资函数	进口函数	货币需求函数
常数项	−5611.183 *** （−5.059）	9.34E−06 （0.452）	−1.02E−06 （−0.090）	7.32E−05 （0.819）
Y	0.191 *** （7.002）	0.357 *** （2.27E+09）	0.183 *** （2.11E+09）	1.434 *** （2.11E+09）
R	−430.777 *** （−9.781）	−2.11E−06 ** （−2.307）		−1.06E−05 ** （−2.215）
C_{t-1}	0.723 *** （17.780）			
调整的 R^2	0.999	1.000	1.000	1.000
DW 统计值	1.310	1.642	1.997	2.207

注：* $p<0.10$，** $p<0.05$，*** $p<0.01$，括号内为 t 统计量。

由表 3 可以看出，消费函数、投资函数、进口函数与货币需求函数的调整均高达 99% 以上，且 DW 统计值均可认为在 2 附近，基本消除了序列相关。

就消费函数来看，当期消费与国民收入和上期消费呈显著正相关，与实际利率呈显著负相关。就投资函数来看，投资与国民收入显著正相关，与实际利率呈显著负相关，但投资的利率系数极小，说明我国投资的利率弹性偏低，投资和利率相关性不大。就进口函数而言，我国进口量与国民收入呈显著正相关，国民收入每增加 1%，进口额会增加 0.183%。

从货币需求函数可知，货币需求与国民收入也是显著正相关，货币需求的收入弹性较大，但货币需求的利率弹性却极低，说明我国对货币的需求主要是出于交易性动机，投机性货币需求在我国尚不完善的证券市场上比较有限。

对上述估计的方程进行整理，得到：

IS 曲线方程：$R = -13.03 - 0.0015Y + 0.0014C_{t-1} + + 0.002(EXP + G)$　　　（7）

LM 曲线方程：$R = 6.91 + 1.35 \times 10^5 Y - 9.4 \times 10^4 (M/P)$　　　（8）

根据 IS-LM 曲线方程，在 R-Y 平面上绘出 IS-LM 图形，如图 1 所示。

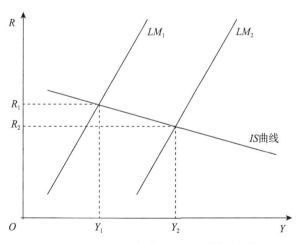

图 1　2001—2020 年我国 IS-LM 模型示意

从我国的 IS-LM 模型看，*IS* 曲线斜率为负，*LM* 曲线斜率为正，形状与经典 IS-LM 模型吻合，说明各宏观经济变量之间的关系具备市场经济特征。在样本期内，我国 IS 曲线斜率绝对值较小，趋势较平坦，*LM* 曲线斜率绝对值较大，趋势较为陡峭；平坦的 *IS* 曲线与陡峭的 *LM* 曲线会扩大货币政策效果，削弱财政政策效果。例如在图 1 中，如果政府采取宽松的货币政策，增加货币供给量，*LM* 曲线由 LM_1 移动到 LM_2，均衡时的利率由 R_1 下降到 R_2，均衡的国民收入由 Y_1 增加到 Y_2，可以看到，利率下降很小一部分，带来的国民收入增加却很大，即货币政策效果较大。下面对我国货币政策效果进行实证分析，以验证上述结论是否成立。

3. 货币政策效果的实证分析

3.1 货币政策效果测算

3.1.1 货币政策乘数测算

在产品市场上，对 IS 方程进行整理：

$$Y = C+I+G+NX = \alpha_0+\alpha_1 Y+\alpha_2 R+\alpha_3 C_{t-1}+\beta_0+\beta_1 Y+\beta_2 R+G+EXP-(\gamma_0+\gamma_1 Y)$$

$$= (\alpha_0+\alpha_3 C_{t-1}+\beta_0+G+EXP-\gamma_0)+(\alpha_1+\beta_1-\gamma_1) Y+(\alpha_2+\beta_2) R \tag{9}$$

对上式求全微分，有：

$$dY = \frac{\alpha_3 dC_{t-1}+dG+dEXP+d(\alpha_2+\beta_2) R}{1-(\alpha_1+\beta_1-\gamma_1)} \tag{10}$$

同样，对货币需求函数求全微分，有：

$$d(M/P) = \delta_1 dY+\delta_2 dR \tag{11}$$

将两式联立，以矩阵形式表示为：

$$\begin{bmatrix} 1-(\alpha_1+\beta_1-\gamma_1) & -\alpha_2-\beta_2 \\ \delta_1 & \delta_2 \end{bmatrix} \begin{bmatrix} dY \\ dR \end{bmatrix} = \begin{bmatrix} \alpha_3 dC_{t-1}+dG+dEXP \\ d(M/P) \end{bmatrix} \tag{12}$$

对以上矩阵，用 Cramer 法则求均衡解，得：

$$dY = \frac{\delta_2}{\delta_2(1+\gamma_1-\alpha_1-\beta_1)+\delta_1(\alpha_2+\beta_2)}(\alpha_3 dC_{t-1}+dG+dEXP)+$$

$$\frac{\alpha_2+\beta_2}{\delta_2(1+\gamma_1-\alpha_1-\beta_1)+\delta_1(\alpha_2+\beta_2)}d(M/P) \tag{13}$$

在上式中，dY 为国民收入 Y 的增量，（$\alpha_3 dC_{t-1}+dG+dEXP$）是财政政策全微分，即财政政策的增量，$\dfrac{\delta_2}{\delta_2(1+\gamma_1-\alpha_1-\beta_1)+\delta_1(\alpha_2+\beta_2)}$是财政政策乘数 K^F。$d(M/P)$ 是货币政策增量，$\dfrac{\alpha_2+\beta_2}{\delta_2(1+\gamma_1-\alpha_1-\beta_1)+\delta_1(\alpha_2+\beta_2)}$是货币政策乘数。

显然，财政政策乘数和货币政策乘数的大小，一部分取决于公分母，另一部分取决于各自的分子，财政政策取决于货币需求的利率弹性，货币政策取决于投资和消费的利率弹性。就货币政策的效果而言，从货币政策乘数的分母 $\delta_2(1+\gamma_1-\alpha_1-\beta_1)+\delta_1(\alpha_2+\beta_2)$ 来看，降低边际进口倾向 γ_1、交易需求系数 δ_1 和投机需求系数 δ_2，增加边际消费倾向 α_1 和投资对收入敏感度 β_1，减少计算式的分母，能够提高货币政策乘数和政策效果。从货币政策乘数的分子来看，（$\alpha_2+\beta_2$）同时出现在分子与分母中，但总体来看，（$\alpha_2+\beta_2$）与货币政策乘数也呈正相关，因此提高投资和消费的利率敏感度也可以增加货币政策乘数。

根据 2001—2020 年我国 IS-LM 模型的估计结果，由消费函数得到消费的收入弹性 α_1 为 0.191，消费的利率弹性 α_2 为 -430.777；由投资函数可知，投资对收入的敏感度 β_1 为 0.357，投资对利率的敏感度 β_2 为 -2.11E-06；由进口函数得到，边际进口倾向 γ_1 为 0.183；由货币需求函数可知，交易性需求系数 δ_1 为 1.434，投机性需求系数 δ_2 为 -1.06E-05。根据前文表达式可以计算得：货币政策乘数 $K^F = 0.6974$。我国的货币政策乘数大于零，表明货币政策对经济增长有正效用，这也证明了我国货币政策的有效性。

3.1.2 2001—2020 年货币政策效果测算

根据政策增量与政策乘数，可以计算货币政策对经济增长的贡献。货币政策对国民收入增长的贡献等于货币政策乘数乘货币政策增量，即

$\mathrm{d}Y^M = K^M \cdot \mathrm{d}(M/P)$。将货币政策对经济增长的贡献除以上年真实 GDP，就得到货币政策对经济增长的拉动率，即 $\mathrm{d}Y^M/GDP_{-1}$。至此，我们可以测算 2001 年以来货币政策对经济的贡献，如表 4 所示。

表 4 2001—2020 年货币政策效果测算

年份	增量（亿元）	货币政策乘数效应（亿元）	货币政策拉动经济增长（%）
2001	−1266.4152	−883.0713	−0.8
2002	−2057.9247	−1434.9909	−1.3171
2003	−156.2440	−108.9490	−0.1
2004	4370.4565	3047.5193	2.7236
2005	1283.6655	895.1000	0.7936
2006	1617.4185	1127.8259	0.99
2007	6207.6523	4328.5960	3.6607
2008	10004.4485	6976.1020	5.5711
2009	−2154.8565	−1502.5814	−1.2145
2010	5499.9120	3835.0886	3.0067
2011	8962.9050	6249.8336	4.6709
2012	3837.5867	2675.9492	1.9607
2013	2740.0369	1910.6277	1.3806
2014	1984.5696	1383.8404	0.99
2015	200.4415	139.7679	0.0999
2016	1404.4938	979.3535	0.6951
2017	2222.5111	1549.757	1.0878
2018	3881.1105	2706.2983	1.8645
2019	4163.0017	2902.8611	1.9607
2020	2972.3832	2072.6428	1.3806
均值	—	—	1.4752

注：绝对数为 2001 年不变价格。

由表 4 可知，货币政策对经济增长贡献与实际货币供给量变动是正向变化的，说明我国货币政策是有效的，实际宽松的货币政策会促进经济正向增长。总体来看，在 2001—2020 年间，货币政策平均拉动经济增长约 1.4752%。

由图 2 得知，2001—2020 年间，货币政策拉动经济增长的效果波动较大，其中拉动作用最大是在 2008 年，对经济增长拉动约 5.57%，拉动最小的是 2002 年，约为-1.32%，相差约 6.9%。此外，可以看到，在 2012 年之前，货币政策效果波动是比较大的，2012 年之后，货币政策对经济增长的贡献在均值附近小幅波动。货币政策效果不稳定的主要原因在于货币政策变量是实际货币供应量的增量，而不是绝对量。例如，2008 年的增量是 10004.4 亿元，2003 年的变动是-156.2 亿元，相差悬殊，导致货币政策效果波动。

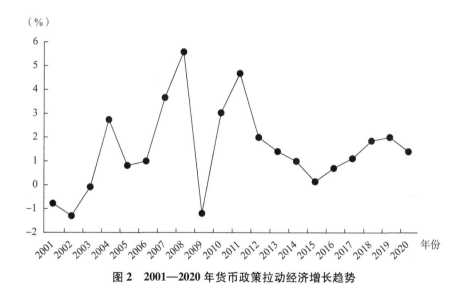

图 2　2001—2020 年货币政策拉动经济增长趋势

3.1.3　近 20 年来我国货币政策变化分析

近 20 年来，我国货币政策经过多次调整，本文结合不同时期的货币政策及表 4 的测算结果，分析其对经济增长的拉动效果，具体如下：

由表 4 可知，在 2001 年、2002 年，我国货币政策对经济增长的贡献是负的，反映出货币政策在这两年采取的是紧缩政策，但这与实际情况并不相符。笔者认为虽然在这两年，央行实行积极的货币政策，增加货币供给量，但由于这两年通货膨胀严重，一般物价指数飙升，导致实际货币供给量是减少的，因此反映出紧缩效果。

在 2003 年至 2007 年上半年中，我国实行的是稳健宽松的货币政策。2003 年我国遭到了国内外各种事件的冲击，经济增长速度放缓，且国内自然灾害较往年更为严重。为了促进经济稳定增长，我国推进利率市场化改革，保证基础货币稳定增长，在此期间，实际货币供给量不断增加，积极的货币政策有效地拉动了经济增长。

在 2007 年下半年至 2008 年上半年中，我国实施的是从紧的货币政策。在当时我国经济发展过热的情况下，物价水平的上涨幅度较大，美国的次贷危机还没有彻底扩散到全球，我国经济运行相对还比较平稳，但出于控制通胀、防止出现泡沫的目的，我国实行了从紧的货币政策。然而，由表 4 可以看出，2008 年实际货币政策效果是积极的，这是因为货币政策存在时滞，有研究表明，我国货币政策对经济产出影响的时滞为 2~10 个季度。因此，2008 年测算的货币政策对经济增长贡献仍是正向的，其紧缩效果则表现在 2009 年。

在 2008 年下半年至 2020 年中，我国实施稳健的货币政策，以更好地促进经济的持续稳定增长。但不同时期对稳健的内涵和表述有所不同，例如在 2013 年至 2015 年坚持的稳健货币政策主要是坚持稳中求进的总基调，在 2016 年中国的货币政策则是呈现稳健略偏宽松的状态。这也与表 4 的测算结果相符，从 2010 年至 2020 年，我国实际货币供应量均有所增加，稳健宽松的货币政策促进经济正向增长。

综上所述，政府做出的几次重大的货币政策调整，对于促进我国社会经济的平稳发展起到积极的作用，特别是在全球经济环境复杂多变的情况下，我国的货币政策发挥了积极有效的作用。

3.2　货币政策的投机效应测算

由前文可得，近 20 年我国货币政策对经济增长的平均拉动在 1.4752% 左右，贡献率似乎并没有预想的那么大，是否因为货币政策存在投机效应的缘故？即央行增加货币供给量，使得利率水平下降，进而使一部分资金流向投机市场。因此，下面对 2001—2020 年的货币政策投机效应进行测算。

由图 3 可以看到，在 IS 曲线保持不变时，央行增加实际货币供给量 ΔM，LM 曲线由 LM_1 移动到 LM_2，水平移动的距离为 $\left|\dfrac{\Delta M}{k}\right|$，其中 k 为交易性货币需求系数，$\left|\dfrac{\Delta M}{k}\right|$ 为没有投机性货币需求时所增加的均衡国民收入；Y^* 表示增加的货币供给全部用于交易性需求后所能达到的国民收入水平。但实际均衡国民收入由 Y_1 增加到 Y_2，是因为均衡利率由 R_1 下降到 R_2，会使得投机性货币需求增加，有一部分资金流入投机市场而没有全部用于增加国民收入，使得原本应该达到的国民收入水平 Y^* 只达到了均衡 Y_2，而 ΔL 就是利率水平下降所增加的投机性货币需求，即货币政策的投机效应。

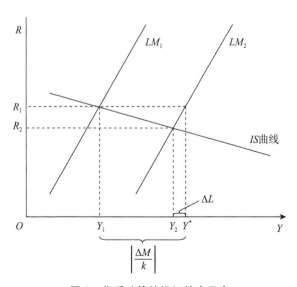

图 3　货币政策的投机效应示意

由图 3 可以得到，货币政策的投机效应 $\Delta L = \frac{\Delta M}{k} - (Y_2 - Y_1)$，其中（$Y_2 - Y_1$）泛指每年 IS 曲线与 LM 曲线移动后的均衡国民收入的变动。下面根据此表达式测算货币政策的投机效应 ΔL。

首先，根据上文估计的 IS-LM 曲线，求得 2001—2020 年历年均衡时的国民收入水平 Y_t 与利率水平 R_t，表达式如下：

$$Y_t = \frac{-19.94 + 9.4 \times 10^4 \left(\frac{M}{P}\right)_t + 0.0014 C_{t-1} + 0.002(EXP_t + G_t)}{1.35 \times 10^5 + 0.0015} \tag{14}$$

将 2001—2020 年当年的实际货币供应量、出口额、政府购买以及上年的居民消费代入上式中，求得历年均衡的国民收入水平 Y_t。

其次，计算每年 IS-LM 曲线移动后，均衡国民收入的变动 $\Delta Y = Y_t - Y_{t-1}$。

再次，我们根据历年实际货币供应量的变化求得 ΔM_t，由上文模型估计结果得知，交易性货币需求系数 k 为 1.434，进而求得历年 LM 曲线水平移动的距离为 $\Delta M_t / 1.434$，即假如没有投机性货币需求，均衡国民收入会变动 $\Delta M_t / 1.434$。

最后，我们计算投机性货币需求为 $\Delta L_t = \Delta M_t / 1.434 - (Y_t - Y_{t-1})$，投机性货币需求的比例为 $\Delta L_t / \frac{\Delta M_t}{1.434}$，其中 t 从 2002 年算起。具体测算结果如表 5 所示。

由表 5 可得，在 2002 年、2003 年以及 2009 年，均衡国民收入水平相较前一年是降低的，与这几年实际货币供应量减少，LM 曲线左移是一致的，且相对应的货币政策投机效应是负的，说明当实际货币紧缩时，利率水平上升，一部分资金会从投机市场流出用来弥补国民收入。在其余年份，实际货币供应量增加，LM 曲线右移，均衡国民收入也在增加，利率水平下降，一部分资金会用于投机需求流入投机市场，此时投机效应为正。

表 5　2001—2020 年货币政策的投机效应测算结果

年份	均衡国民收入（亿元）	均衡国民收入的变动（亿元）	$\frac{\Delta M}{k}$（亿元）	投机效应（亿元）	投机需求比例（%）
2001	110225.0264	—	—	—	—
2002	108792.1011	−1432.9253	−1435.0939	−2.1686	0.1511
2003	108683.309	−108.7921	−108.9567	−0.1646	0.1511
2004	111726.4416	3043.1327	3047.7381	4.6055	0.1511
2005	112620.2532	893.8116	895.1642	1.3527	0.1511
2006	113746.4557	1126.2025	1127.9069	1.7044	0.1511
2007	118068.821	4322.3653	4328.9068	6.5415	0.1511
2008	125034.8815	6966.0604	6976.6029	10.5424	0.1511
2009	123534.4629	−1500.4185	−1502.6893	−2.2708	0.1511
2010	127364.0313	3829.5683	3835.3640	5.7957	0.1511
2011	133604.8688	6240.8375	6250.2824	9.4449	0.1511
2012	136276.9662	2672.0974	2676.1413	4.0439	0.1511
2013	138184.8437	1907.8775	1910.7649	2.8874	0.1511
2014	139566.6922	1381.8485	1383.9397	2.0913	0.1511
2015	139706.2589	139.5667	139.77791	0.2112	0.151
2016	140684.2027	977.9438	979.42383	1.48	0.1511
2017	142231.729	1547.5262	1549.8683	2.342	0.1511
2018	144934.1318	2702.4029	2706.4927	4.0898	0.1511
2019	147832.8145	2898.6826	2903.0695	4.3869	0.1511
2020	149902.4739	2069.6594	2072.7916	3.1322	0.1511

此外，由图 4 我们发现，货币政策的投机效应趋势与货币政策对经济增长贡献率的趋势大体一致，说明在货币政策拉动经济增长较快的年份，投机效应相对也较高，在货币政策效果不明显的年份，投机效应也较低。这正对应了表 5 最后一列，在任一年份，货币政策的投机需求比例都稳定在 0.151%

左右，说明只要 IS 和 LM 曲线的斜率不变，截距变化带来 IS 和 LM 曲线的水平移动就不会改变投机性货币需求的比例。

（亿元）

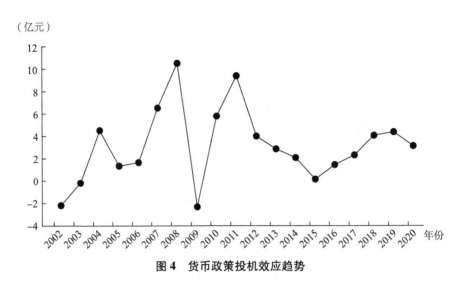

图 4　货币政策投机效应趋势

根据上述分析，我们得到 2001—2020 年货币政策的投机效应在 0.151% 左右，即如果央行采取扩张性的货币政策，增加货币供给量，有约 0.151% 的资金流入投机市场，用于满足投机性货币需求。可以看到，这个比例极低，表明在样本期内，我国货币政策几乎不存在投机效应，货币政策效果较好，这也与上文估计的我国 LM 曲线非常陡峭，货币需求的投机性系数极低相符合，说明我国对于货币的需求更多地出于交易性动机。

4. 结语

本文利用 2001—2020 年的宏观经济数据对我国的 IS−LM 模型进行估计，在此基础上，测算了样本期内的货币政策乘数、货币政策对经济增长的拉动效果以及货币政策的投机效应。研究结果表明：在样本期内，IS 曲线斜率为负，LM 曲线斜率为正，形状与经典 IS−LM 模型吻合；货币政策乘数大于零，我国货币政策是有效的；货币政策对经济增长有正向作用，在样本期内平均拉动经济增长约 1.4752%；LM 曲线极为陡峭，货币政策几乎不存在投机效应，货币政策的效果较好。这也表明，近 20 年来我国政府审时度势、攻坚克难，有效地实施了宏观经济政策，并取得了重大成就。

上述实证分析的结果，验证了 IS-LM 模型在分析货币政策效果上的适用性。当 IS 曲线较平坦，LM 曲线较陡峭时，货币政策几乎不存在投机效应，货币政策效果是较好的，能够对经济增长产生正面作用。即前文结论在我国同样成立，我国各宏观经济变量之间的关系具备市场经济特征。

参考文献

[1] 北京大学中国经济研究中心宏观组. 货币政策乎? 财政政策乎? ——中国宏观经济政策评析及建议 [J]. 经济研究, 1998 (10): 11-19.

[2] 彭晓莲. 经济危机下宏观政策的 IS-LM 模型分析 [J]. 统计与决策, 2009 (14): 141-143.

[3] 张永波. 中国应对金融危机的货币政策效果分析——基于 IS-LM 模型 [J]. 特区经济, 2010 (8): 80-81.

[4] 冯素瑶. 中国的 IS-LM 曲线及其宏观经济政策效应 [J]. 当代经济, 2017 (20): 6-7.

[5] 司春林, 王安宇, 袁庆丰. 中国 IS-LM 模型及其政策含义 [J]. 管理科学学报, 2002, 5 (1): 46-54.

[6] 刘玉红, 高铁梅. 中国动态货币政策乘数和总需求曲线分析 [J]. 金融研究, 2006 (12): 1-13.

[7] 杨晓华. 我国财政政策乘数效应实证分析 [J]. 贵州财经学院学报, 2006 (2): 23-26.

[8] 周海涛, 李锋森. 我国财政政策和货币政策促进经济增长效果测算 [J]. 南方金融, 2010 (5): 18-21.

[9] 陈海明. 货币政策有效性的实证研究——基于我国 1995—2017 年的时间序列数据分析 [J]. 西安航空学院学报, 2018, 36 (6): 39-43.

传统文化产品的受众群体特征分析

——来自 CGSS 的证据

邓　鑫

（北方工业大学经济管理学院，北京，100144）

摘要：本文基于 2008 年《中国综合社会调查》的个体层面数据，讨论以戏曲为代表的传统文化产品的受众群体特征问题。使用有序概率模型进行回归分析后发现，个体的年龄、户籍、收入水平、对国家的情感是否强烈以及获取信息的渠道，与其对于传统戏曲的偏好程度相关。通过与其他文化产品受众群体特征的比较，发现不同文化产品的生存空间并不重合。因此，振兴传统文化产品的工作需要从产品自身的特点出发，来寻找扩大其生存空间的突破口。盲目借鉴现代和外来文化产品的成功经验，有可能使传统文化产品的生存空间在现有的基础上进一步缩小。

关键词：传统文化产品；戏曲；个体特征；中国综合社会调查

1. 引言

党的十八大报告中，明确提出了"建设优秀传统文化传承体系，弘扬中华优秀传统文化"的重大任务。中华优秀传统文化积淀着中华民族深沉的精神追求，其蕴含的思想理念、传统美德及人文精神对构筑我国文化向心力、增强民族自信心具有重要作用。然而众所周知的是，相比于目前大多数流行的文化形式，传统文化形式的受众群体规模较小。事实上，所谓的"文化形式"，其具体化的表现就是文化产品。既然文化形式是产品，那就必然有相应的市场以及市场上的供给方和需求方。基于市场经济的角度，产品受众群体的规模就等同于其需求的规模，而需求规模的大小几乎又等同其生存空间的大小。因此，在建设和弘扬传统文化的过程中，不能忽视文化产品的需求方，也就是其受众群体的研究。特别在当代，由于文化产品间存在激烈的竞争关系[1-4]，因此如果想要扩大传统文化产品的生存空间，就必须详细地考察其受众群体的特征。

　　本文以中国的传统戏曲（以下简称戏曲）为代表，讨论传统文化产品的受众群体特征。在已有的关于戏曲传承、保护或改革问题的研究中，大都属于对于产品供给方的讨论[5-8]，而关于戏曲需求方的研究则相对鲜见。在其中一篇关于需求方的讨论中[9]，作者详细讨论了自然环境和人文环境如何影响了戏曲的生存空间。但是，正如该文作者所指出的，文中对于生存空间的分析只是理论性的探讨，更为重要的是基于现实数据的实证分析。因此，本文使用来自《中国综合社会调查（2008）》❶［以下简称 CGSS（2008）］的微观数据，来讨论戏曲受众群体的特征，也就是讨论具备什么特征的人群更倾向于喜欢戏曲产品这一问题。这是一次对于传统文化产品的受众群体问题进行基于数量模型的实证研究。

　　通过基于有序离散变量模型的回归分析，作者发现在给定其他条件的情况下，被调查个体的年龄、户籍状况和收入水平与其对于传统戏曲的偏好存在统计上显著的相关性。具体来说，年龄越大的、户籍为农户的以及收入水平低的个体更倾向于喜爱传统戏曲。另外，个体对于国家的感情以及获取外界信息的主要渠道也与个体对戏曲的偏好程度有关。对于国家感情更为强烈的个体倾向于喜欢戏曲艺术，而作为当代主流媒体的网络和电视，并不是大多数喜爱戏曲的个体获得信息的主要渠道，喜爱戏曲的个体更倾向于选择收音机获取外界的信息。根据 CGSS（2008）中的数据，并没有发现其他个体特

---

❶　在《中国综合社会调查》目前向公众开放的所有年份的调查中，只有 2008 年的调查中涉及了包括对于戏曲在内的关于文化产品的偏好问题。

征与对戏曲的偏好间具有显著的相关关系，特别是相关的研究[9]认为，区域发展水平会影响戏曲的生存空间，但本文实证的分析结果并不支持这一假设，区域发展水平与对戏曲的偏好间不存在显著的相关关系。

为了对比传统文化产品与现代或外来文化产品受众群体特征的差异，笔者以相同的模型设定，考察了华语电影、日本动漫、韩国电视剧、西方古典音乐、摇滚音乐和流行音乐的受众群体特征。以上几类通常被认为是（相对于传统戏曲来说）更为流行的文化产品，其受众群体与戏曲相比在两方面存在共同性的差异——年龄和收入水平。年龄越小的个体越是倾向于喜爱上述现代或外来文化产品，这与现实中直观认识相符；而收入水平与对这几类文化产品的偏好间不存在统计上显著的相关关系，这显然是值得进一步讨论的情况。

对比分析的结果意味着，传统戏曲与更为流行的文化产品间生存空间的重叠性很小。也就是说，戏曲受众群体的特征与其他文化产品受众群体的特征并不相同。因此，至少基于 CGSS（2008）的数据来看，不能认为当前以戏曲为代表的传统文化产品生存空间相对较小，是由于传统文化产品与其他文化产品竞争所造成的。戏曲艺术或其他传统文化形式没落的原因，可能是来自文化形式自身的问题。另外，本文的分析结果还可以说明，如果想要在市场的层面振兴以戏曲为代表的传统文化，那么的确应从当前的受众群体特征出发来考虑传统文化产品改革与创新的方向。否则，随着时间的推移，传统文化产品的生存空间只会越来越小。

下文的内容安排如下：第二部分介绍本文实证分析中所使用的数据和回归模型；第三部分总结回归结果并进行相关的讨论；第四部分比较戏曲与其他文化产品受众群体特征的差异；第五部分是本文的结论与建议。

2. 数据与分析模型

2.1 数据

本文讨论戏曲受众群体的特征，因此回归模型的被解释变量为"个体对于戏曲的偏好程度"。被解释变量的数据来自 CGSS（2008）中"是否喜欢传统戏曲"这一调查题目，该题目的备选答案为："非常喜欢"、"喜欢"、"无所谓喜不喜欢"、"不喜欢"和"非常不喜欢"，共五种偏好程度。这五个备选答案分别对应 1 到 5 的数值，数值越大意味着越不喜欢传统戏曲。传统戏曲偏好程度的分布可见图 1。

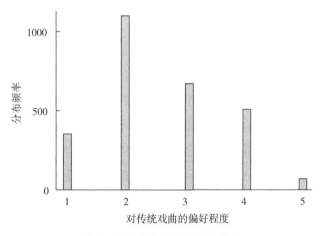

图 1　传统戏曲偏好程度的分布

关于描述受众群体特征的数据，也就是模型的解释变量，包括以下几种类别：第一类解释变量为被调查个体的基本特征，包括性别、年龄、民族、户籍、宗教信仰、政治面貌和收入水平等。具体来说，性别为二元变量；年龄为连续变量；民族为二元变量（区分汉族和其他民族）；户籍为二元变量（区分非农户和农户）；宗教信仰为二元变量（区分无宗教信仰者和有宗教信仰者）；政治面貌为二元变量（区分共产党员和非共产党员）；收入水平为连续变量，本文中描述收入水平的变量为被调查个体的全年职业收入。在下文的分析中，笔者剔除了职业收入为"不适用"、"不知道"和"拒绝回答"等情况的样本，这些样本占全样本的比例大约为 14%。第二类解释变量为受教育程度，考虑到个体的受教育情况对于传统戏曲偏好可能存在影响，因此在模型中加入了受教育程度这一变量。同时，有研究[10]指出父母的受教育程度对于子女在诸多方面的观念和选择有重要的影响，因此笔者也将被调查者父

77

母的受教育程度引入模型，以考察来自家庭方面的影响。CGSS（2008）中将受教育程度分为从"没有受过任何教育"到"研究生及以上"共 13 个等级水平，分别对应 1 到 13 的数值，数值越高则对应的受教育程度也越高。第三类解释变量描述调查者对于特定地区的感情是否强烈，调查问卷中的问题为"对自己所住的城市或乡镇"和"对自己国家的感情"是否强烈。备选答案分为四个等级：很有感情、有感情、有点感情和完全没有感情，四个备选答案分别对应 1 到 4 这四个数值。第四类解释变量控制被调查者的职业类型，以考察不同的工作环境是否影响个体特征的统计性质，职业类型包括党政机关、企业、事业单位、社会团体、无单位/自雇/自办（合伙）企业和其他 6 种类型。第五类解释变量用于描述被调查个体所在省份的经济发展程度❶，该变量用以检验区域发展水平是否影响个体对于传统戏曲的偏好。第六类解释变量描述被调查者获取信息的途径，包括报纸、收音机、电视和网络 4 类，以考察不同的信息获取渠道是否影响对于传统戏曲的偏好❷。此外，作者还在模型中加入了各个省份的二元变量，以控制同地区的制度和文化等方面的差异。

以上主要变量的描述性统计，总结在表 1 中对于第四类和第六类解释变量，这些变量属于分类变量，受篇幅所限，难以在表格中展示，所以表 1 中没有这两类变量的数据。

表 1　主要变量的描述统计

变量	均值	标准差	最小值	最大值
是否喜欢本国的传统戏曲	2.574	1.018	1	5
性别（女 = 0，男 = 1）	0.486	0.5	0	1
年龄	38.663	12.636	18	80

---

❶ 描述经济发展程度的指标有多种选择，本文使用导航软件中各省的地图数据密度（单位面积的导航数据大小）来反映地区的发展水平。

❷ 在调查问卷中，与这一数据相对应的题目为"您获得国际新闻的渠道有哪些"。笔者假设被调查个体获取国际新闻的主要渠道，就是其获取外界信息的主要渠道。从现实中的情况来说，这一假设是合理的。

续表

变量	均值	标准差	最小值	最大值
民族（汉族=0，其他=1）	0.072	0.258	0	1
户口（非农户=0，农户=1）	0.435	0.496	0	1
宗教（无信仰=0，有信仰=1）	0.093	0.29	0	1
政治面貌（其他=0，共产党员=1）	0.121	0.326	0	1
全年的职业收入（元）	14414.66	27249.76	0	1000000
受教育程度	4.791	2.703	1	13
父亲的受教育程度	2.816	2.147	1	13
母亲的受教育程度	2.051	1.622	1	12
对自己所住的城市/乡镇的感情	1.653	0.685	1	4
对自己国家的感情	1.587	0.633	1	4
经济发展程度	25.405	64.979	0	334.87

2.2 分析模型

本文的实证分析基于以下的回归模型，

$$OPE_i = \alpha_0 + \alpha_1 X_i + \alpha_2 Edu_i + \alpha_3 Emo_i + \alpha_4 Job_i + \alpha_5 Sjmd_i +$$
$$\alpha_6 Med_i + \alpha_7 Region\ Dummy_i + \varepsilon_i \tag{1}$$

其中，OPE_i 为被解释变量，描述被调查个体对于传统戏曲的偏好强度；向量 X_i 包括第一类解释变量中的指标，用以描述个体的基本特征；向量 Edu_i 包括个体及父母的受教育程度；向量 Emo_i 描述个体对于特定地区的感情；向量 Job_i 包括所有的职业类型；向量 $Sjmd_i$ 反映各省的经济发展程度，向量 Med_i 包括获取信息的各种渠道；向量 $Region\ Dummy_i$ 包括本文中的样本所在的所有省份；α_k 为各变量的回归系数，本文关注回归系数的符号（正负）和显著性水平，以受教育程度的回归系数为例，负的回归系数值意味着受教育程度越高的个体，会以更高的概率喜欢传统戏曲；ε_i 为模型的随机扰动项。

　　由于被解释变量的数据类型为有序的离散数值，因此作者使用有序概率模型（Order Probit Model）❶ 对方程（1）进行估计。需要说明的是，对于传统戏曲的偏好问题而言，由于同一地区内的样本可能存在相关性，并且不同地区间的样本不存在相关性，如果忽略这一情况，将会导致回归标准误（Standard Error）偏小。因此在下文的估计中，作者处理扰动项时将使用聚类方差（Cluster Variance）❷ 的方式进行计算以克服组内的自相关问题。本文以样本所在县为依据进行分组，所有的样本共分为 100 个组。

3. 回归结果与讨论

3.1　回归结果

　　模型（1）的回归结果总结在表 2 中。在表 2 回归（1）中，第一类和第二类解释变量被引入模型，可以发现，年龄、民族、户口和宗教对于传统戏曲的偏好具有统计上显著的相关性。以上各变量系数的估计结果意味着，在给定其他条件时（如果没有另外说明，那么以下的所有结论都需要在给定其他条件下才能成立），年龄越大的个体以更高的概率喜欢中国的传统戏曲，汉族、农户以及有宗教信仰的个体更倾向于喜欢传统戏曲，而性别、收入以及个体和个体父母的受教育情况，与对传统戏曲的偏好间不存在统计上显著的相关性。有研究[13-14]认为，对于某一特定地区的感情是否强烈会影响对于当地出品的文化产品的需求，因此回归（2）在回归（1）的基础上加入了对于特定地区的感情作为新的解释变量，可以发现对于自己国家的感情也会影响个体对传统戏曲的偏好，回归结果说明对于国家感情强烈的个体以更高的概率会喜欢传统戏曲。同时在加入了这一变量之后，民族、户口和宗教信仰系数的估计结果与回归（1）中相应回归系数的统计学性质相同（符号和显著性

---

❶　有序概率模型的具体介绍和计算方法可以参阅文献［11］第 655-658 页。

❷　关于聚类方差的相关问题可参阅文献［12］第 308-315 页。

水平形同），但是收入变量的回归系数变为在统计上是显著的，并且显著性水平为1%。收入系数的回归结果意味着在控制了对国家的感情程度后，收入水平越高的人，更倾向于不喜欢中国的传统戏曲。考虑到个体的职业类型可能对于文化产品偏好具有潜在的影响，因此回归（3）在回归（2）的基础上增加了职业分类作为控制变量，可以发现，在控制了职业类型后，宗教信仰与是否喜爱戏曲间的关系不再显著，而其他变量回归系数的统计性质保持稳定。回归（4）在回归（3）的基础上加入了控制地区发展水平的变量，可以发现地区的经济发展程度对于是否喜欢传统戏曲来说，并没有统计上显著的相关性。这一结果证明，地区的经济发展程度影响对于传统文化产品的偏好这一假设并不成立。有研究[15-16]指出，文化产品传播媒介的变化影响了公众对于传统文化产品的需求，因此回归（5）在回归（4）的基础上加入了个体获取外界信息的渠道这一因素进行分析，结果显示如果被调查者获取信息的渠道中包括收音机时，那么该个体倾向于更喜欢传统戏曲，这在一定程度上说明媒体的更新确实对于文化产品的需求产生了影响。回归（6）在回归（5）的基础上加入个体所在省份的二元变量，以控制省级地区的制度和文化等特征，可以发现，在回归（6）中被调查个体的民族指标不再对传统戏曲的偏好具有显著的影响，并且对于国家的感情与是否喜欢传统戏曲间相关性的显著性水平也下降到10%，而其他变量系数的估计结果保持稳定。

讨论基于回归分析的结果，可以发现年龄、户籍、收入水平、对国家的感情以及获取信息的渠道等因素对于传统戏曲的偏好程度具有显著的影响。因此在本节中，笔者将对以上发现进行进一步讨论。

表2　受众群体的特征与对传统戏曲的偏好

变量	（1）	（2）	（3）	（4）	（5）	（6）
性别	0.0605 (0.044)	0.0272 (0.047)	0.0463 (0.057)	0.0494 (0.057)	0.0487 (0.056)	0.083 (0.056)
年龄	-0.0250*** (0.002)	-0.0254*** (0.002)	-0.0264*** (0.003)	-0.0268*** (0.003)	-0.0258*** (0.003)	-0.0270*** (0.003)

续表

变量	（1）	（2）	（3）	（4）	（5）	（6）
民族	0.295***	0.314***	0.318**	0.327**	0.313**	0.116
	（0.105）	（0.108）	（0.126）	（0.127）	（0.130）	（0.136）
户籍	−0.170**	−0.178**	−0.239***	−0.234***	−0.239***	−0.231***
	（0.072）	（0.074）	（0.085）	（0.085）	（0.085）	（0.077）
宗教	−0.190**	−0.199**	−0.0891	−0.0849	−0.0956	−0.0932
	（0.093）	（0.091）	（0.094）	（0.095）	（0.095）	（0.094）
政治面貌	0.00868	0.0408	−0.00796	−0.00132	−0.00897	0.00362
	（0.065）	（0.066）	（0.074）	（0.074）	（0.073）	（0.073）
受教育程度	−0.00204	−0.0064	−0.0026	−0.00371	−0.00663	−0.00408
	（0.010）	（0.011）	（0.012）	（0.012）	（0.013）	（0.013）
父亲的受教育程度	−0.0119	−0.00947	−0.00955	−0.00866	−0.00873	−0.000656
	（0.014）	（0.014）	（0.016）	（0.016）	（0.016）	（0.016）
母亲的受教育程度	0.0208	0.0205	0.0285	0.0256	0.0199	0.0142
	（0.018）	（0.019）	（0.021）	（0.020）	（0.021）	（0.020）
收入水平	0.0001***	0.0001***	0.0001***	0.0001***	0.0001***	0.0001***
	（0.000）	（0.000）	（0.000）	（0.000）	（0.000）	（0.000）
对自己所住的城市/乡镇的感情		−0.00781	−0.0176	−0.0187	−0.033	−0.00608
		（0.047）	（0.061）	（0.062）	（0.062）	（0.061）
对自己国家的感情		0.171***	0.154**	0.148**	0.151**	0.121*
		（0.056）	（0.066）	（0.066）	（0.066）	（0.067）
职业			YES	YES	YES	YES
经济发展水平				0.000701	0.000929*	−0.00182
				（0.001）	（0.001）	（0.002）
报纸					−0.0434	−0.0935
					（0.064）	（0.065）
收音机					−0.263***	−0.256***
					（0.095）	（0.093）

变量	(1)	(2)	(3)	(4)	(5)	(6)
电视					−0.225*	−0.185
					(0.118)	(0.120)
网络					0.134	0.121
					(0.087)	(0.096)
省份						YES
样本量	2643	2283	1652	1652	1648	1648

注：括号中为稳健标准误。*** $p<0.01$，** $p<0.05$，* $p<0.1$。

3.2 讨论

第一，年龄越大的个体喜欢传统戏曲的概率越高，这是容易理解的事实。但需要说明的是，这一相关性可能存在两种解释：第一种解释是对于年龄越大的人来说，由于在其年轻时戏曲是主流的艺术形式，因此年轻时产生的对于戏曲的喜爱一直延续到了今天；第二种解释为，随着年龄的增长，由于阅历、心态甚至是身体的变化，会越来越对戏曲这种艺术形式产生好感。遗憾的是，根据目前的数据，无法准确说明是哪一种解释导致了年龄与对戏曲偏好的正相关关系。这是在今后的研究中值得关注的问题，因为不同的解释会导致不同的政策建议，当代戏曲生存空间的演变路径也会截然不同。

第二，户籍为农户的个体更倾向于喜欢传统戏曲。张平和谭娟的研究[17]指出，虽然戏曲在现代的大城市中面临着巨大的生存危机，但戏曲在所谓"草根阶层"的生命力依然旺盛。这里的"草根阶层"与农村户籍密切相关，因为生活在城市中的"草根阶层"似乎和传统戏曲的距离更远。因此，张平和谭娟所描述的事实与本文通过实证研究所得出的结论一致。不过，张平和谭娟认为："民间戏曲爱好者的特征是'具备非功利的艺术诉求和质朴的生命美学'，这是保证戏曲艺术可以维持生存的文化底蕴。"事实上，这一判断缺乏更多证据的支持。随着中国经济发展的进一步深化，农村地区的生活方式

83

必然也会同城市一样，逐步在未来发生变化。所谓的非功利的、质朴的文化底蕴是否能够长期存在，目前还很难作出合理的判断。但可以确定的是，农村户籍与传统戏曲偏好的正相关性说明，戏曲在农村地区（或者可以理解为欠发达地区）的生存空间至少不会小于发达地区。

第三，收入低的个体倾向于喜爱传统戏曲。这一相关性可能是年龄和户籍回归结果的自然推论，因为一般来说年龄较大且户籍为农户的个体，职业收入通常较低。但是，如果对于年龄问题的解释更倾向于之前所解释的第二种理由，那么低收入者更喜欢戏曲这一事实，可能说明戏曲艺术真正的生存空间。从古至今，虽然中国的上层社会对于戏曲的发展也起到了一定的作用，但戏曲最广阔的市场可能就是存在于按收入水平衡量的中下层社会中[18-19]。

第四，对于国家的感情越强烈，则更有可能喜欢传统戏曲。目前并没有关于此问题的相关研究，如果深入地去探讨这一相关性，那么所涉及的问题可能相当复杂。比如从统计学的理论上说，本文的回归模型只能分析变量间的相关性，但个体对于国家的感情与对戏曲的偏好间可能存在因果关系。不过，需要进一步的研究才能说明因果关系的方向，而因果关系的方向直接决定了该如何选择相应的改革或创新策略。

第五，以收音机为主要信息获取渠道的个体，更喜爱传统戏曲。这也是与年龄、户籍和收入密切相关的因素，一些研究[15-16]也对此进行了讨论。研究的结论认为，扩大戏曲生存空间的方式是增加传统文化产品的传播途径。但是，基于本文的研究，决定戏曲生存空间的因素是多元的，并且各因素间存在某种程度的相关性。也就是说，即使通过某种方式使得戏曲等传统文化产品在新媒体中的传播率增加，这一做法也不一定能够真正扩大戏曲的生存空间。比如以互联网来说，这种媒介并没有对戏曲等传统文化产品的传播设置障碍（刻意排斥传统文化产品基于网络媒体进行传播），但由于大多数目前经常使用这一媒介的个体并不偏好传统文化产品，所以即便传统文化产品的供给方选择更多地使用互联网传播其产品，也未必能对传统文化产品市场的复苏产生实质性的效果。

4. 与其他文化产品的比较

在本部分中笔者仍以模型（1）的设定方式，考察决定其他文化产品（与传统戏曲是潜在竞争者关系的文化产品）偏好的因素。这些文化产品包括华语电影、日本动漫、韩国电视剧、西方古典音乐、摇滚音乐和流行音乐❶。之所以比较传统戏曲与其他艺术形式受众群体的差异，是因为通过相关文化产品的对比，可以更准确地了解戏曲艺术等传统文化产品的生存空间，并对于传统文化产品的振兴提出合理的建议。

关于现代和外来文化产品受众群体特征的回归结果总结在表 3 中。通过比较可以发现，表 3 的结果与表 2 的结果存在以下四点明显的差异：第一，对于所有表 3 中的文化产品来说，个体的年龄越低则偏好程度越强；第二，个体对于现代和外来文化产品的偏好程度与个体的收入水平无关；第三，对于国家的感情与表 3 中各类文化产品的偏好无关；第四，使用网络的习惯对于除韩国电视剧之外的所有现代和外来文化产品存在相关性。以上四点差异意味着，戏曲与其他文化产品受众群体的重合度相对很小，年龄和获取信息的渠道这两个关键的因素将二者的受众群体进行了本质上的区分。也就是说，由于其他文化产品与戏曲的竞争导致戏曲的衰落这一假说，并不能解释戏曲市场的衰落。

对于政策制定者而言，如果错误地接受了上述的"产品竞争假说"，直接的后果就是在讨论戏曲等传统文化产品的重振问题时，会有意识地从在所谓的产品竞争中获得胜利的文化产品上借鉴经验。比如，于海阔[20]认为戏曲衰落的深层次原因在于观众的审美更加贴近真实，而戏曲的审美却是写意的，所以振兴戏曲的工作应充分认识到观众审美方式改变这一问题。也就是说，戏曲衰落的原因是由于戏曲的审美需求没有与时俱进，从而脱离观众的偏好。如果这一想法是正确的，那么戏曲想要振兴就必须走向所谓的"写实性"。但

---

❶　关于这些文化产品偏好的数据同样来自 CGSS（2008）。

是，反驳这一理论最明显的例子，就是流行于当代年轻人中的动漫和玄幻题材的电影或电视剧。因此，所谓的审美意识改变可能只是表面现象，虽然还没有足够的证据来明确说明戏曲在当代衰落的原因，但戏曲工作者必须意识到，从受众群体的特征来思考戏曲改革和创新的问题，才有可能使戏曲艺术重新恢复活力。

表3中的回归结果还说明了另一个重要的问题，那就是各种文化产品的受众群体特征实际上是有差异的。以日本动漫和西方古典音乐来说，受教育程度越高的人越喜欢这两种文化产品，而区域发展程度则对于华语电影和韩国电视剧的偏好有统计上显著的影响，在给定其他条件下，所属地区经济发展程度越高，个体对于上述两类文化产品的偏好程度越低。基于受众群体存在差异这一事实，可以进一步说明，在讨论戏曲等传统文化产品的改革和创新问题时，盲目地借鉴其他文化产品的成功经验，可能会导致传统文化产品生存空间的进一步缩小。另外，如果认为戏曲艺术或其他传统文化产品的全方位精品化（比如更多地强调所谓的高雅品位或更加市场化的营销），会在当代的市场环境中吸引更多的潜在需求者并因此增加对于戏曲的需求，那么这一想法的问题就在于忽略了受众群体收入较低这一特征，因此精品化的结果必然是失去更多的观众[21]。

表3　受众群体的个体特征与对其他文化产品偏好的影响

变量	（1） 华语电影	（2） 日本动漫	（3） 韩国电视剧	（4） 西方古典音乐	（5） 摇滚音乐	（6） 流行音乐
性别	−0.160 ** （0.066）	0.161 *** （0.062）	0.712 *** （0.067）	0.0657 （0.056）	−0.089 （0.058）	0.0607 （0.057）
年龄	0.0245 *** （0.003）	0.0225 *** （0.004）	0.0217 *** （0.003）	0.00639 ** （0.003）	0.0247 *** （0.003）	0.0380 *** （0.004）
民族	0.137 （0.136）	−0.0511 （0.172）	−0.0218 （0.132）	0.171 （0.108）	0.199 ** （0.099）	−0.0385 （0.098）

续表

变量	（1） 华语电影	（2） 日本动漫	（3） 韩国 电视剧	（4） 西方 古典音乐	（5） 摇滚音乐	（6） 流行音乐
户籍	0.171 ** （0.082）	0.236 *** （0.080）	0.0704 （0.077）	0.173 ** （0.082）	0.154 * （0.081）	0.0633 （0.084）
宗教	0.0222 （0.116）	-0.0991 （0.134）	0.0919 （0.110）	-0.165 （0.112）	-0.11 （0.083）	0.0665 （0.111）
政治面貌	0.132 （0.095）	0.0688 （0.093）	-0.0752 （0.094）	0.0909 （0.101）	0.0344 （0.082）	-0.0102 （0.095）
受教育程度	-0.0162 （0.014）	-0.0401 *** （0.015）	-0.00661 （0.013）	-0.0778 *** （0.015）	0.00402 （0.017）	0.00557 （0.015）
父亲的受教育程度	-0.023 （0.017）	-0.00993 （0.017）	-0.00806 （0.015）	-0.0320 ** （0.015）	-0.0108 （0.015）	-0.0365 ** （0.014）
母亲的受教育程度	-0.000797 （0.020）	-0.0372 * （0.022）	-0.0216 （0.020）	-0.0148 （0.020）	-0.0272 （0.020）	-0.0281 （0.019）
收入水平	0.001 （0.000）	0.001 （0.000）	0.000 （0.000）	0.001 （0.000）	0.000 （0.000）	0.000 （0.000）
对自己所住的 城市/乡镇的感情	0.0847 （0.069）	0.0348 （0.063）	-0.0252 （0.058）	0.00216 （0.051）	0.0864 （0.062）	0.0758 （0.063）
对自己国家的感情	0.101 （0.071）	-0.0074 （0.059）	0.0742 （0.069）	-0.116 * （0.066）	-0.0475 （0.058）	0.0474 （0.057）
对日韩地区的感情	-0.015 （0.050）	0.231 *** （0.052）	0.152 *** （0.038）	0.357 *** （0.050）	0.280 *** （0.053）	0.0298 （0.057）
经济发展程度	0.00658 *** （0.001）	0.00171 （0.003）	0.00272 ** （0.001）	-0.00132 （0.001）	0.00149 （0.002）	-0.000529 （0.001）
报纸	-0.276 *** （0.075）	-0.0552 （0.071）	-0.135 * （0.074）	-0.0495 （0.076）	-0.0336 （0.066）	-0.0614 （0.073）

变量	（1）	（2）	（3）	（4）	（5）	（6）
	华语电影	日本动漫	韩国电视剧	西方古典音乐	摇滚音乐	流行音乐
收音机	-0.136	0.257**	0.145*	0.235*	0.0622	0.322**
	(0.113)	(0.116)	(0.082)	(0.132)	(0.109)	(0.145)
电视	-0.379***	0.275**	0.013	0.0619	0.0789	-0.0891
	(0.127)	(0.112)	(0.120)	(0.121)	(0.125)	(0.109)
网络	-0.261***	-0.247**	0.0537	-0.167**	-0.159*	-0.240**
	(0.083)	(0.096)	(0.085)	(0.082)	(0.088)	(0.109)
职业/省份	YES	YES	YES	YES	YES	YES
样本量	1647	1648	1647	1646	1648	1647

注：括号中为稳健标准误。*** $p<0.01$，** $p<0.05$，* $p<0.1$。

本文通过基于微观数据的经验分析，发现影响以戏曲为代表的传统文化产品的偏好的因素包括个体的年龄、户籍、收入水平、对国家的感情，以及个体获取信息的主要渠道。通过比较流行的现代和外来文化产品的受众群体，发现文化产品间的竞争论并不能解释传统文化产品的市场现状。

5. 结论及建议

本文通过基于微观数据的经验分析，发现影响以戏曲为代表的传统文化产品的偏好的因素包括个体的年龄、户籍、收入水平、对国家的感情，以及个体获取信息的主要渠道。通过比较流行的现代和外来文化产品的受众群体，发现文化产品间的竞争论并不能解释传统文化产品的市场现状。

基于本文的研究结果，以下建议可能对于传统文化产品供给者具有一定的意义：第一，考虑到当前供给侧改革的大趋势，文化产品的供给侧改革必然也将照常推进。那么在具体的改革措施方面，需要意识到需求者之间的接受能力存在差异。如果国内的传统文化产品在其创新过程中，一味地追求所谓的文化层次，而忽略了当前需求者的认知和接受能力，极有可能造成文化产品曲高和寡的局面；第二，国内文化产品的创作改革，不可以一味地参照国外同类产品的发展模式，因为不同文化产品的受众群体几乎没有相同的个体特征。

作为中国传统文化精髓的戏曲艺术（以及其他种类的文化产品），其在当代的没落是不争的事实。从传承和保护传统文化的角度来说，振兴传统文化产品是当代人共同的责任。而我们必须认识到的是，仅靠政策性的保护来让传统文化产品真正振兴是不够的，只有让其在市场上能够重新活跃，才有机会使传统文化产品在当代继续发扬光大。

其实，扩大传统文化产品的生存空间是可行的。同样是传统艺术的相声为所有其他传统文化产品的改革提供了参考。第一，相声的复苏是市场性的，这是最为重要的事实；第二，在相声剧场中可以看到绝大多数听众都是年轻人，这为相声市场的长期繁荣提供了保证；第三，相声在互联网上的传播相当广泛，这进一步扩大了相声的生存空间。在基于市场化的改革之前，相声也经历了流于形式的改革，比如"电视相声"和"小品相声"等所谓的创新形式，但唯有让观众主动买票的市场行为，才能使相声重新成为流行的艺术形式。相声成功的重要因素之一就是放弃了一度盛行于相声界的精英化理念，承认自己的受众群体来自"草根阶层"，并在可行的范围内使作品的内容满足受众群体的需求。

基于本文的分析结果，如果除相声之外的其他传统文化产品行业也试图扩张自己的生存空间，那么如何让年轻消费者产生兴趣就是首要的问题。而另一个关键的因素是要考虑到中低收入群体的接受能力，正如本文一再强调的，一味地追求所谓的"文化层次"，则必然会使传统文化产品的生存空间缩小。笔者一再强调本文讨论的受众群体特征与对戏曲偏好的关系仅为相关关系，因此，找到识别二者因果关系的方案是今后的研究中可以改进的方向。比如，进一步研究为什么越热爱国家的人会更倾向于喜爱戏曲，对于重振传统文化来说具有重要的意义。需要强调的是，准确地识别因果关系是保证政策有效性的前提，因此在目前来说，也就是可以准确地说明因果关系之前，传统文化产品明确的出路之一就是全方位地亲民。

参考文献

［1］李怀亮．国际文化贸易的影响因素研究［J］．国际贸易，2016（12）：29-34.

［2］陈海波，刘晓洋，刘洁．我国居民文化消费特征的关联规则分析［J］．统计与决策，2013（20）：72-74.

［3］黄海洋，何佳讯．融入中国元素：文化认同对全球品牌产品购买可能性的影响机制研究［J］．外国经济与管理，2017，39（4）：84-97.

［4］OLIVIER J，THOENIG M，VERDIER T. Globalization and the dynamics of cultural identity ［J］. Journal of International Economics，2007，76（2）：356-370.

［5］张艳梅．新中国"戏改"与名角的消亡［J］．文艺研究，2012（4）：96-103.

［6］赵锡淮．传统戏曲歌舞艺术的传承与创新［J］．戏曲艺术，2013（2）：88-90.

［7］邱怀生，芦柳源．传播媒介变革下的中国传统戏曲发展——以晋剧为例［J］．艺术百家，2016（5）：190-192.

［8］杨洋．传统戏曲传播的新途径：移动新媒体平台［J］．戏曲艺术，2016（2）：131-133.

［9］柴国珍．戏曲文化生存空间演变的驱动机制及其形态分析［J］．文艺研究，2013（5）：150-153.

［10］ERMISCH J，FRANCESCONI M. Family Matters：Impacts of Family Background on Educational Attainments［J］. Economica，2001，68（270）：137-156.

［11］WOOLDRIDGE，JEFFREY M. Econometric Analysis of Cross Section an Panel Data［M］. Cambridge：MIT Press，2002.

［12］ANGRIST J D，PISCHKE J. Mostly harmless econometrics：an empiricist's companion ［M］. New Jersey：Princeton University Press，2009.

［13］YAMAMURA E. The effect of young children on their parents' anime-viewing habits：evidence from Japanese microdata［J］. Mpra Paper，2013，38（4）：331-349.

［14］YAMAMURA E，SHIN I. Effect of consuming imported cultural goods on trading partners' tolerance toward immigrants：the case of Japanese anime in Korea ［J］. Review of World Economics，2015，152（4）：1-23.

［15］邱怀生，芦柳源. 传播媒介变革下的中国传统戏曲发展——以晋剧为例［J］. 艺术百家，2016（5）：190-192.

［16］杨洋. 传统戏曲传播的新途径：移动新媒体平台［J］. 戏曲艺术，2016（2）：131-133.

［17］张平，谭娟. 当前基层民众的戏曲文化底蕴研究［J］. 中州学刊，2017（2）：156-161.

［18］张大新. 中原文化与民族戏曲的形成和发展［J］. 文艺研究，2012（8）：96-106.

［19］廖奔. 汴京市井歌唱伎艺的兴起［J］. 文艺研究，2017（6）：35-46.

［20］于海阔. 传统戏曲衰落原因新探［J］. 中州学刊，2014（11）：167-172.

［21］ZHENG G. Urban Politics and Cultural Capital：The Case of Chinese Opera by Ma Haili（review）［J］. Asian Theatre Journal，2016，33（2）：507-509.

中国非金融企业的金融投资与研发投入

赵晓男

（北方工业大学经济管理学院，北京，100144）

摘要： 本文基于 2013—2021 年中国沪深两市 A 股上市公司数据，运用固定效应模型和中介效应模型分析非金融企业的金融投资对研发投入的影响及其机制。研究表明，非金融企业金融投资并非简单地影响研发活动，企业金融投资可能产生多种效应，改变企业研发投入决策。机制分析发现，企业金融投资会通过流动性供给和财务绩效改善两种路径作用于研发投入。

关键词： 金融投资；研发投入；流动性供给；财务绩效改善

1. 引言

在本科阶段的经济学专题课程中，会讲到企业金融化对企业研发的影响。党的二十大报告指出，坚持把发展经济的着力点放在实体经济上。非金融企业作为实体经济的主力，是否出现"脱实向虚"的倾向？企业金融化对企业研发有什么影响？这些问题值得进一步深入研究。

关于企业金融化对研发投入的影响存在着不同的观点。有的学者认为，由于非金融企业在金融、房地产等领域的资产配置过多，导致公司的资金不足以再分配到设备更新升级或产品的研发创新上，限制了企业的研发活动（胡海峰等，2020[1]；段军山、庄旭东，2021[2]；顾海峰、张欢欢，2020[3]）。而有的学者则提出了相反的观点，杨松令等（2019）[4]认为，实体企业持有金融资产不仅能够减少流动性不足引发的资金链断裂风险，还可以主动应对企业经营风险和宏观经济不确定性带来的融资约束。也有学者认为金融化对研发具有非线性影响。陈洋林等（2023）[5]认为，在金融化不同阶段，金融化对研发投入影响各异。在金融化较低阶段，企业基于预防动机持有金融资产，有利于增加研发投入。随着金融化程度进一步提高，企业基于投机动机持有金融资产，会抑制研发投入。

综上所述，在企业金融投资对研发的影响方面，目前学术界还没有达成共识（李春涛等，2020）[6]。鉴于此，本文首先利用2013—2021年中国A股上市的非金融企业数据，通过固定效应模型研究非金融企业的金融投资对研发的影响，其次运用中介效应模型分析了企业金融投资对研发投入的传导机制。

2. 企业金融化对企业研发的影响

2.1　变量选取与数据来源

（1）被解释变量。本文选择研发投入（inv）作为被解释变量，并参考段军山和庄旭东（2021）[2]、陈洋林等（2023）[5]、彭龙等（2022）[7]的做法，用研发投入金额的对数进行衡量。

（2）解释变量。参考赵芮和曹廷贵（2021）[8]的做法，选择企业金融投资（fin）作为解释变量。金融资产包括货币资金、交易性金融资产、可供出售金融资产、投资性房地产、持有至到期投资、应收股利和应收股息（陈洋林等，2023）[5]。考虑到企业金融资产、总资产和创新投入的数据特征，若对金融资产取对数不仅减弱创新对企业金融化的敏感性，还会降低实证结果准确性。为此，本文参考张成思和郑宁（2018）[9]的做法，以金融资产占总资产比重衡量实体企业金融化。

（3）控制变量。参考顾夏铭等（2018）[10]等关于企业研发的研究，本文共引入如下 6 个可能影响企业研发投入的控制变量：①企业规模（Size），用企业总资产的自然对数进行衡量；②财务杠杆（lev），用企业的总负债在所有者权益中的占比进行衡量；③企业成长性（OperevYOY），用企业的营业收入增长率进行衡量；④股权集中度（Shrz），用第一大股东的持股比例进行衡量；⑤董事会结构（IndDirPct），用董事会中独立董事数量比例进行衡量；⑥薪酬激励（TotyrPay），用管理层的年薪总额进行衡量。

由于金融化的现象主要出现在大中型非金融公司，其中以上市公司为主要代表，本文选取 2013—2021 年中国 A 股上市公司作为研究样本。考虑到本文研究对象是非金融公司，剔除样本中的属于金融业和房地产行业的公司。为保证数据的可靠性与准确性，本文剔除相关数据部分缺失或有异常值的上市公司；为使样本更具代表性，剔除了 ST、＊ST 类的公司样本，还剔除了 2020 年及之后年份上市的公司。通过以上处理得到 2925 家上市公司作为研究对象，共计 17146 个观测值。本文用于研究的上市公司的相关财务数据均来源于 wind 数据库。

（4）中介变量。本文运用中介效应模型检验非金融企业的金融投资对研发投入的影响渠道。具体的中介变量定义如下：

①流动性供给（lsp）。从流动性供给来看，企业现金流量能够很好地体现企业的流动性状况。因此，选取流动性供给作为中介变量，本文选择企业的经营现金流量净额占总资产的比重衡量流动性供给。

②财务绩效改善（wroe）。从财务绩效改善的路径看，企业金融投资是经理人的短视和套利行为，获取更高的利润或满足管理者的短期绩效考核，挤占了主营业务的资源投入，而且由于企业在金融市场上缺乏经验积累，存在较大的投资风险，不利于企业研发。本文选择财务绩效改善作为中介变量，选取企业的净资产收益率衡量企业的绩效水平。

（5）描述性统计分析。表 1 报告了主要变量的描述性统计结果。根据表 1 显示的本文所选变量的描述性统计结果分析可以发现，被解释变量研发投入和核心解释变量企业金融投资的平均值大于中位数，样本分布均存在明显的右偏特征，其中企业金融投资平均值大于中位数的程度为 19%。这表明，中国非金融上市公司存在一定的金融化问题，大多数企业的金融投资差异不大，除了个别个体的差异程度较高，这说明非金融企业存在"脱实向虚"的问题。

表1 主要变量的描述性统计结果

变量	平均值	标准差	最小值	中位数	最大值
inv	19.75	5.746	7.720	18.04	45.86
ira	0.0275	0.0285	0	0.0214	0.921
lsp	0.0560	0.0792	−0.795	0.0527	1.305
fin	0.214	0.136	0.0295	0.180	0.660
Size	22.05	1.159	20.00	21.90	25.43
lev	0.906	0.979	0.0582	0.609	6.214
OperevYOY	18.53	45.64	−67.67	11.81	260.3
Shrz	0.337	0.144	0.0857	0.315	0.729

（6）相关性分析。通过对变量间的相关性检验，发现各变量之间的相关性基本显著，其中变量间相关系数的绝对值最大的是0.4358，低于0.5说明不存在相关性很强的变量。通过使用方差膨胀因子（VIF）检验变量之间的多重共线性问题，检验结果中各变量的方差膨胀因子均值为1.28，这说明其不存在严重的多重共线性问题。

2.2 模型建立

针对中国非金融企业金融投资对企业研发投入的影响，本文将其分解为两个问题：一是非金融企业金融投资是否会对企业研发投入产生影响；二是非金融企业金融投资通过何种渠道影响研发投入。根据研究目的，本文构建了如下两种模型进行实证检验。

（1）固定效应模型。参考段军山和庄旭东（2021）[2]的研究，本文设计以下方程检验非金融企业金融投资对企业研发投入的影响。

$$inv_{it} = \alpha_0 + \alpha_1 fin_{it} + \alpha_j control_{it} + year_t + cp_i + \varepsilon_{it} \tag{1}$$

其中，i 表示个体企业，t 表示年份，$control_{it}$ 代表控制变量，$year_t$ 代表年份固定效应，cp_i 代表企业固定效应，ε_{it} 为随机扰动项。

（2）中介效应模型。为研究企业金融投资对研发投入的不同影响机制，本文的中介效应模型设计如下：

$$inv_{it} = a_0 + a_1 fin_{it} + a_j control_{it} + year_t + cp_i + \varepsilon_{it} \tag{2}$$

$$m_{it} = b_0 + b_1 fin_{it} + b_j control_{it} + year_t + cp_i + \varepsilon_{it} \tag{3}$$

$$inv_{it} = c_0 + c_1 fin_{it} + c_2 m_{it} + c_j control_{it} + year_t + cp_i + \varepsilon_{it} \tag{4}$$

其中，m_{it} 为待检验的中介变量，包括流动性供给和财务绩效改善。

结合以上模型，检验各个方程主要变量的回归系数的显著性。首先，检验回归系数 a_1 是否显著，若显著，则进行下一步，否则，终止中介效应检验。其次，检验系数 b_1 和 c_2 是否显著，若都显著，则进一步检验系数 c_1。若 c_1 显著，且 $b_1 \cdot c_2$ 与 c_1 同号，说明中介变量发挥部分中介效应，异号则表明具有遮掩效应；如果 b_1 和 c_2 显著，但 c_1 不显著，中介变量发挥完全中介效应。如果 b_1 和 c_2 中至少有一个不显著，则采用 Sobel 检验法，若 Sobel 检验的 Z 值显著，说明中介效应显著，反之，则中介效应不显著。

3. 企业金融化对研发投入的影响机制

3.1 基准模型结果

表 2 是非金融企业金融投资与研发投入的基准回归结果。在控制时间固定效应与个体固定效应的情况下，研究发现解释变量金融化水平在 1% 的水平上对企业研发投入显著为负，说明企业金融投资对研发投入具有负面影响。

表 2　非金融企业金融投资与研发投入的基准回归结果

变量	研发投入
fin	-1.229^{***} (-2.86)
控制变量	控制
年份固定效应	是
企业固定效应	是
观测值	17，146

注：括号内为 t 统计量，*** 代表在 1% 统计水平上显著。

3.2　稳健性检验

（1）样本子区间模型估计。自 2020 年起新冠疫情在全国蔓延，对中国经济带来巨大的影响，受疫情冲击的主要为实体企业，这对非金融企业的主营业务和投资战略决策都有影响。因此，为考虑遗漏变量与衡量偏误问题，本文剔除 2020 年的数据，考察样本子区间模型估计结果。估计结果显示与原估计结果基本一致，证明了原研究结论的稳健性。

（2）替换被解释变量模型估计。为确保实证结论的可靠性，本文进一步替换被解释变量为企业研发投入强度作为替代性测度指标做稳健性检验，选用研发投入在总资产中的占比衡量研发投入强度，用该变量替换进行估算，发现结果依然保持不变，从而验证了本文的结论是可靠的。

3.3　中介效应模型结果及分析

表 3 是流动性供给的中介效应的估计结果。在第（1）列中 a_1 显著，在第（2）列里，中介变量与核心解释变量的回归系数 b_1 在 1% 的水平上显著为正，说明了企业进行金融投资有助于提高企业的资金流动性水平；在第（3）列中系数 c_1 与 c_2 均在 1% 的水平上显著，系数 $b_1 * c_2$ 与 c_1 异号，则说明了流动性供给在一定程度上抵消了企业金融投资对研发投入的抑制作用。

表3　流动性供给的中介效应模型估计结果

变量	（1）	（2）	（3）
	inv	lsp	inv
fin	−1.2289 *** (−2.8627)	0.0875 *** (9.9931)	−2.0857 *** (−4.8573)
lsp			9.8184 *** (12.2205)
控制变量	控制	控制	控制
年份固定效应	是	是	是
企业固定效应	是	是	是

注：*** 代表在 1% 统计水平上显著。

表 4 是财务绩效改善中介效应的模型估计结果。结果显示，在第（1）列中 a_1 显著，在第（2）列中中介变量与解释变量的系数 b_1 在 1% 的水平上显著为正，说明了企业进行金融投资提升了企业的短期财务绩效状况；在第（3）列中系数 c_1 与 c_2 在 10% 的水平上显著，$b_1 * c_2$ 与 c_1 同号，则说明了财务绩效改善在企业金融投资对研发投入的影响过程中发挥了部分中介效应。

表4　财务绩效改善的中介效应模型估计结果

变量	（1）	（2）	（3）
	inv	wroe	inv
fin	−1.2289 *** (−2.8627)	4.5472 *** (3.5670)	−1.1572 ** (−2.5383)
wroe			−0.0076 * (−1.9257)
控制变量	控制	控制	控制
年份固定效应	是	是	是
企业固定效应	是	是	是

注：*、**、*** 分别代表在 10%、5% 和 1% 统计水平上显著。

中介效应模型估计结果显示，企业金融投资通过流动性供给和财务绩效改善两种路径作用于研发投入。流动性供给在企业金融投资对研发投入的影响过程中发挥了遮掩效应，财务绩效改善在企业金融投资对研发投入的影响过程中发挥了部分中介效应。

可以考虑进一步建立链式多重中介效应模型作为拓展分析模型。链式多重中介效应模型与简单中介效应模型不同，能够反映不同中介变量之间的关系，而在简单中介效应模型中，假定不同的中介变量是独立发挥作用的。总体来看，链式多重中介效应模型反映了三条特定路径。

路径 1 是企业金融投资→流动性供给→研发投入，路径 2 是企业金融投资→财务绩效改善→研发投入，路径 3 是企业金融投资→流动性供给→财务绩效改善→研发投入。

在路径 1 中，企业金融投资经由流动性供给影响研发投入的中介效应值在统计学意义上显著，这意味着企业金融投资通过流动性供给这一途径对研发投入产生显著影响。

在路径 2 中，企业金融投资经由财务绩效改善影响研发投入的中介效应值在统计学意义上显著，这意味着企业金融投资通过财务绩效改善这一途径对研发投入产生显著影响。

在路径 3 中，企业金融投资经由流动性供给、财务绩效改善影响研发投入的链式中介效应值显著为负，这意味着企业金融投资通过"流动性供给→财务绩效改善"这一途径对研发投入产生显著影响。

4. 结语

本文以 2013—2021 年中国 A 股上市的非金融企业数据为基础，通过面板数据模型研究非金融企业的金融投资与研发投入。实证分析发现，流动性供给和财务绩效改善在企业进行金融投资影响企业研发投入的路径中发挥了显著的作用，其中，财务绩效改善表现为部分中介效应，而流动性供给则表现为遮掩效应。据此，企业应注重主营业务，而不是把重心放在房地产、证券市场等金融投资上，应坚持把发展经济的着力点放在实体经济上。

参考文献

[1] 胡海峰，窦斌，王爱萍．企业金融化与生产效率 [J]．世界经济，2020 (1)：70-96.

[2] 段军山，庄旭东．金融投资行为与企业技术创新——动机分析与经验证据 [J]．中国工业经济，2021 (1)：155-173.

[3] 顾海峰，张欢欢．企业金融化、融资约束与企业创新——货币政策的调节作用 [J]．当代经济科学，2020 (5)：7.

[4] 杨松令，牛登云，刘亭立，等．实体企业金融化、分析师关注与内部创新驱动力 [J]．管理科学，2019 (2)：3-18.

[5] 陈洋林，蒋旭航，张长全．实体企业金融化与创新投入的非线性效应研究 [J]．中央财经大学学报，2023 (1)：69-80.

[6] 李春涛，闫续文，宋敏，等．金融科技与企业创新——新三板上市公司的证据 [J]．中国工业经济，2020 (1)：81-98.

[7] 彭龙，詹惠蓉，文文．实体企业金融化与企业技术创新——来自非金融上市公司的经验证据 [J]．经济学家，2022 (4)：58-69.

[8] 赵芮，曹廷贵．实体企业金融化对技术创新的影响研究 [J]．经济与管理研究，2021，42 (9)：62-76.

[9] 张成思，郑宁．中国非金融企业的金融投资行为影响机制研究 [J]．世界经济，2018，41 (12)：3-24.

[10] 顾夏铭，陈勇民，潘士远．经济政策不确定性与创新——基于我国上市公司的实证分析 [J]．经济研究，2018，53 (2)：109-123.

第二篇　国际经济与贸易篇

国际经济与贸易方面的课程主要包括国际贸易、国际贸易网络、国际经济学、国际贸易理论与政策、国际服务贸易、博弈论等。在本篇中围绕国际经济与贸易领域相关课程的某个重要知识点进行阐述，通过对知识点的说明和进一步分析加深对课程内容的理解，并融入中国在国际贸易与合作方面的实践经验。

中美贸易摩擦对我国大豆进口产生了重要影响。基于国际贸易课程，《中美贸易摩擦对我国大豆进口的影响及对策研究》以大豆进口数据为基础，建立固定效应模型进行实证分析，对我国如何防范和应对类似中美贸易摩擦的外部冲击，保障我国大豆供给安全提出相关政策建议。

高技术产品贸易网络特征及其对出口竞争力的影响研究，是国际经济政治环境下高技术产品有序发展的内在要求。基于国际贸易网络课程，《高技术产品贸易网络节点国家位置特征对出口竞争力影响分析》构建全球高技术产品贸易网络，运用社会网络分析方法，实证分析中心性、联系强度和网络异质性对出口竞争力的影响。

在高校以立德树人为中心，加强思政课程建设的背景下，基于国际经济学课程，《国际经济学课程思政的教学策略探索》探讨和分析了课程思政建设思路与做法，制定了课程思政的育人目标，探讨了课程思政的具体策略，凝练和总结了该课程思政的特色与创新之处。

中国正努力向高收入国家迈进，避免落入比较优势陷阱，同时，增加国民收入是实现中国经济可持续发展的必要条件。基于国际贸易理论与政策课程，《比较优势陷阱》介绍了什么是比较优势陷阱以及中国如何避免落入比较优势陷阱。

中国与印度同为发展中国家，两国间的经贸关系在过去与当下都是十分重要的。基于国际贸易理论与政策课程，《中国与印度双边贸易的度量与评价》运用贸易额、贸易密集度、出口商品结构、显性比较优势指数、贸易互补指数等指标，对中印双边贸易进行全方位度量。

挖掘国际服务贸易教学中的课程思政元素，有利于更好地发挥专业课程的全面育人作用。基于国际服务贸易课程，《国际服务贸易课程思政案例分析——以数字服务税为例》以数字税作为案例分析，深入分析其产生背景、发展现状和壁垒性质，剖析其背后的国家利益博弈。

随着经济的快速发展，我国铁矿石的对外依存度逐步提高，已成为世界上第一大铁矿石净进口国。基于博弈论课程，《考虑忍耐度因素的铁矿石价格谈判问题分析》针对国际铁矿石市场，给出了刻画铁矿石买卖双方忍耐度的函数表达式，建立了包含忍耐度因素的铁矿石价格无穷次讨价还价模型。

中美贸易摩擦对我国大豆进口的
影响及对策研究

刘　颖[1]　杨佳佳[2]

（1. 北方工业大学经管学院，北京，100144；

2. 华中农业大学经管学院，武汉，430070）

摘要： 中美贸易摩擦对我国大豆进口产生了较大影响，本文以 2016—2020 年的大豆进口数据为基础，通过建立固定效应模型进行实证分析。结果表明：中美贸易摩擦和国内外大豆进口价格对我国大豆进口都有显著的负向影响，而国内生产总值对我国大豆进口有显著的正向影响。本文在此基础上对我国如何防范和应对类似中美贸易摩擦的外部冲击、更好地保障我国大豆供给安全提出了相关政策建议。

关键词： 中美贸易摩擦；大豆；进口；关税

1. 引言

在国际贸易课程中，国家之间产品的进出口行为是其研究的重要内容。国际贸易中的大小国是根据该国在世界市场的地位划分，贸易大国最明显的特征是其在国际市场上的供需变化（进出口量的变化）会影响国际市场价格，而小国只能是价格的被动接受者。中国和美国都是农业生产大国，在诸多农产品市场中占据重要地位，比如中国是世界最大的大豆进口国，2015 年中国进口的大豆占全球市场的份额高达 64%，而美国每年出口大豆的数量在全球范围内也位居前列，因此两国都属于大豆的"贸易大国"，中美两国的大豆贸易不仅会对彼此的大豆进出口产生影响，更可能对世界大豆贸易格局产生冲击。

自 2018 年以来，中美两国贸易摩擦不断，而此次中美贸易摩擦对我国大豆的主要影响则通过对美进口的大豆加征关税来实现。双方在多轮谈判协商中，美国一度做出对华 3000 亿美元输美产品加征 15% 关税的无理措施，严重违反了世贸组织相关规则，而我国对美加征关税的程度也曾从 25% 上升到 30%。虽有学者认为我国的粮食补贴或关税政策主要是影响国内市场而非国际市场（Hansen et al, 2011）[1]，但由于此次中美贸易摩擦加征关税是惩罚性质而非出于产业保护的目的，它对我国大豆进口仍产生了较大的影响。

1996 年，我国从大豆净出口国变为大豆净进口国。此后，大豆供给能力在较长一段时间内处于减弱状态，需求却大幅增长，导致我国大豆进口量一度占到大豆消费总量的 90% 左右，对外依存度极高。按用途分，我国大豆的消费需求主要有食用需求和压榨需求，进口大豆基本用于压榨加工成豆粕豆油，而国产大豆多用于食用加工，我国大豆需求的迅速增长则主要体现在压榨加工上（裴蓉，2019）[2]。这主要是因为随着我国人民生活水平的不断提高，我国城乡居民消费结构升级，对肉蛋奶等畜牧业产生的食品消费需求增加，而大豆加工而成的豆粕又是畜牧业重要的饲料来源之一。反观我国大豆的国内供应情况，自 1996 年以来，我国大豆产量呈总体下降趋势，大豆播种面积 2016 年后略有提升，大豆单产则一直处在较低水平，农民种植效益较低。为了促进我国大豆产业的发展，政府、企业和相关团体必须尽快团结起来，努力改善和扭转这一不利局面（Han et al, 2019）[3]。

在国内大豆供给市场上，常秀亮（2000）[4]认为我国大豆供应量减少主要是因为大豆的比较收益较低，大豆生产投入不足，科技含量低，进口量大以及我国相关政策对大豆生产的不利影响。郭天宝（2017）[5]则认为我国大豆品种差异、生产要素投入不足和生产效率低等因素限制了我国大豆的供应能力。高颖、田维明（2008）[6]发现国内大豆供给对进口有较强的替代性，今后的大豆进口数量在很大程度上取决于国内供给如何变化，而国内大豆供给又取决于种植大豆的比较收益，同时国内外的补贴政策也会对我国大豆供给和进口产生重要影响。在国际大豆供给市场上，陈元春（2020）[7]通过引力模型分析得出两个国家的GDP、人口数、人均大豆消费量、汇率、国内外的大豆价格差，以及两国距离对大豆的贸易有显著的影响。高颖、田维明（2007）[8]认为一般情况下在中国大豆进口需求增加时，美国会是最大受益者，且中国大豆进口需求是有弹性的，受进口价格影响较大。但也有学者的研究认为在中国大豆的国际市场竞争中，巴西的优势最大，其次是美国和阿根廷（Song et al，2006）[9]。而巴西和阿根廷两国汇率变动对美国的出口也有影响，其货币贬值有利于阿根廷和巴西的大豆出口，但会导致美国的出口减少（Andino et al，2005）[10]。在中国进口大豆的国际市场上，除了不同国家的大豆之间存在竞争，豆粕和豆油的不同产品形式之间也存在竞争（Chen et al，2012）[11]。

王辽卫（2018）[12]认为虽然短期内我国大豆进口量会因为加征关税有所减少，但长期而言我国大豆进口是能够得到保障的。张雪梅和董晓冉（2020）[13]认为我国国内大豆价格受国内供应能力限制和下游产品需求量减少的共同作用，会有小幅度增长，同时进口渠道会呈现多元化的趋势。吴小丹（2019）[14]则认为美国的大豆丰收和高库存，以及我国对大豆下游产品的需求减少会对大豆价格构成压力。原梓涵和邵娜（2018）[15]认为国际大豆价格呈下行态势，而中国大豆进口需求仍处高位。裴蓉（2019）[2]认为大豆期货价格和美国大豆产量的变动与我国从美进口大豆量的变动正相关，经残差分析发现正是2018年中美贸易摩擦导致了当年残差显著增加。余洁等（2021）[16]利用进口需求模型进行实证分析，认为中国对美国大豆的依赖并不是刚性的，而我国对美大豆加征关税的行为会导致贸易转移效应，让我国将对大豆的需求转移到其他国家去。

现有文献对我国大豆进口格局及影响因素有较深入的研究，国内需求持续增长而供给严重不足是我国形成大豆高度对外依赖格局的重要原因。影响我国大豆进口的主要因素有国内补贴政策、大豆种植收益、进口大豆价格以及不同大豆来源国和不同产品形式在国际市场上的竞争。针对中美贸易摩擦对我国大豆进口的影响，不同的学者得到的结论不尽相同，一方面有学者认为中美贸易摩擦会对我国大豆进口造成一定的冲击，另一方面有学者认为我国对美大豆的依赖并不是刚性的，甚至有学者预测我国大豆进口会不降反升，这主要是因为我国大豆进口弹性较大，且除美国外，巴西和阿根廷也是我国大豆进口来源国。但由于时间关系，多数文献只是从中美贸易摩擦对我国大豆进口的影响进行了定性分析和理论预测，实证分析的成果较少，在定量分析中美贸易摩擦对我国大豆进口的影响方面还有欠缺。

因此探究中美贸易摩擦对我国大豆进口的影响有利于厘清中美贸易摩擦与我国大豆进口规模、进口结构等的关系，对于我国在中美关系日益复杂的背景下如何更好地调整我国大豆进口结构，保证我国大豆供给安全，以及在类似国际争端发生前如何更好地防范，在今后再次发生类似危机时如何更好地应对具有现实意义。

2. 变量选取、数据来源与描述性分析

2.1 变量选取

首先，为探究中美贸易摩擦对我国大豆进口的影响，本文的因变量设置为我国月度大豆进口量，而考虑到我国大豆现有的进口结构，进一步将我国大豆进口量根据进口来源细分为来自美国、巴西和阿根廷的进口量。虽然中美贸易摩擦对我国的影响是多方面的，但是对于大豆贸易的影响则主要通过加征关税这一措施实现，因此本文的核心自变量为是否加征关税，以虚拟变量的形式加入模型。通过整理中美贸易摩擦的时间线，可以看到我国对源自美国的大豆加征关税开始时间是 2018 年 7 月，但结束的时间存在一定争议。我国于 2019 年 9 月列出第一批加征关税排除清单，但来自美国的大豆并未在

清单列表中，但我国于 2019 年 10 月下发 1000 万吨从美国进口大豆的免加征关税配额，随后在 11 月份表示同意豁免对美进口大豆 30% 的关税，从中国政府采取的实际行动来看，自 2019 年 10 月开始我国对源自美国的大豆就已基本不征收高额关税，因此本文将加征关税的结束时间定为 2019 年 9 月。因此加征关税虚拟变量具体设置为：2018 年 7 月—2019 年 9 月为加征关税期，变量赋值为 1，其余时期变量赋值为 0。

在控制变量的设置上，本文主要从国内外两方面来考虑。在对国内大豆的供给和需求方面，根据传统的微观市场供求理论，价格上涨会导致国内市场增加供给，而消费者的购买需求减少，造成供过于求的局面，从而又促使农产品价格回跌。因此，价格信号是市场中生产者进行决策即决定供给的重要信号，同时也是影响消费者进行消费选择的重要因素，为配合本文实证分析所需要的数据频度为月度数据的需求，本文选取国内大豆集贸市场月度价格为国内大豆价格的代理变量。另外，国家宏观经济的发展也会影响人们的消费需求，本文选取月度 GDP 作为测量表示宏观经济发展的指标，GDP 越高说明国家宏观经济发展良好，民众的消费能力越强。在对国外大豆进口的需求上，进口价格也是影响进口需求的关键因素（林大燕等，2014）[17]，因此本文选取了不同来源国的月度进口价格作为控制变量。此外，通过近年来的相关文献阅读和现有数据的统计分析，中国从国外进口大豆的行为存在明显的季节性变化，因此参考林大燕等（2014）[17] 的做法，加入季节性虚拟变量，当中国主要从美国进口大豆时，将季节性虚拟变量设置为 1（每年 10 月至第二年 3 月），当中国主要从巴西、阿根廷等南半球国家进口大豆时，将季节性虚拟变量设置为 0（每年 4 月至 9 月）。

表 1 展示了本文所有核心变量和控制变量的含义及预期符号。具体来说，第一，本文假设中美贸易摩擦下的加征关税行为会使得我国大豆进口量减少。这一方面是从我国进口结构来看，美国大豆在中美贸易摩擦发生前在我国进口大豆中占据 40% 左右的份额，对美加征 25% 甚至是 30% 的高额关税势必会减少我国对美大豆的进口量，从而对整体进口量产生影响。另一方面，加征关税和中美贸易摩擦带来的日益紧张的国际局势，会使得人们对进口贸易形

成消极预期，即使国内整体的大豆高需求仍然存在，但人们对进口大豆也会有所犹豫或者直接放弃进口大豆转而寻求其他替代品。因此，本文的核心研究假设为：中美贸易摩擦会导致我国大豆进口量的减少。

表 1　变量说明及预期

变量	含义	预期符号
Y	中国从不同来源国进口的大豆数量	—
Tax	虚拟变量，所处交易时期是否为加征关税期间（2018 年 7 月 – 2019 年 9 月为加征关税期，设置为 1，其余时期设置为 0）	–
IP	中国自不同来源国的大豆进口价格	–
CP	国产大豆市场月度价格	–/+
GDP	中国月度国内生产总值	+
$Season$	季节性虚拟变量，中国大豆是否主要从北美（美国）进口（每年 10 月至第二年 3 月设置为 1，每年 4 月至 9 月设置为 0）	+

第二，进口大豆价格升高会使得我国大豆进口量减少。根据传统的市场供求理论，价格升高会导致需求减少，从而导致我国大豆进口量减少。

第三，国内大豆价格的升高对大豆进口量的影响是双重的。国内大豆价格的提高会使得人们对国产大豆需求减少，而进口大豆的竞争力增强。但同时国内大豆售价提升会激发农民种植大豆的热情，提高国内大豆供给，减少了我国大豆的供需缺口，进一步使得我国进口大豆的需求减少。因此，国内大豆价格变动对我国大豆进口量的影响可能为正，也可能为负。

第四，国内生产总值的增加会带来我国大豆进口量的增加。国内生产总值增加意味着国内宏观经济环境向好，经济发展会使人们的消费能力增强，消费结构升级，对肉蛋奶等畜牧业产品消费需求增加，从而增加人们对畜牧业饲料重要来源的大豆的需求。

第五，我国大豆进口的季节性会增加我国大豆进口量。本文中的季节性是指由于南北半球的大豆收获时期不同，在时间上能形成互补。美国（北半球）大豆收割季节在 9 月，而巴西和阿根廷（南半球）的收割季节则主要集中在 3 月和 4 月，而我国大豆一年里每月都有大量进口需求。因此，南北半球大豆供给的互补性有助于我国更好地利用世界大豆资源，对我国大豆进口有促进作用。

2.2 数据来源

本文所指的中美贸易摩擦为自 2018 年开始的新一轮摩擦，同时为更好地分析其对我国大豆进口的影响，本文选取来源于中国海关总署 2016—2020 年的大豆月度进口数据，以 HS 编码 1201 定义大豆进口范围，大豆进口价格由对应的进口额/进口量计算得出；月度 GDP 数据参考王有鑫等（2021）[18] 的做法，根据国家统计局公布的季度 GDP 数据运用插值法计算得出；国产大豆市场月度价格来源于《中国农产品价格调查年鉴》。

2.3 描述性分析

2.3.1 我国大豆进口结构分析

图 1 为 2016—2020 年我国大豆进口总量情况，从图中可以看出，我国大豆进口总量在我国宣布对美加征关税的 2018 年出现了下降，这也是我国大豆进口总量自 2012 年以来的第一次下降。这一方面说明中国与美国的大豆贸易对我国的大豆进口格局影响巨大，另一方面也侧面印证了中美贸易摩擦的严峻性。然而，从图 1 中也可以看出，自 2018 年大豆总量下降后，2019 年我国大豆进口总量略有回升，但基本与 2018 年持平，2020 年却一举创下历史新高，大豆进口量突破 1 亿吨，较 2019 年反弹约 13.26%。说明我国大豆进口的内在需求依然很旺盛，2018 年和 2019 年的大豆进口只是受中美贸易摩擦和国际环境的影响暂时被压制，未来我国对大豆需求的满足仍然要依靠国外进口。

由表 2 可知，我国近五年来从美国、巴西和阿根廷进口大豆总额每年都占总进口额的 94% 以上，因此美国、巴西和阿根廷毫无疑问是我国大豆进口最主要的三个来源国，2020 年该比例达到了 97.29%，创历史新高。在中美贸易摩擦的影响下，美国和巴西在我国大豆进口格局中的地位从旗鼓相当转变

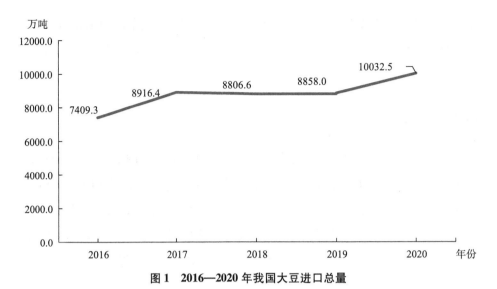

图1 2016—2020年我国大豆进口总量

数据来源：中国海关总署。

成为巴西占据更重要的地位，而美国退居其次。2016年，美国和巴西来源的大豆占我国进口大豆份额均为40%左右，比例大致为1∶1，但2017年该比例已变为将近5∶3。2018年我国从美国进口的大豆量相较2017年锐减46%，在总体进口量中的份额从34.77%降到了18.9%，2019年所占比例也仅为19.13%。与此同时，我国从巴西进口的大豆占总进口量的比例大幅提升，从2017年的53.19%上升至2018年的75.04%，即使在2020年也仍保持在了64.07%，说明目前巴西是我国最大的大豆进口来源国，且占据了绝对重要的地位，美国只能排在第二位，我国对美大豆进口需求很大一部分都转移到了巴西大豆上。

表2 2016—2020年我国大豆进口情况

单位：万吨

年份	阿根廷		巴西		美国		总计	
	进口量	份额（%）	进口量	份额（%）	进口量	份额（%）	进口量	份额（%）
2016	704.4	9.51	3390.9	45.77	3001.1	40.50	7096.4	95.78
2017	604.2	6.78	4742.7	53.19	3100.1	34.77	8447.1	94.74

续表

年份	阿根廷		巴西		美国		总计	
	进口量	份额（%）	进口量	份额（%）	进口量	份额（%）	进口量	份额（%）
2018	146.4	1.66	6608.2	75.04	1664.0	18.90	8418.6	95.59
2019	879.1	9.92	5767.5	65.11	1694.4	19.13	8341.0	94.16
2020	745.6	7.43	6427.7	64.07	2587.6	25.79	9760.9	97.29

数据来源：中国海关总署。

注：由于我国除了从美国、巴西和阿根廷进口大豆外，还从其他国家进口少量大豆，因此三个国家的总计份额未达到100%。

需要注意的是，虽然我国2018年对美大豆进口减少了1400万吨左右，但我国从阿根廷进口大豆的份额却没有出现预期的增长，反而减少到了146万吨。这主要是因为2018年阿根廷遭受了几十年来最严重的干旱，部分大豆主产区在收获期又遭到了洪涝的侵袭，先旱后涝的自然灾害冲击让阿根廷大豆产量从上年的5750万吨减少到3500万吨，甚至要以进口大豆的方式满足之前签订的大豆合约。因此，即使我国对美实施了加征关税这一反制措施，阿根廷在国际大豆市场上的出口份额也没有得到明显的提升。综上所述，在我国大豆进口的国际市场上，除了自身生产上的比较优势外，中美贸易摩擦和阿根廷的自然灾害也进一步提高了我国对巴西大豆的需求，而美国大豆在这期间的竞争力明显减弱，市场份额快速下滑。

2.3.2　我国自美国进口大豆情况分析

从图2可知，我国从美进口大豆存在一定的周期性，2018年因中美贸易摩擦的冲击而出现异常，但在加征关税的措施停止后又慢慢恢复到原来的水平。从图中可以看出，我国从美进口大豆的峰值都出现在12月份左右，2016年12月份大豆进口量为771.86万吨，也是五年内的最高值，2020年11月份大豆进口量为604.02万吨，也超过了2017年未出现中美贸易摩擦时的峰值，说明我国对美大豆的需求潜力还是较大的，并且在迅速恢复当中。

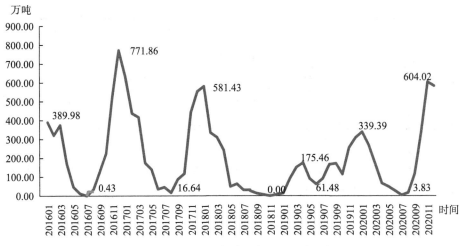

图 2   2016—2020 年我国自美进口大豆量

数据来源：中国海关总署。

但 2018 年对应月份的进口量非常小，甚至出现了零值，此时也正是中美贸易摩擦比较紧张的阶段，在我国对美的报复性关税取消后，从美进口大豆量的周期波动逐渐恢复，在 2020 年进口数量也恢复到了与未加征关税前不相上下的程度。由此可知，我国对美大豆的依赖性一定程度上还是存在的，加征关税只是暂时压制了国内对美大豆的需求，我国对美国大豆的需求并没有真的转移或是消失，未来我国对美大豆进口仍可能进一步上升。

3. 实证分析

3.1 基础模型的建立

基于第二节中的理论分析与假设，采取静态面板固定效应模型对中美贸易摩擦对我国大豆进口的影响进行实证分析。将部分数据对数化后建立的基础模型如下：

$$\ln Y = \alpha_0 + \alpha_1 Tax + \alpha_2 \ln IP + \alpha_3 \ln CP + \alpha_4 \ln GDP + \alpha_5 Season + \varepsilon_{it}$$

其中，Y 是大豆进口量，Tax 为是否加征关税的虚拟变量，IP 为大豆进口价格，CP 为国产大豆价格，GDP 为月度国内生产总值，$Season$ 为季节性虚拟变量，α_0 为常数项，ε_{it} 为随机误差项。

首先，为验证本文中使用的面板模型是否符合可以进行混合回归的条件，故先生成关于美国、巴西和阿根廷的三个虚拟变量，将虚拟变量加入基础面板模型后进行混合回归，得到个体虚拟变量前的系数估计值，再对其进行 T 检验，结果得到对应的 P 值 = 0.0000，拒绝了美国、巴西和阿根廷的个体虚拟变量前的系数等于 0 的原假设，说明存在截距项的不同，不能使用混合回归模型。

在此基础上，还需确定是选择固定效应模型还是选择随机效应模型。在对基础模型进行固定效应回归后，以不存在个体效应为原假设进行 F 检验，得到对应的概率为 0.0000，说明存在个体效应，再次印证不能使用混合回归模型。在对基础模型进行随机效应回归后，将固定效应模型和随机效应模型的结果进行豪斯曼检验，结果拒绝个体效应与回归变量不相关的原假设，因此只能使用个体固定效应模型。

从表 3 的结果来看，无论是在混合回归模型、随机效应模型，还是固定效应模型的回归结果中，本文设置的关键变量 Tax 即中美贸易摩擦的代理变量是否加征关税都是显著的，其中在固定效应模型中为在 5% 的显著性水平上显著，其余则是在 10% 的显著性水平上显著。大豆进口价格在三个模型中均显著，国内大豆价格在混合回归和固定效应模型中显著，而 GDP 只有在固定效应模型中显著。从系数值上看，固定效应模型下 Tax、国内大豆价格和 GDP 的系数估计值要比混合回归时更小，大豆进口价格的系数估计值则比混合回归时更大一些。

表 3　OLS、固定效应模型和随机效应模型回归结果

变量	Ols	Fe	Re
税收	-0.601 * (0.311)	-0.578 ** (0.269)	-0.601 * (0.339)
大豆进口价格 （对数）	-4.563 ** (2.149)	-4.733 ** (1.898)	-4.563 * (2.393)
国产大豆价格 （对数）	-6.274 * (3.619)	-5.860 * (3.258)	(6.274) (4.108)
月度国内生产 总值（对数）	1.414 (0.932)	1.347 * (0.771)	1.414 (0.973)
季节	0.029 (0.252)	0.050 (0.196)	0.029 (0.248)
常数项	27.980 (20.690)	29.010 (17.720)	27.980 (22.350)
观测值	170	170	170
R^2	0.054	0.086	
ID 数		3	3

注：括号内为标准误，*、**、*** 分别表示 10%、5%、1% 水平上的显著性。

3.2　模型的检验

经检验，表3中的固定效应模型存在异方差的问题，而异方差会导致系数估计结果非有效甚至不是渐进有效的，一般使用 Robust 标准误进行修正，但此模型还存在截面相关的问题，Robust 标准误只是对异方差和自相关不敏感，但不能解决截面相关的问题。因此，本文选用稳健（Driscoll-Kraay）标准误对模型进行修正。固定效应模型和 Driscoll-Kraay 标准误下的回归结果对比如表4所示，两者的系数估计值没有较大差异，同时标准误有所减小，显著性有所提高，因此可以认为回归结果是比较稳健的。

表 4　固定效应模型和 Driscoll-Kraay 标准误下的回归结果

变量	Fe	Xtscc
税收	−0. 578 ** （0. 269）	−0. 578 ** （0. 226）
大豆进口价格（对数）	−4. 733 ** （1. 898）	−4. 733 *** （1. 263）
国产大豆价格（对数）	−5. 860 * （3. 258）	−5. 860 ** （2. 544）
月度国内生产总值（对数）	1. 347 * （0. 771）	1. 347 ** （0. 557）
季节	0. 050 （0. 196）	0. 050 （0. 128）
常数项	29. 010 （17. 720）	29. 01 ** （13. 040）
观测值	170	170
R^2	0. 086	
ID 数	3	
分组数	3	

注：括号内为标准误，*、**、*** 分别表示 10% 、5% 、1% 水平上的显著性。

3. 3　实证结果分析

由表 4 可以看到，在使用群聚标准误的回归模型后，Tax、IP、CP 和 GDP 对大豆进口量的影响仍是显著的，且显著性水平有所提高。具体来说，第一，加征关税对我国大豆进口有负面影响。Tax 即是否加征关税的变量在 5% 的显著性水平上显著，其对应的系数估计值为−0. 578，说明加征关税这一措施会引起我国大豆进口量减少 43. 90% ［exp（−0. 578）−1］，同时也验证了中美贸易摩擦对我国大豆进口的影响巨大，而以加征关税作为反制措施的方法势必会造成我国大豆供应紧张的局面。因此，加征关税只能做权宜之计，不能长久地持续下去，应当积极寻找其他途径来保障我国大豆供给安全。

第二，进口大豆价格上升对我国大豆进口有负面影响。$\ln IP$ 在 1% 的显著性水平上显著，其系数估计值为-4.733，说明进口大豆价格每上涨 1%，我国大豆进口量将减少 4.733%。进口大豆的价格一直是其最明显的优势，如果大豆进口价格上涨，就会失去其在市场上的竞争力，这也是我国对美加征关税后对其进口量迅速减少的重要原因。

第三，国内大豆价格上升对我国大豆进口有负面影响。$\ln CP$ 在 5% 的显著性水平上显著，其系数估计值为-5.860，说明国内大豆价格每上涨 1%，我国大豆进口量将减少 5.860%。国产大豆价格对我国大豆的供给和需求都会产生影响，进而影响大豆进口量。从回归结果来看，国产大豆价格上升对大豆进口的抑制作用要强于促进作用。国产大豆价格上升能够吸引更多的农民参与种植大豆，增加大豆种植面积，又能吸引更多对大豆品种改良的技术投资，多方面提高国产大豆产量，减少我国对进口大豆的需求。

第四，国内生产总值增加对我国大豆进口有正面影响。$\ln GDP$ 在 5% 的显著性水平上显著，其系数估计值为 1.347，说明我国 GDP 每增长 1%，大豆进口量将增加 1.347%，这与预期结果一致，国内生产总值增加意味着经济增长，人民消费水平的提升，我国对肉蛋奶等优质蛋白质的食品需求会更高，由此提升我国大豆消费的总体需求，促进我国大豆进口。季节性变量在回归结果中是正向的，与预期相符，但其结果并不显著，因此不做更多分析。

4. 研究结论与政策建议

4.1 研究结论

本文以 2016—2020 年的大豆进口月度数据为基础，通过建立 Driscoll-Kraay 标准误下的个体固定效应模型进行实证分析，发现加征关税和国内外大豆进口价格对我国大豆进口都有显著的负向影响，而国内生产总值对我国大豆进口有显著的正向影响。其中，加征关税对我国大豆进口的影响相较于其他因素尤为突出。这种在国际冲突影响下突发性的加征关税让所有国内外的大豆生产者都措手不及，来不及调整自己的生产计划，但国家层面的强硬措施又不得不让国内厂商以更高的成本去寻求新的供货来源，而美国大豆生产者则遭受了更为严重的损失。再结合我国大豆产业的现实情况——大豆需求不断攀升而国内供给远落后于需求，我国对美国大豆的依赖性仍然存在。

国产大豆价格上升意味着农民种植大豆的效益有所提升，由此又能够吸引更多的农民参与种植大豆，增加大豆种植面积，改良大豆品种，提高大豆单产，从而减少我国对进口大豆的需求。而大豆种植效益的保证很大程度上要依靠政府的政策支持，因此政府有责任在政策上对我国大豆种植进行更多针对性支持，给予大豆产业更多的关注，保证大豆的种植效益，让更多农民自发地从事大豆种植，增强我国大豆自给自足的能力。

然而在国际上中美关系一直未呈现出明朗的局势，即使在新总统上台后，美国对我国的态度依旧不算友好，而大豆又是我国重要的粮食作物之一。因此，我国应主动寻求更好的方法，由政府带头，联动企业、农民和个人优化我国大豆进口结构，更好地保障我国大豆供给。

4.2　政策建议

虽然我国大豆依赖国外进口的格局形成已经二十余年，在这段时间里有不少专家学者呼吁要警惕过分依赖进口的现状，但中美贸易摩擦的升级才真正唤醒了国民的危机意识。虽然要在短时间内破解进口高依赖的情况是不切实际的，但鉴于近期中美关系日益复杂，国际政治形势变幻莫测、国际经济形势日益紧张，为了避免类似中美贸易摩擦的外部冲击对我国大豆供给造成更大的打击，进一步对国内相关下游产业形成冲击，保障我国大豆供给安全，结合本文的实证分析结果，提出以下三点建议。

（1）积极发挥"一带一路"效应，寻求多元合作。虽然近年来我国与美国的关系比较紧张，但借助于我国 2013 年提出的"一带一路"倡议，我国与"一带一路"沿线国家开展了良好的合作。在此次中美贸易摩擦过程中，我国在对美加征关税的同时，逐步允许了贝宁、俄罗斯、乌克兰等国家大豆的进口，有意识有计划地不断开拓我国大豆进口来源，促进我国大豆进口渠道的多元化。

为进一步减少我国对美国大豆的进口依赖程度，今后我国也应继续依靠"一带一路"这一世界范围的合作平台，整合全球大豆资源，构建多元的大豆进口格局，从而保证我国大豆整体供给安全。

（2）继续发展大豆振兴计划，增强自给能力。大豆是我国重要的粮食作物之一，但是在过去却未能享受到如水稻和小麦类似的粮食保护政策，这也是我国大豆生产在过去几十年里日渐衰微的重要原因之一。2019 年中央一号文件提出大豆振兴计划，对我国大豆产业的拉动作用明显，播种面积和单产均有明显提升。这为我国未来大豆产业的发展指明了方向——未来我国大豆产业的发展兼顾"质"和"量"两方面的发展。"质"是指要通过各种技术研发改良大豆品种，提高大豆种子对环境的适应能力，增加品种的蛋白质含量，提高我国大豆单产水平；"量"是指要扩大我国大豆种植面积，我国在适合大豆种植的土地和气候方面拥有一定的优势，应积极引导东北地区和环渤海地区的农民在优质培育基地的基础上扩大大豆种植面积，最后从数量和质量上一起提高我国大豆自我供给的能力。

（3）拓宽蛋白质饲料来源，推广大豆替代品消费。我国进口大豆的主要产物有豆粕和豆油，豆粕和豆油的产出比大概为 4∶1，而豆粕中富含优质蛋白质，因此我国对进口大豆的需求很大一部分来源于我国对高蛋白饲料的需求。然而大豆并不是唯一的富含优质蛋白的饲料来源，除了大豆，棕榈仁粕、棉籽粕、油菜籽、向日葵等都是被低估了的蛋白质饲料来源，部分替代品的蛋白质含量甚至要优于大豆。同时虽然大豆油目前在我国食用油的消费中仍然占据主要地位，但长期单一的食用油结构也不利于满足人体多样化的营养需求，菜籽油、花生油和橄榄油等替代品与大豆油交替使用更有利于满足人体的多样化营养需求。因此一方面要拓宽富含优质蛋白质的饲料来源，减少对豆粕的需求，另一方面可以从营养学的角度出发，鼓励民众更多地消费菜籽油和花生油等大豆油的替代品，减少对大豆油的需求。从豆粕和豆油两方面一起着手，减少我国对大豆的总需求，进而削弱我国对进口大豆的依赖性。

参考文献

［1］HANSEN J, TUAN F, SOMWARU A. Do China's agricultural policies matter for world commodity markets?［J］. China Agricultural Economic Review, 2011, 3（1）：6-25.

［2］裴蓉. 中美贸易摩擦对我国大豆进口的影响［D］. 北京：商务部国际贸易经济合作研究院，2019.

［3］HAN J D, SONG J J, QI T Z. Impact of Sino-US trade friction on import and export trade pattern of soybean in Heilongjiang［J］. Asian Agricultural Research, 2019, 11（3）：1-3, 10

［4］常秀亮. 中国大豆生产滑坡的原因分析［J］. 中国农村经济，2000（4）：27-31.

［5］郭天宝. 中国大豆生产困境与出路研究［D］. 长春：吉林农业大学，2017.

［6］高颖，田维明. 基于引力模型的中国大豆贸易影响因素分析［J］. 农业技术经济，2008（1）：27-33.

［7］陈元春. 中国大豆国际贸易及其影响因素研究［D］. 北京：中国社会科学院研究生院，2020.

［8］高颖，田维明. 中国大豆进口需求分析［J］. 中国农村经济，2007（5）：33-40.

［9］SONG B H, MARCHANT M A, XU S. Competitive analysis of Chinese soybean import suppliers—U.S., Brazil, and Argentina［R］. Long Beach, CA：American Agricultural Economics Association Annual Meeting, 2006.

［10］ANDINO J, MULIK K, KOO W W. The impact of Brazil and Argentina's currency devaluation on US soybean trade［J］. Economics, Agricultural and Food Sciences, 2005（7）：23-26.

［11］CHEN W, MARCHANT M A, MUHAMMAD A. China's soybean product imports：an analysis of price effects using a production system approach［J］. China Agricultural Economic Review, 2012, 4（4）：499-513.

［12］王辽卫. 中美贸易摩擦对我国大豆产业的影响分析［J］. 中国粮食经济，2018（10）：54-59.

[13] 张雪梅，董晓冉. 中美贸易战对我国大豆市场的影响 [J]. 现代商贸工业，2020，41 (14)：19-20.

[14] 吴小丹. 中美贸易摩擦以来对我国大豆行业影响及应对策略 [J]. 对外经贸，2019 (11)：6-11.

[15] 原梓涵，邵娜. 中美贸易摩擦对大豆市场的影响及前景分析 [J]. 农业展望，2018，14 (10)：89-93.

[16] 余洁，韩啸，任金政. 中美经贸摩擦如何影响了大豆进口——基于贸易转移与创造效应视角 [J]. 国际经贸探索，2021，37 (1)：20-33.

[17] 林大燕，朱晶，吴国松. 季节因素是否影响了我国大豆进口市场格局——基于拓展H-O模型的理论分析与实证检验 [J]. 国际贸易问题，2014 (3)：44-51.

[18] 王有鑫，王祎帆，杨翰方. 外部冲击类型与中国经济周期波动——兼论宏观审慎政策的有效性 [J]. 国际金融研究，2021 (3)：14-26.

高技术产品贸易网络节点国家位置特征
对出口竞争力影响分析

孙　强　段晓红　厉　丽

（北方工业大学经济管理学院，北京，100144）

摘要： 本文以贸易网络和节点特征对高技术产品出口竞争力影响的理论分析为基础，利用联合国商品贸易数据库（UN COMTRADE），基于 69 个国家（地区）2001—2018 年贸易数据，构建全球高技术产品贸易网络。运用社会网络分析方法，选取网络密度和互惠性指标分析贸易网络整体特征，并基于中心性、联系强度和网络异质性指标测算各样本经济体在贸易网络中的位置特征；利用出口技术复杂度指数衡量高技术产品出口竞争力水平。进一步，基于面板数据模型实证分析中心性、联系强度和网络异质性对出口竞争力的影响，结果显示：网络整体特征发展良好，发达国家影响力大，发展中国家影响力逐步提升；各国高技术产品出口技术复杂度均呈增长态势，中国有待进一步提高；贸易网络特征对高技术产品出口竞争力有较强的推动作用。基于此，提出了相应的贸易网络发展对策建议。

关键词： 高技术产品；贸易网络特征；节点国家特征

1. 引言

改革开放后，我国采取了建设高新技术产业开发区，实施 863 计划、火炬计划等一系列措施，以推动高技术产业的发展。2015 年 5 月，国务院正式印发《中国制造 2025》，这是中国实施制造业强国战略的第一个十年行动纲领，以体现信息技术与制造技术深度融合的数字化网络化智能化制造为主线，对先进制造领域发展作出了重要战略部署。这些措施的实施对我国创新能力提升和高技术产业快速发展起到了重要推动作用。2000—2019 年，我国高技术产业主营业务收入由 10050 亿元增加到了 158849 亿元，年均增速达 16.1%，在 GDP 中占比也由 2000 年的 10% 上升至 2019 年的 16%。同期，我国高技术产品出口也呈高速增长态势，年均增速达 18.5%。此外，我国高技术产品出口结构也持续优化，一般贸易出口在高技术产品出口中占比不断提高，外资企业在其中的占比逐渐下降。但 2008 年以来，受全球经济危机影响，我国高技术产品出口增速有所放缓，2009—2019 年年均增速仅为 5.8%，远低于 2000—2008 年的 35%。特别是近年来，国际上"逆全球化"思潮迭起，美国等发达国家贸易保护主义抬头，如以中国"威胁论"等为理由，美国对我国高技术产品领域采取了一系列针对性措施，并在基础前沿技术领域采取对华封锁措施，意在加快两国高科技"脱钩"，限制我国高技术产业发展。这给我国高技术产业及出口贸易的正常发展造成了巨大障碍。此外，我国高技术产品出口贸易结构整体上虽呈不断优化态势，但出口产品附加值低、高端核心技术稀缺（刘建生等，2018）[1] 等状况仍未彻底改变。因此，聚力核心技术攻关，以提升关键环节、关键领域及关键产品保障能力，实现产品创新能力提升，是当前国际竞争形势日益复杂，各国科技竞争日益激烈背景下促进以国内大循环为主体、国内国际双循环相互促进的新发展格局高质量发展的重要战略选择。在此背景下，中共中央、国务院于 2019 年发布了《关于推进贸易高质量发展的指导意见》，意见明确提出加快创新驱动、大力发展高技术产品贸易，提高产品质量等任务。因此，如何提升我国高技术产品出口竞争力水平是实现我国贸易高质量发展、做优做精国际大循环的关键性环节。

经过几十年经济、科技全球化发展，跨国公司和区域经济组织不断涌现，国家间技术研发与产品生产网络密度日益增加。特别是高技术产品，在全球已经形成了一个错综复杂的创新、生产与贸易网络。相关研究表明：国际贸易作为一个复杂的网络，不可能在毫无损失中被分割成个体节点进行研究（Benedictis and Tajoli，2010）[2]。作为衡量竞争力大小的对外贸易收益，其大小不仅与本国开放程度有关，也与贸易伙伴国的数量和贸易网络整体格局有关（徐正中，2012）[3]。从机制上看，在贸易网络中处于优势节点的国家可以利用其位置优势获取先进技术溢出（仇怡、黄丹，2021）[4]，也可以利用位置优势影响贸易网络中资源和技术流向，成为影响贸易网络结构和节点国家竞争力的重要因素，如美国利用其芯片技术上的优势，采取断供等行为，直接导致全球信息技术产品贸易网络结构、相关产品供给态势发生巨大变化，甚至严重影响相关国家高技术产品的生产能力。因此，对高技术产品贸易网络特征及其对出口竞争力的影响进行研究，既是贸易网络研究的自然进展，更是当前国际经济政治环境下高技术产品研发合作与生产有序发展的内在要求。本文将在构建全球高技术产品贸易网络的基础上，分析网络整体结构特征及其演变过程，特别是对节点国家位置特征对于其高技术产品出口竞争力的影响进行理论分析和实证检验，为我国在全球高技术产品贸易网络中制定发展策略，提升高技术产品出口竞争力、积极应对贸易摩擦、推动贸易高质量发展提供参考借鉴。

2. 文献综述

随着经济全球化的发展，各国间贸易逐渐形成一个相互影响、相互作用的复杂网络，而传统的贸易属性指标无法全面反映各国间复杂贸易关联（Abeysinghe and Forbes，2005）[5]，社会网络分析（SNA）能从关系视角出发对贸易网络整体特征及节点国家间贸易关系进行研究，因此越来越多的学者将 SNA 应用于贸易问题研究。有关高技术产品竞争力的研究主要表现在两个方面：一是基于贸易属性指标并在国家间比较基础上对竞争力水平进行研判；二是竞争力影响因素研究，主要集中于制度与要素两类因素，也有少数研究关注贸易网络对高技术产品竞争力的影响。

2.1 贸易网络及相关研究

斯奈德和基克（Snyder and Kick，1979）[6]最早将 SNA 用于国际贸易问题研究并认为国际贸易网络具有"核心—半边缘—边缘"结构特征。随着贸易网络的无标度、小世界以及负向匹配性等复杂网络特征逐渐被识别（Serrano and Boguna，2003[7]；Li et al，2003[8]）。随着研究的深入，学者关注的重点逐渐从贸易网络整体特征转向节点国家特征。如陈银飞（2011）[9]认为全球贸易网络"富人俱乐部"特征明显，即贸易网络中点强度大的国家间贸易联系比点强度小的国家间贸易联系更紧密。相关具体产品贸易网络特征也成为研究重点，如天然气贸易网络（刘劲松，2016）[10]、农产品贸易网络（王祥等，2018）[11]、高端制造业贸易网络（辛娜、袁红林，2019）[12]及高技术产品贸易网络等，又如在航天产品贸易网络中，欧美发达国家中心性较高，但中国等新兴工业国家的兴起促进了贸易网络均衡度提高（张春博等，2015）[13]。曲如晓和李婧（2020）[14]、刘华军等（2021）[15]研究表明，美国、法国、德国等国家居于贸易网络核心位置，主导着全球高技术产品贸易，中国贸易联系日益增多但异质性水平仍待提升。还有学者对不同行业贸易网络特征进行了比较，发现行业间网络结构差异明显，行业复杂度与网络复杂度呈正相关关系（Cingolani et al，2015）[16]。

全球贸易网络既是国际经贸发展的结果，又对贸易网络节点国家或地区经济贸易发展具有能动作用，如卡利和雷耶斯（Kali and Reyes，2007）[17]发现，贸易网络中节点度大的国家能够获得网络上其他国家技术溢出从而促进经济增长率提高，雷耶斯等（2010）[18]认为，与贸易开放度等指标相比，贸易网络中心性指标能对世界经济一体化发展做出更好的解释。马述忠等（2016）[19]、陈少炜等（2018）[20]研究证实网络中心性、联系强度及异质性对一国（地区）在全球价值链及贸易分工中的地位产生显著的正向影响。

2.2 高技术产品出口竞争力相关研究

随着人们对国际竞争力认识的深化，出口竞争力含义也逐渐从占据市场份额、获取利润的能力（Liu and Buck，2007）[21]向助力技术水平与商品结构升级的能力（陶春海、汤晓军，2015）[22]转变，显示性比较优势指数（RCA）、贸易竞争力指数（TC）、国际市场占有率指数（MS）、出口技术复杂度（EXPY）等指标作为出口竞争力衡量方法被相继提出。高技术产品是各国对外贸易的重要组成部分，更是一国经济与科技综合实力的体现。因此，高技术产品出口竞争力一直是学者们的研究热点并主要体现在两个方面，一是基于上述指标对一国或一地区高技术产品出口竞争力水平进行测度与评价。如 Li 等（2010）[23]、汤碧（2012）[24]分别基于显示性比较优势指数和出口技术复杂度对中韩日高技术产品出口竞争力进行比较发现，中国在低技术含量的产品上更具比较优势；且孙莹和徐柯（2018）[25]发现在日本市场上中国高技术产品竞争力低于韩国。二是对高技术产品出口竞争力影响因素的研究，如技术创新（Montobbio and Rampa，2005）[26]、知识产权保护程度（郑亚莉、宋慧，2012）[27]、研发支出增加（Sandu and Ciocanel，2014）[28]、人力资本投入（杨阳等，2016）[29]都是推动高技术产品出口竞争力水平提升的影响因素。另外还有学者对一国政府研发补贴（蔡旺春等，2018）[30]、金融结构（陈琳、朱子阳，2019）[31]、FDI（陈艳妍等）[32]、产品质量（Xiong and Qureshi，2013）[33]以及出口退税（白志远、章雯，2016）[34]等因素对高技术产品出口竞争力的影响进行了研究。

2.3 贸易因素对出口竞争力影响的相关研究

随着经济全球化深入发展，贸易规模、结构及模式发生了显著变化并成为影响出口竞争力的重要因素。如贸易伙伴数量对本国产业竞争力有正向推动作用（Arora and Vamvakidis，2005）[35]，进出口贸易能通过技术溢出效应提高一国创新能力及企业市场竞争力（孙纲、刘晓斐，2014[36]；胡佩，

125

2016[37]），进口贸易自由化的提升能显著推动我国制造业的出口技术复杂度水平（盛斌、毛其淋，2017）[38]等。也有学者关注网络关系及节点结构特征对出口竞争力的影响，许和连等（2015）[39]认为一国在贸易网络中地位的提高能显著促进技术获取能力的提高。毛海欧和刘海云（2019）[40]、仇怡和黄丹（2021）[4]发现贸易国如果在网络中居于核心位置，则具有很强的获取知识及技术溢出能力；且在贸易网络中技术资源获取能力与产品出口竞争力正相关（诸竹君等，2018）[41]。

综上所述，现有文献对贸易网络特征、高技术产品出口竞争力、贸易相关因素对高技术产品竞争力影响等方面进行了充分研究。但在当前国际高科技竞争日益激烈、贸易摩擦不断升级、我国发展环境面临深刻变化的背景下，上述研究尚未对高技术产品贸易网络特征、节点国家位置及其变化与高技术产品出口竞争力间的内在关系作出回应，更难以从网络全局视域出发，借助贸易关系和网络结构优势，对我国高技术产品出口竞争力的提升作出指导。因此，本文将在既有研究基础上，对高技术产品贸易网络中节点位置特征与出口竞争力的关系进行理论分析和实证研究，并在此基础上，提出我国高技术产品贸易网络生成策略，为提升高技术产品出口竞争力提供有针对性的政策建议。

3. 高技术产品贸易网络特征对出口竞争力影响的理论分析

高技术产品贸易网络是结构与内容的综合。从结构看，网络整体密度、互惠性、网络直径等指标反映了贸易联系紧密性、贸易发展均衡性、贸易网络稳定性等特征；节点位置与结构特征刻画了一国（地区）在贸易网络中的影响力、依赖性、控制力等特征。从内容上看，节点流量、流向反映了国家（地区）间贸易规模和结构；节点国家（地区）间产品结构关系反映了贸易网络中技术外溢方向与技术依赖关系。

影响一国（地区）出口竞争力的因素众多，但出口竞争力大小则取决于多种要素的组合状态。贸易网络中不同节点国家或地区的发展都是一系列因素组合的产物，因此分析贸易网络特征对出口竞争力的影响，是综合分析各种要素数量及其组合对贸易竞争力的影响。

3.1 结构视角下贸易网络特征对出口竞争力影响分析

内生性增长理论认为，国家可通过国际贸易获取先进知识及技术外溢，提升自身创新能力，推动产品技术水平升级（Grossman and Helpman，1991）[42]。通过贸易途径获取知识与技术外溢，推动产品技术水平升级，其效率与效果首先取决于贸易网络密度、直径等整体性结构特征。一般而言，网络密度越大、直径越小，说明全球贸易自由度与活跃度越高，贸易发展越均衡，有利于贸易参与国或地区获得知识与技术外溢。其次，节点国家或地区在网络中的位置差异一方面使其链接于不同类型国家或地区，不同类型国家或地区具有不同要素组合状态，因此不同组别相邻链接国家或地区间知识与技术溢出自然也存在较大差异；另一方面，节点国家或地区在网络中位置不同，在贸易网络的稳定性、连通性等方面发挥的功能和作用也存在较大差异。网络中心性特征反映了各节点在网络中是否处于中心位置以及对资源的获取与控制能力的强弱（Burt，1992[43]；Wasserman et al，1994[44]）。如处于网络边缘的国家或地区与处于核心的国家或地区相比，其所获得知识与技术外溢机会就会小得多。因此，网络中心性等反映一国或地区在贸易网络中地位的指标，不仅会影响其对先进知识和技术资源的获取能力，同时也能表征其对贸易网络中其他节点国家或地区影响力的强弱，从而对本国或本地区产品出口竞争力的提升产生影响。

3.2 流量视角下贸易网络特征对出口竞争力影响分析

贸易网络不仅是反映各国间错综复杂贸易关联的网络，更是蕴含着技术和知识资源跨国流动的网络（毛海欧、刘海云，2019）[40]，因此网络结构为贸易参与国获取知识与技术外溢提供了契机,贸易流量即贸易规模为知识和技术溢出提供了物质基础,对出口竞争力的影响更为关键。在高技术产品贸易网络中,贸易流量能够表征经济体之间贸易联系的强弱程度。一国所具有的贸易联系强度越高,与他国的贸易体量就越大,这有利于推动高质量的技术及知识要素在强网络链接中的传递与共享。同时强贸易关系也有助于贸易伙伴之间建立信任关系(邵汉华等,2019)[45],形成合作互惠的格局,促进双边贸易的深度与广度,降低贸易交易成本,为出口企业加大创新研发投入提供便利,从而提升一国出口产品技术水平,增强产品竞争力。

3.3 异质性视角下贸易网络特征对出口竞争力影响分析

异质性是反映网络中是否存在非冗余联系的重要指标(Burt,1992)[43],网络节点的异质性越高,所拥有的有效链接就越多,能够获取更多的网络收益,从而提高自身竞争力。首先,在贸易网络中,一国(地区)的异质性越高说明其拥有的贸易关系非冗余程度越高,越有机会接触到具有不同资源禀赋的国家(地区)(Gnyawali and Madhavan,2001)[46]。与不同资源禀赋的国家产生贸易联系,能够接触多样化的技术、知识及创新要素,从而获取先进技术溢出,降低生产成本,提高出口竞争力。其次,一国(地区)在贸易网络中的异质性越高说明贸易伙伴分布越分散。这有助于减轻对一个或几个特定国家(地区)的技术依赖程度,帮助其减少因贸易冲突、政治经济因素等引起的国际贸易风险(陈丽娴,2017)[47]并提高抗风险能力,为本国(地区)产品的出口提供有利的环境条件。基于上述分析,本文提出以下假设:

假设1:一国(地区)在高技术产品贸易网络中的网络中心性越高,该国(地区)高技术产品出口竞争力越强。

假设2:一国(地区)在高技术产品贸易网络中的网络联系强度越高,该国(地区)高技术产品出口竞争力越强。

假设3:一国(地区)在高技术产品贸易网络中的网络异质性越高,该国(地区)高技术产品出口竞争力越强。

4. 高技术产品贸易网络特征及出口竞争力的测算分析

4.1　高技术产品贸易网络的构建及数据说明

本文基于 OECD 高技术产品分类标准和 SITC3 编码，从联合国商品贸易数据库（UN COMTRADE）中获取了 2001—2018 年 69 个国家（地区）❶ 高技术产品贸易数据。本文选取样本经济体的高技术产品贸易总额在全球中占比达 90% 以上，具有一定的代表性。

本文以样本国家（地区）为网络节点、国家（地区）间的贸易关系为连线，基于社会网络分析方法构建全球高技术产品贸易网络。在贸易网络中用向量 $V_O = [v_1, v_2, \cdots, v_i, \cdots, v_n]$ 代表出口国，向量 $V_I = [v_1, v_2, \cdots, v_j, \cdots, v_n]$ 代表进口国；用无权邻接矩阵 $A_{n \times n} = [a_{i,j}]$（$i = 1, 2, \cdots, n$，$j = 1, 2, \cdots, n$）表示 i 国和 j 国间是否存在高技术产品贸易联系；用权重矩阵 $W_{n \times n} = [w_{i,j}]$（$i = 1, 2, \cdots, n$，$j = 1, 2, \cdots, n$）表示 i 国对 j 国的高技术产品贸易额，当两国报告的进出口额存在差异时，本文采用两者的平均值。此外，为把握国家间重要的贸易关系及其构成的网络特征，本文通过阈值分割法剔除贸易额过小的弱联系。其中，阈值的设定采用自然断点法，即选取贸易额的中分位数 400 万美元作为阈值。V_O、V_I、$A_{n \times n}$、$W_{n \times n}$ 共同构成了全球高技术产品贸易网络模型。

---

❶　69 个国家（地区）包括：阿根廷、澳大利亚、奥地利、巴林、白俄罗斯、巴西、保加利亚、加拿大、智利、中国、中国香港地区、哥伦比亚、哥斯达黎加、克罗地亚、捷克、丹麦、厄瓜多尔、埃及、爱沙尼亚、埃塞俄比亚、芬兰、法国、德国、希腊、危地马拉、匈牙利、印度、印度尼西亚、爱尔兰、以色列、意大利、日本、约旦、哈萨克斯坦、拉脱维亚、立陶宛、卢森堡、马来西亚、马耳他、墨西哥、摩洛哥、荷兰、新西兰、挪威、阿曼、巴基斯坦、巴拉圭、秘鲁、菲律宾、波兰、葡萄牙、卡塔尔、韩国、罗马尼亚、俄罗斯、沙特阿拉伯、斯洛伐克、斯洛文尼亚、南非、瑞典、瑞士、泰国、突尼斯、乌克兰、阿联酋、英国、乌拉圭、美国、越南。

4.2 高技术产品贸易网络特征的测度与分析

4.2.1 贸易网络整体特征的测度与分析

一般情况下，网络密度值越高、连线数越多说明贸易网络中各节点之间的贸易联系越紧密。在有向网络中，密度值由"网络中实际拥有的关系数"与"网络中理论上能够拥有的最大关系数"的比值计算得出（刘军，2009）[48]。而有向网络中两个节点间双向连接的程度则被称为网络互惠性，由"网络中贸易流双向连接的边"与"网络中实际存在的边"的比值计算得出。贸易网络中互惠性越高，说明存在双向关系的国家（地区）就越多，越有利于加速物质流、信息流等的传播。根据上述定义计算获得全球高技术产品贸易网络密度和互惠性值如表1所示。

表1 高技术产品贸易网络密度和互惠性值

年份	密度值	连接数	互惠性	年份	密度值	连接数	互惠性
2001	0.406	1907	0.544	2010	0.524	2457	0.593
2002	0.407	1908	0.551	2011	0.537	2518	0.612
2003	0.431	2023	0.545	2012	0.545	2557	0.609
2004	0.452	2123	0.559	2013	0.547	2568	0.612
2005	0.473	2220	0.558	2014	0.558	2618	0.611
2006	0.490	2299	0.573	2015	0.551	2587	0.608
2007	0.500	2348	0.578	2016	0.546	2562	0.602
2008	0.522	2449	0.605	2017	0.552	2588	0.616
2009	0.506	2372	0.582	2018	0.563	2640	0.617

2001—2018年，全球高技术产品贸易网络密度和连接数除个别年份有所下降外，总体保持上升态势，密度值由2001年的0.406上升至2018年的0.563。这说明各国（地区）之间高技术产品贸易联系变得越来越紧密。贸易

网络互惠性总体也呈现出上升态势，由 2001 年的 0.544 上升至 2018 年的 0.617。这意味着，高技术产品纯进口国在减少，越来越多的国家（地区）参与到高技术产品生产与贸易中。但是，具体看，2009 年网络密度和互惠性都有一定程度的下降，可能的原因是 2007—2009 年爆发的全球金融危机对各国经济的影响导致高技术产品国际贸易萎缩。另外，2014—2016 年贸易网络密度及互惠性也出现了一定程度的下降，这可能与部分发达国家为降低国内失业率而采取的制造业回流措施相关，比如 2013 年德国推出的《工业 4.0 计划》，这对高技术产品贸易造成了一定的影响。总体而言，2001—2018 年高技术产品贸易网络联系越来越紧密且有较好的互惠性。

为更清晰地反映出全球高技术产品贸易网络特征及其演化过程，本文使用 Gephi 软件绘制了贸易网络拓扑结构图［见图 1（a）、图 1（b）］，图中节点大小与一经济体在贸易网络中的中心度值相关，连边大小则取决于经济体间贸易流量的强弱。通过此图能够直观地看出，随着时间的推进高技术产品贸易网络中各经济体之间的贸易连线逐渐增多，贸易联系也日趋密切。

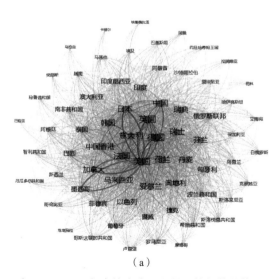

（a）

图 1　2001 年高技术产品贸易网络拓扑结构

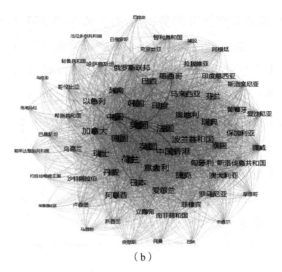

（b）

图1   2018年高技术产品贸易网络拓扑结构（续）

4.2.2   贸易网络节点特征测度与分析

网络中心度考察各节点在网络中联系的广度，是对网络节点间直接、间接联系的度量，其常用分析指标为点度数（$Degree$）。网络节点的点度数越高，该节点国家（地区）的贸易往来国（地区）越多，在贸易网络中越处于中心位置。在高技术产品有向无权贸易网络中，点度数可以根据一国（地区）高技术产品贸易流向进一步的划分为点入度（$Degree_i^{in}$）与点出度（$Degree_i^{out}$），其中点入度测度了向 i 国（地区）出口高技术产品的国家数量；点出度测度了从 i 国（地区）进口高技术产品的国家数量。

在计算贸易网络中各经济体的点出度和点入度的基础上，运用Stata15分析和绘制核密度分布图。2001—2018 年，全球高技术产品贸易网络中各节点的点出度分布呈现出较大差异，核密度曲线基本存在两个波峰，分别位于 10~20 的低值区间和 50~60 的高值区间。其中，2002 年大多数国家（地区）点出度较低，取值集中在 10 左右，核密度值在 0.015~0.02 之间；另有部分国家（地区）点出度集中在 50 的位置，核密度值为 0.01。此后各年，点出度核密度曲线第一个波峰逐渐右移至点出度为 20 的位置，所对应核密度值也逐渐降低；与之相反，第二个波峰出现在出度接近 55 的位置且其所对应的核密度值呈现上升的态势，接近 0.015，见图 2（a）。点入度在 2001—2018 年的核密度曲线呈近似正态分布，其中 2001—2010 年核密度曲线波峰出现在入度为 25~35 的位置。随着时间的推移，波峰呈现明显右移趋势，2010—2018 年核密度曲线波峰出现在点入度为 35~45 的位置，密度值基本维持在 0.3 附近，见图 2（b）。这说明，高技术产品贸易网络中各国（地区）的点入度基本集中于 35~45 的区间，点入度大于 50 的节点非常少；随着时间的推移，各国（地区）的点入度有所增加。

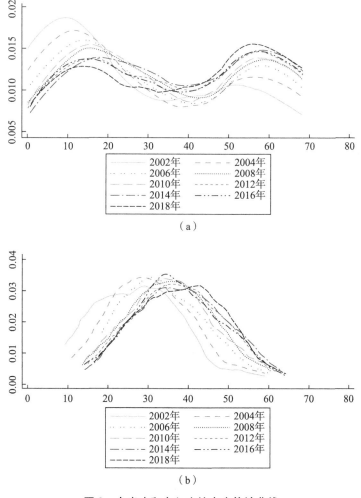

（a）

（b）

图 2 点出度和点入度核密度估计曲线

点出度与点入度核密度曲线的差异及其变化表明，高技术产品出口国（地区）与进口国（地区）在贸易关系数量方面存在较大差别。对于出口国（地区）而言，其贸易对象国（地区）数量呈现出两极分化局面，且随着时间推移，贸易对象国（地区）多的出口国（地区）数量在增长，贸易对象国（地区）少的出口国（地区）数量在减少。从进口国（地区）来看，其贸易对象国（地区）数量一直呈正态分布，且贸易对象国（地区）数量在持续增长。这表明：出口方面，越来越多的国家（地区）具有了高技术产品出口能力，且满足需求的能力在增长。进口方面，越来越多的国家（地区）进口来源日益多元化。总的来看，高技术产品国际竞争日益激烈。

4.2.3 贸易网络联系强度的测度与分析

高技术产品贸易网络联系强度具体表征一国（地区）与其他国家贸易关系的稳固程度，本文采用点强度指标（$Strengh_i$）对各国及地区的贸易联系强弱进行测度。$Strengh_i$ 由与节点直接相连边的权重之和计算得出，这不仅体现了贸易网络中各国及地区的近邻数，也考虑到各国及地区与其近邻之间贸易流量的大小。在有向网络中，一国（地区）联系强度可以分为出强度（$Strengh_i^{out}$）和入强度（$Strengh_i^{in}$）。

表 2 列出了 2002 年、2010 年和 2018 年出强度和入强度排名前十的国家及地区。2002 年，出强度最高的国家为美国。2018 年，中国高技术产品的出强度逐渐超过美国，位居全球第一位，美国则位列第二。中国地理紧邻越南，其出强度近年来有大幅度提升。2016 年，越南进入全球高技术产品贸易网络出强度前十名。与 2002 年相比，越南 2018 年的出口额增长近 129 倍。这可能与其承接发达国家产业转移有关。此外，中美贸易摩擦给中国增加的关税成本也成为以越南为代表的东南亚国家高技术产品出口增加的机会。从入强度来看，各国排名整体较为稳定。2002—2018 年，美国入强度排名始终第一位，是高技术产品进口大国。中国从 2004 年开始超过德国稳居高技术产品入强度排名第二位。

表 2　贸易网络联系强度排名

排名	2002 年		2010 年		2018 年	
	出强度	入强度	出强度	入强度	出强度	入强度
1	美国	美国	中国	美国	中国	美国
2	日本	德国	美国	中国	美国	中国
3	中国	中国	德国	中国香港地区	德国	中国香港地区
4	德国	英国	韩国	德国	法国	德国
5	英国	日本	日本	日本	日本	日本
6	韩国	中国香港地区	法国	法国	中国香港地区	英国
7	法国	法国	中国香港地区	英国	韩国	荷兰
8	马来西亚	荷兰	马来西亚	荷兰	越南	墨西哥
9	中国香港地区	加拿大	英国	韩国	英国	法国
10	荷兰	韩国	荷兰	墨西哥	荷兰	韩国

高技术产品贸易网络节点联系强度整体分布也呈现出较明显特征。首先，高技术产品贸易网络中节点国家（地区）各年的联系强度核密度曲线均呈现右偏分布。这说明，贸易网络中大部分节点国家（地区）联系强度较低，仅少数经济体具有较高的贸易联系强度。其次，考察期间内，样本国家（地区）贸易联系强度呈现上升态势，且差距有所减小；贸易强度很小的经济体数量在减少，多数经济体的贸易强度仍在提升。典型表现就是高技术产品贸易网络联系强度核密度曲线不断向横轴右侧移动，峰值也在不断下降（见图 3）。

4.2.4　贸易网络异质性的测度与分析

网络异质性指网络中是否存在较多的弱联系或有效联系。在贸易网络中，异质性描述一国（地区）与其不同贸易对象间贸易强度的分布特征。一国（地区）在网络中的异质性越高，即高技术产品贸易分散于更多国家（地区），则越有机会获得多样化的信息资源。本文借鉴马述忠等（2016）[19]的研究，采用差异性指标 Disparity，对网络异质性进行测度。差异性指标描述了与

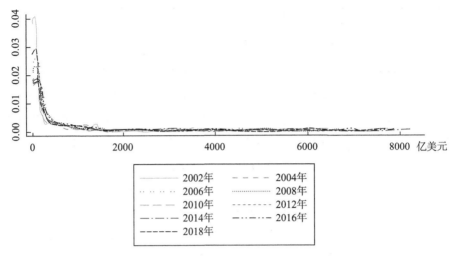

图3 联系强度的核密度估计曲线

一国（地区）相关联的所有边上权重的离散程度，该值越大，则说明权重的离散程度越高，即与个别国家（地区）间的贸易联系对一国（地区）对外贸易流量起到决定作用，此时该国（地区）的高技术产品贸易越集中于少数国家（地区），则网络异质性越低。差异性指标的计算公式为：

$$Disparity_i = \frac{(n-1)\sum_j\left(\frac{w_{ij}+w_{ji}}{Strengh_i}\right)^2 - 1}{n-2} \tag{1}$$

经测算得到了2001—2018年部分年份高技术产品贸易网络中异质性排名前十的国家（见表3）：欧洲发达国家的网络异质性较高，倾向于与多数国家进行高技术产品贸易，但美国的排名却在一直下降，从2001年的第3位逐渐下降到2008年的第10位，此后则退出了前十。这意味着美国高技术产品贸易越来越集中于少数国家。与之相反，部分发展中国家在高技术产品贸易网络中的异质性持续提升，如中国从2001年的第40位上升到了2018年的第23位；越南2016年异质性排名上升到了第8位，这说明，越南高技术产品贸易量在逐步增加的同时贸易伙伴的分布也越来越多元化。中国的异质性水平总体来说处于上升态势，但仍有待进一步提高，以更好地获得多元化的机会和信息。随着时间的推移，核密度曲线逐渐向左侧收缩且峰值有所上升（见图4），这说明各贸易主体越来越倾向于与更多的国家（地区）而非少数几个国家（地区）进行贸易合作，异质性有所提高。

表3　贸易网络异质性排名

排名	2001 年	2004 年	2008 年	2012 年	2016 年	2018 年
1	芬兰	芬兰	芬兰	瑞典	保加利亚	斯洛文尼亚
2	瑞典	瑞典	立陶宛	立陶宛	斯洛文尼亚	德国
3	美国	德国	斯洛文尼亚	斯洛文尼亚	芬兰	立陶宛
4	德国	罗马尼亚	德国	德国	德国	保加利亚
5	俄罗斯	美国	保加利亚	波兰	立陶宛	瑞典
6	荷兰	荷兰	匈牙利	意大利	意大利	意大利
7	挪威	立陶宛	拉脱维亚	丹麦	瑞典	芬兰
8	哈萨克斯坦	约旦	瑞典	拉脱维亚	越南	越南
9	希腊	保加利亚	荷兰	芬兰	克罗地亚	荷兰
10	丹麦	阿联酋	美国	匈牙利	爱沙尼亚	丹麦
中国排名	40	40	34	31	33	23

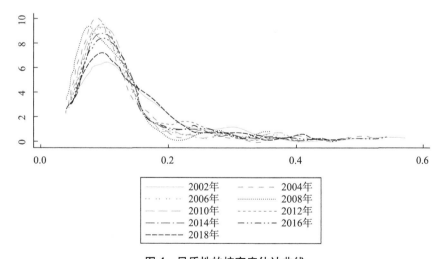

图4　异质性的核密度估计曲线

4.3　高技术产品出口竞争力测度分析

2001—2018 年，样本国家（地区）高技术产品出口技术复杂度指数均值除个别年份稍有下降外，大体呈现逐年上涨的趋势，即整体看各国（地区）高技术产品出口竞争力均呈上升态势。中国高技术产品出口技术复杂度与样本国家（地区）均值变化趋势具有一致性。但 2008 年金融危机后，中国高技术产品出口复杂度与样本国家（地区）均值相比，呈现差距先增大后逐渐缩小的特征（见图 5）。

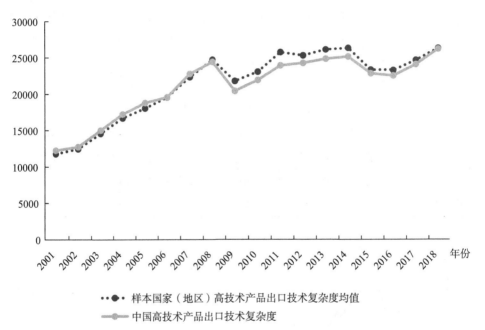

·●· 样本国家（地区）高技术产品出口技术复杂度均值

●── 中国高技术产品出口技术复杂度

图 5　2001—2018 年高技术产品出口技术复杂度变化趋势

5　高技术产品贸易网络特征对出口竞争力影响的实证分析

基于前文所阐述机理及分析，本文将构建面板计量分析模型，对相关假设进行实证检验。

5.1　模型设定与数据分析

基于前文研究假设，本文构建的计量模型如下：

$$\ln EXPY_{it}=\beta_0+\beta_1\ln Degree_{it}+\beta_2\ln Strength_{it}+\beta_3\ln Disparity_{it}+\beta X_{it}+\lambda_i+\gamma_t+\varepsilon_{it} \quad (2)$$

$\ln EXPY_{it}$ 为第 t 年 i 经济体高技术产品出口技术复杂度，代表该经济体高技术产品出口竞争力水平；$\ln Degree_{it}$、$\ln Strength_{it}$、$\ln Disparity_{it}$ 则分别为第 t 年 i 经济体的网络中心性、网络联系强度以及网络异质性；X_{it} 代表其他可能对高技术产品出口竞争力产生影响的因素，包括贸易开放程度［借鉴陈少炜和 Patrick（2018）[23] 的研究，采用对外贸易依存度指标即一国货物与服务贸易总额占 GDP 的比重测度贸易开放水平，并对该变量进行取对数处理］、人力资本水平（以各国的劳动力人数来衡量这一变量，同时对其进行取对数处理）以及外商直接投资水平（采用一国外商直接投资流入占 GDP 的比重来衡量）等；λ_i 为个体固定效应，衡量影响高技术产品出口竞争力因素中不随时间变化的内容；γ_t 表示时间固定效应，衡量影响高技术产品出口竞争力因素中不随主体变化的内容，ε_{it} 表示随机误差项。

本文选取了 2001—2018 年 69 个经济体为样本，测算了各经济体在全球高技术产品贸易网络中的网络中心性、联系强度及异质性特征，并基于出口技术复杂度测算了各经济体高技术产品出口竞争力。

5.2　实证分析结果

5.2.1　平稳性检验

为杜绝伪回归等问题，本文首先对样本考察期间内各变量数据的平稳性进行了检验，在参考相关文献的基础上共选用了包括 LLC 检验、HT 检验、IPS 检验及 Fisher 检验在内的四种检验方法。从结果可知（见表 4），出口竞争力（$\ln Expy$）以及核心解释变量贸易网络中心性（$\ln Degree$）、联系强度（$\ln Strength$）、异质性（$\ln Disparity$）均通过了四项检验，其他控制变量均在 1% 的水平下至少通过了 2 个检验，因此面板数据是平稳的。

表 4　变量平稳性检验结果

变量	检验形式				结论
	LLC 检验	HT 检验	IPS 检验	Fisher 检验	
中心性	−7.939 (0.000)	0.3230 (0.000)	−6.852 (0.000)	−11.0346 (0.000)	平稳
联系强度	−5.8039 (0.000)	0.5706 (0.025)	−2.064 (0.019)	−11.6773 (0.000)	平稳
异质性	−9.3274 (0.000)	0.9131 (0.025)	−3.194 (0.000)	−10.9604 (0.000)	平稳
出口竞争力	−4.3852 (0.000)	0.9125 (0.025)	−3.1578 (0.000)	−13.1096 (0.000)	平稳
贸易开放程度	−9.3223 (0.000)	0.9977 (0.406)	−2.8903 (0.001)	−9.2717 (0.000)	平稳
人力资本水平	−6.6421 (0.000)	0.9971 (0.3843)	−0.8092 (0.2092)	−8.4213 (0.000)	平稳
外商直接 投资水平	−12.752 (0.000)	0.5853 (0.0675)	−9.8204 (0.000)	−12.471 (0.000)	平稳

5.2.2　多重共线性问题

　　为避免自变量之间由于存在多重共线性问题导致的相关系数估计值不合理等问题，本文采用 VIF 方差膨胀因子方法对各变量之间可能存在的多重共线性问题进行检验，检验结果显示：各解释变量的方差膨胀因子均小于 10（见表 5），因此可以认为变量间不存在多重共线性问题。

表 5　多重共线性检验结果

方法	中心性	联系强度	异质性	贸易开放 程度	人力资本 水平	外商直接 投资水平
VIF	8.36	9.04	1.34	2.05	2.91	1.11

5.2.3　基准模型回归结果

根据面板数据计量模型相关规范要求，本文首先对模型进行随机效应和固定效应回归，经过 Hausman 检验发现各模型的 P 值均小于 0.05，即更适合采用固定效应模型，因此本文报告的各项回归结果均基于固定效应模型。表 6 给出了高技术产品贸易网络特征对出口竞争力影响的基准回归结果。

表 6　基准回归结果

变量	模型（1）	模型（2）	模型（3）	模型（4）
中心性	0.748 *** (0.086)			0.338 ** (0.154)
联系强度		0.264 *** (0.042)		0.172 ** (0.071)
异质性			-0.824 ** (0.391)	-0.642 ** (0.321)
贸易开放程度	0.333 *** (0.095)	0.372 *** (0.094)	0.637 *** (0.110)	0.324 *** (0.092)
人力资本水平	0.454 *** (0.153)	0.516 *** (0.163)	0.938 *** (0.190)	0.415 *** (0.152)
外商直接投资水平	0.005 *** (0.001)	0.001 (0.001)	0.006 *** (0.001)	0.003 ** (0.001)
常数项	1.858 (2.621)	-1.129 (2.715)	-7.699 ** (3.178)	1.484 (2.525)
R^2	0.564	0.562	0.419	0.588
模型	FE	FE	FE	FE
样本数	1242	1242	1242	1242

注：括号内的数值表示标准误差，*、**、*** 分别代表通过了 10%、5%、1% 的显著性水平检验。

模型（1）—（3）的回归结果显示，各经济体在高技术产品贸易网络中的网络中心性、网络联系强度和网络异质性特征对其出口竞争力具有正向的影响效应，且各核心解释变量至少通过了 5% 的显著性检验。在控制其他影响变量的基础上，（1）经济体在高技术产品贸易网络中的网络中心性每增加 1%，则出口竞争力水平提升 0.748%。这与上文的假设 1 相符，即节点在贸易网络中中心性越高，贸易伙伴分布越广泛，信息互换越频繁，获得的技术溢出越多，因而有利于提高产品的出口竞争力。（2）经济体在高技术产品贸易网络中的网络联系强度特征值每增加 1%，则出口竞争力水平提升 0.264%。这与上文的假设 2 相符，即节点与其他国家（地区）的贸易往来越频繁、联系强度越高，越有助于推动高质量的技术及知识要素在强关系中传播，进而提升产品质量水平及其出口竞争力。（3）经济体在高技术产品贸易网络中的贸易伙伴分布集中度每提高 1%，即其网络异质性下降 1%，则出口竞争力水平将下降 0.824%。这与上文的假设 3 相符，即节点在贸易网络中贸易伙伴分布越集中，异质性水平越低，则对特定贸易伙伴的依赖程度越高，越不易获得多样化的技术溢出，且对外贸易面临的风险越大，这有碍产品出口竞争力水平的提升。同时，对比经济体在贸易网络中的中心性、联系强度、异质性特征对出口竞争力的影响系数可知，网络异质性指标对出口竞争力的影响最为显著。

对贸易开放度而言，（1）—（4）四项回归模型中，其系数均为正且通过了 1% 的显著性检验，这表明贸易开放度的提升能显著推动一国（地区）高技术产品出口竞争力水平。原因在于，提升贸易开放度能够降低贸易交易成本，同时促进对先进技术溢出的获取，进而推动本国（地区）产品质量水平的提升，为产品出口竞争力的提高创造良好条件。

对人力资本水平而言，（1）—（4）四项回归模型中，其系数均为正且通过了 1% 的显著性检验，说明人力资本对高技术产品的出口竞争力提升具有显著的正向影响。这是因为，一国（地区）拥有的人力资本水平越高，其拥有高技术型人才的机会也就越高，越有利于通过技术创新研发，推动产品质量水平和出口竞争力的提升。

对外商直接投资水平而言，（1）—（4）四项回归模型中，其对出口竞争力水平的影响系数均为正值。具体来看，一国（地区）的外商直接投资水平每提高一个单位，出口竞争力水平上升的幅度低于 0.006%，这表明外商直接投资水平能正向提升出口竞争力但其影响效果甚微。导致这一结果的原因可能是尽管高质量的外商直接投资能为一国（地区）带来其他国家（地区）先进的技术与管理经验，但由于该国（地区）对技术溢出的吸收能力较差，导致对出口竞争力的影响效果并不明显。

5.2.4　内生性处理

为了克服可能存在的内生性问题导致的回归估计结果偏误，使研究结论更具稳健性，本文基于两步 GMM 的实证分析方法，以各经济体贸易网络联系强度指标的一阶滞后项作为工具变量，对样本数据进行了重新回归，回归结果如表 7 所示。

表 7　两步 GMM 回归结果

变量	（1）	（2）
中心性	0. 869 *** （0. 191）	0. 597 *** （0. 193）
联系强度	0. 275 *** （0. 027）	0. 226 *** （0. 028）
异质性	−0. 762 *** （0. 146）	−0. 608 *** （0. 140）
贸易开放程度		0. 260 *** （0. 039）
人力资本水平		0. 372 *** （0. 042）
外商直接投资水平		0. 001 （0. 003）
R^2	0. 455	0. 515
样本量	1173	1173
LM 统计量	151. 67 ［0. 000］	153. 29 ［0. 000］
Wald F 统计量	601. 633 ｛16. 38｝	516. 059 ｛16. 4｝

注：* 、** 、*** 分别表示通过了 10% 、5% 、1% 的显著性检验；（ ）内的数值表示标准误差，［ ］内为统计量 p 值，｛ ｝内为 Wald F 统计量在 10% 水平上的临界值。

两项回归的 LM、Wald F 检验统计量均通过了 1% 的显著性检验，说明本文所选取的工具变量与内生解释变量间有较强的相关性。此外，由于本文采用网络联系强度指标的一阶滞后项作为工具变量，此时工具变量个数与内生解释变量个数相等，故无须进行过度识别检验。与基准回归结果相比，各变量的影响系数值分别有小幅变化，贸易网络特征指标均通过了显著性检验，回归结果仍支持原假设，即一国在高技术产品贸易网络中的中心性、联系强度、异质性特征对其出口竞争力水平的提升具有显著推动作用。

5.2.5 稳健性检验

为验证模型的稳健性，本文将样本划分为发展中国家（地区）与发达国家（地区）两类进行分样本回归估计。对两组样本数据分别进行随机效应和固定效应回归，Hausman 检验结果强烈拒绝原假设，由于固定效应模型优于随机效应模型，对两类样本均采用固定效应模型检验（见表 8）。

表 8　分样本回归结果

变量	发展中国家（地区）	发达国家（地区）
中心性	0.274* (0.154)	0.475*** (0.130)
联系强度	0.208** (0.079)	0.141*** (0.036)
异质性	−0.746** (0.350)	−1.306*** (0.253)
贸易开放程度	0.047 (0.090)	0.768*** (0.073)
人力资本水平	0.271** (0.116)	1.608*** (0.120)
外商直接投资水平	0.002 (0.002)	0.001*** (0.000)
常数项	4.895** (1.840)	−18.953*** (1.937)

续表

变量	发展中国家（地区）	发达国家（地区）
R^2	0.655	0.683
模型	FE	FE
样本数	756	486

注：括号内的数值表示标准误差，数值右上方的 * 、** 、*** 标识分别代表通过了 10% 、5% 、1% 的显著性水平检验。

回归结果显示，贸易网络中心性提高对两类国家（地区）高技术产品出口竞争力提升均有显著的促进作用，但对发达国家的影响更大。贸易网络联系强度虽然也与出口竞争力具有正相关性，但无论影响系数还是两类国家（地区）间系数差异都小于网络中心性。贸易网络异质性对出口竞争力水平的影响显著性系数值最大。这说明：一国（地区）贸易伙伴的地域分布越广泛，其产品的出口竞争力水平越高。此外，对比两类国家（地区）分组回归结果可知，贸易网络异质性对发达国家（地区）高技术产品出口竞争力水平的影响更为显著。

从控制变量看，发展中国家（地区）贸易开放度、外商直接投资水平对其高技术产品出口竞争力虽然具有正向影响但不显著。就发达国家而言，各控制变量分组回归结果与基准回归结果大致相同。由此可知，回归结果不随样本改变而出现较大的变化，具有一定的稳定性。

6　研究结论及建议

6.1　研究结论

本文以全球 69 个主要经济体为节点构建高技术产品贸易网络，分析网络整体特征和节点位置特征，测算样本经济体高技术产品出口竞争力。在此基础上，基于面板计量模型实证检验网络中心性、网络联系强度、网络异质性对产品出口竞争力的影响，得出以下结论：

第一，网络整体特征发展良好，发达国家（地区）影响力大，发展中国家（地区）影响力逐步提升。首先，全球高技术产品贸易网络在考察期内网络密度、互惠性总体呈上升态势，网络互通性较好，各国（地区）贸易联系日益密切。随时间推移，大部分节点国家（地区）网络异质性提升，即贸易对象国（地区）呈多元化发展态势。其次，发达国家（地区）网络中心性较高，发展中国家（地区）网络中心性得到较大提升。如美国、德国等发达国家一直处于贸易网络的中心位置；近年来，中国的网络中心性大幅度提升，2018年位居第二名，排名仅次于美国。最后，大部分国家（地区）贸易联系强度小但总体呈上升态势，且各国（地区）间的贸易强度差距逐渐减小；欧洲发达国家网络异质性排名处于前列，中国异质性水平有所提升但仍有较大差距，有待进一步的提高。

第二，各国（地区）高技术产品出口技术复杂度均呈增长态势，中国有待进一步提高。考察期内，样本国家（地区）出口技术复杂度均值有较大增幅；中国处于中游位置，与排名前十的国家（地区）相比仍有较大差距，出口竞争力水平有待提升。

第三，贸易网络特征的优化对高技术产品出口竞争力有较强的推动作用。一国（地区）在高技术产品贸易网络中的中心性、联系强度和异质性特征均能对其产品出口竞争力水平产生显著的正向推动作用，且相较于中心性和联系强度，异质性对出口竞争力的提升作用更为明显。

6.2 对策建议

基于上述高技术产品贸易网络特征、高技术产品出口竞争力水平、贸易网络特征与出口竞争力实证结果和相关结论，结合我国在全球高技术产品贸易网络中的位置特征，对我国在贸易网络中如何发展提出对策建议，以期提升我国高技术产品出口竞争力，并为提高全球贸易网络稳定性与互惠性贡献中国智慧与力量，是当前国际经济持续低迷、国际治理体系亟待优化背景下，中国作为负责任大国的重要担当。

6.2.1　积极参与国际规则制定，推动网络整体结构特征改善

高技术产品贸易网络密度和连通性、互惠性等指标值的增长是国际高技术产品贸易环境优化的直接表征。同时，良好的外部环境也为高技术产品贸易的未来更好的发展奠定了基础。当前世界，发达国家贸易保护主义抬头，逆全球化声音不时出现，WTO 等传统国际经济治理机构与体系面临危机，我国应积极承担大国责任，发挥大国担当。一是积极维护 WTO 对国际贸易管理的有效性和权威性，推进 WTO 相关规则，特别是涉及服务贸易、数字贸易等高技术产品和服务贸易管理规则优化、完善，为国际贸易顺利构建优良的国际制度环境。二是积极承担"一带一路"首倡国责任与担当，深入推进倡议原则与机制落实，发挥首倡国制度优势与倡议机制优势吸引更多国家参与到"一带一路"倡议中，早日实现国际经济治理机制的共商共建共享共治。

6.2.2　提高对外开放度，积极推动网络中心性提升

高技术产品贸易网络节点经济体网络中心性对出口竞争力水平提升具有显著正向影响已经为实证研究所证实，因此我国应努力提高自身在贸易网络中的中心性。为此我国需要快速推进要素型开放向制度型开放转型，提升对外开放力度，在推进国内市场国际化的同时，积极与各类经济体和区域性组织开展自由贸易谈判，参与和引领国际贸易规则的制定。特别是数字经济快速发展的背景下，积极与相关经济体、区域性经济组织进行高水平规则构建，为高级要素及高技术产品贸易联系建立奠定体制机制基础，以期建立更多贸易关系，提升我国在高技术产品贸易网络中的节点中心性。

6.2.3　提升规模优化结构，提升网络联系强度

贸易联系强度大小主要受两方面因素影响：一是贸易流量及规模大小；二是贸易互补性程度。因此，一方面既要优化国内营商环境，特别是高技术产品（数字贸易）营商环境，提升相关主体进行对外贸易的便利程度；更要与相关国家和区域性经济组织进行高技术（数字）产品贸易自由化或便利化谈判，为贸易流量提升奠定制度基础。另一方面加强与贸易伙伴的技术与知识交流，深化技术合作，扩大国际科技合作范围，提高我国参与高技术研发

与产品生产合作深度，平衡与贸易伙伴间技术研发与产品生产的相互依存度。

6.2.4　扩大高技术产品贸易伙伴范围，提高网络异质性

相比于另外两项网络特征，一国（地区）在高技术产品贸易网络中的网络异质性水平提升对高技术产品出口竞争力提升促进作用更为显著。同时，我国当前在全球高技术产品贸易网络中的异质性排名相对靠后，即贸易伙伴分布仍较为集中，因此我国应进一步提高贸易伙伴多元化水平。首先，从进口看，对于我国目前仍依赖于贸易伙伴的技术和产品，积极寻找竞争性、替代性供给途径，降低进口来源单一的风险。其次，从出口看，加强与"一带一路"沿线国家的高技术产品贸易合作关系，开辟多元化的贸易渠道，提高贸易网络异质性。最后，在继续秉承开放合作、互利共赢的发展理念，提高贸易伙伴分散程度的同时，我国也要充分把握网络异质性带来的优势，与不同资源禀赋的国家进行贸易往来，通过竞争效应、干中学效应等方式充分吸收来自不同经济体的先进知识及技术外溢，促进我国高技术产品技术水平的提升，从而提高高技术产品出口竞争力。

6.2.5　注重人才培养，提升人力资本水平

经过前文的实证检验可知：人力资本水平的提升能够显著推动一国（地区）高技术产品出口竞争力的提高。因此，我国应建立、完善相应措施，进一步提升人力资本积累数量和速度。一方面，我国应继续实施科教兴国战略，加大对教育的投入力度，完善现有教育体系，优化人才教育结构，更新我国人力资本存量，强化流量水平。另一方面，针对高技术产品特点，加大创新性人才的培育力度，健全培训体系，鼓励高校、科研机构、企业共同培育，培养出更多高创造力的专业人才，为我国高技术产品的发展厚植人才沃土。

参考文献

[1] 刘建生，玄兆辉，吕永波，等 . 国际金融危机以来中国高技术产品的贸易结构特征
　　[J]. 中国科技论坛，2018（7）：143-149.

[2] BENEDICTIS L D, TAJOLI L. Comparing sectoral international trade networks [J]. Social Science Electronic Publishing, 2010, 65 (2): 167-189.

[3] 徐正中. 国际贸易网络演化研究——以 19 个国家组成的局部网络为例 [D]. 大连: 东北财经大学, 2012.

[4] 仇怡, 黄丹. "一带一路"沿线国家贸易网络结构特征及其对技术进步的影响——基于社会网络分析法的研究 [J]. 经济理论与经济管理, 2021, 41 (6): 66-80.

[5] ABEYSINGHE T, FORBES K. Trade Linkages and Output-Multiplier Effects: A Structural VAR Approach with a Focus on Asia. [J] Review of International Economics, 2005, 13 (2): 356-375.

[6] SNYDER D, KICK E L. Structural Position in the World System and Economic Growth, 1955-1970: A Multiple-Network Analysis of Transnational Interactions [J]. The American Journal of Sociology, 1979, 84 (5): 1096.

[7] SERRANO M A, BOGUNA M. Topology of the World Trade Web [J]. Physical Review. E, 2003, 68 (1): 015101.

[8] LI X, JIN Y Y, CHEN G. Complexity and synchronization of the World trade Web [J]. Physica A: Statal Mechanics and its Applications, 2003, 328 (1-2): 287-296.

[9] 陈银飞. 2000—2009 年世界贸易格局的社会网络分析 [J]. 国际贸易问题, 2011 (11): 31-42.

[10] 刘劲松. 基于社会网络分析的世界天然气贸易格局演化 [J]. 经济地理, 2016, 36 (12): 89-95.

[11] 王祥, 强文丽, 牛叔文, 等. 全球农产品贸易网络及其演化分析 [J]. 自然资源学报, 2018, 33 (6): 940-953.

[12] 辛娜, 袁红林. 全球价值链嵌入与全球高端制造业网络地位: 基于增加值贸易视角 [J]. 改革, 2019 (3): 61-71.

[13] 张春博, 丁堃, 刘则渊, 等. 国际航空航天产品贸易格局 (2002—2012 年) 实证研究——基于社会网络分析的视角 [J]. 科技管理研究, 2015, 35 (13): 120-125, 150.

[14] 曲如晓, 李婧. 世界高技术产品贸易格局及中国的贸易地位分析 [J]. 经济地理, 2020, 40 (3): 102-109, 140.

[15] 刘华军, 吉元梦, 乔列成. 高技术产品的全球贸易网络格局及社区结构演化 [J].

山东财经大学学报，2021，33（3）：20-32.

[16] CINGOLANI I, PICCARDI C, TAJOLI L. Discovering Preferential Patterns in Sectoral Trade Networks [J]. PLOS ONE, 2015, 10.

[17] KALI R, REYES J. The Architecture of Globalisation: A Network Approach to International Economic Integration [J]. Journal of International Business Studies, 2007, 38（4）：595-620.

[18] REYES J, SOHIAVO S, FAGIOLO G. Using complex networks analysis to assess the evolution of international economic integration: The cases of East Asia and Latin America [J]. The Journal of International Trade & Economic Development, 2010.

[19] 马述忠，任婉婉，吴国杰. 一国农产品贸易网络特征及其对全球价值链分工的影响——基于社会网络分析视角 [J]. 管理世界，2016（3）：60-72.

[20] 陈少炜，QIANG P. 金砖国家贸易网络结构特征及其对贸易分工地位的影响——基于网络分析方法 [J]. 国际经贸探索，2018，34（3）：12-28.

[21] LIU X, BUCK T. Innovation performance and channels for international technology spillovers: Evidence from Chinese high-tech industries [J]. Research Policy, 2007, 36（3）：355-366.

[22] 陶春海，汤晓军. 中国制造业产品出口竞争力的评价研究 [J]. 东岳论丛，2015，36（9）：186-190.

[23] LI M, LIU W, SONG S. Export Relationships among China, Japan, and South Korea [J]. Review of Development Economics, 2010, 14（3）：547-562.

[24] 汤碧. 中日韩高技术产品出口贸易技术特征和演进趋势研究——基于出口复杂度的实证研究 [J]. 财贸经济，2012（10）：93-101.

[25] 孙莹，徐柯. 中韩对日日高技术产品出口竞争力的比较研究 [J]. 首都经济贸易大学学报，2018，20（3）：30-40.

[26] MONTOBBIO F, RAMPA F. The impact of technology and structural change on export performance in nine developing countries [J]. World Development, 2005, 33（4）：527-547.

[27] 郑亚莉，宋慧. 中国知识产权保护对高技术产业竞争力影响的实证研究 [J]. 中国软科学，2012（2）：147-155.

[28] SANDU S, CIOCANEL B. Impact of R&D and Innovation on High-tech Export [J]. Pro-

cedia Economics & Finance，2014，15：80-90.

［29］杨阳，程惠芳，李凯．人力资本、创新与高技术产品出口竞争力分析［J］．统计与决策，2016（13）：98-102.

［30］蔡旺春，吴福象，刘琦．研发补贴与中国高技术细分行业出口竞争力比较分析［J］．产业经济研究，2018（6）：1-9.

［31］陈琳，朱子阳．金融发展、金融结构与高科技产品的出口竞争力——国际经验及启示［J］．世界经济文汇，2019（3）：57-72.

［32］陈艳妍，洪静婷，罗文玥，等．基于大数据分析的中国高技术产品出口增长影响因素研究［J］．现代商业，2018（15）：36-37.

［33］XIONG J，QURESHI S. The Quality Measurement of China High-Technology Exports［J］．Procedia Computer Science，2013，17：290-297.

［34］白志远，章雯．出口退税对高技术产业的激励效应分析［J］．统计与决策，2016（20）：146-148.

［35］ARORA V，VAMVAKIDIS A. How Much Do Trading Partners Matter for Economic Growth？［R］．［S. l. ］：IMF Working Papers，2004：24-40.

［36］孙纲，刘晓斐．技术创新与国际贸易的互动机制研究［J］．北方经贸，2014（11）：23.

［37］胡佩．高技术产品贸易对中国企业技术创新能力的影响——省际高技术产业面板数据的实证［J］．科技进步与对策，2016，33（8）：77-80.

［38］盛斌，毛其淋．进口贸易自由化是否影响了中国制造业出口技术复杂度［J］．世界经济，2017，40（12）：52-75.

［39］许和连，孙天阳，吴钢．贸易网络地位、研发投入与技术扩散——基于全球高端制造业贸易数据的实证研究［J］．中国软科学，2015（9）：55-69.

［40］毛海欧，刘海云．中国制造业全球生产网络位置如何影响国际分工地位？：基于生产性服务业的中介效应［J］．世界经济研究，2019（3）：93-107，137.

［41］诸竹君，黄先海，余骁．进口中间品质量、自主创新与企业出口国内增加值率［J］．中国工业经济，2018（8）：116-134.

［42］GROSSMAN G M，HELPMAN E. Trade，knowledge spillovers，and growth［J］．European Economic Review，1991，35（2-3）：517-526.

［43］BURT R S. Structural Holes：The Social Structure of Competition［M］．Boston：Harvard

University Press，1992.

［44］ WASSERMAN S，FAUST K. Social Network Analysis：Methods and Applications（Structural Analysis in the Social Sciences）［M］. Cambridge：Cambridge University Press，1994.

［45］邵汉华，李莹，汪元盛．贸易网络地位与出口技术复杂度——基于跨国面板数据的实证分析［J］.贵州财经大学学报，2019（3）：1-11.

［46］ GNYAWALI D R，MADHAVAN R. Cooperative Networks and Competitive Dynamics：A Structural Embeddedness Perspective ［J］. Academy of Management Review，2001（26）：431-445.

［47］陈丽娴．全球生产服务贸易网络特征及其对全球价值链分工地位的影响——基于社会网络分析的视角［J］.国际商务（对外经济贸易大学学报），2017（4）：60-72.

［48］刘军．整体网分析讲义：UCINET 软件实用指南［M］.上海：上海人民出版社，2009.

国际经济学课程思政的教学策略探索

郝　凯

（北方工业大学经济管理学院，北京，100144）

摘要：本文在高校以立德树人为中心，加强思政课程建设的背景下，探讨和分析了北方工业大学国际经济学课程的课程思政建设思路与做法。首先，结合学校办学定位、专业特色和人才培养要求，制定了课程思政的育人目标。其次，分别从内容、方法、考核评价等方面深入探讨了课程思政的具体策略，在此基础上，凝练和总结了该课程思政的特色与创新之处。最后，提出了本课程思政的进一步建设规划，以期更好地为"三全育人"服务。

关键词：国际经济学；课程思政；教学策略

1. 引言

为贯彻教育部《高等学校课程思政建设指导纲要》，全国高校各专业都在开展课程思政建设工作。高校思想政治教育关系到培养什么样的人、如何培养人以及为谁培养人的根本问题。这其中，为谁培养人是重中之重，高校要培养社会主义的建设者和接班人，使他们不但有高超的专业技能，更具有正确的价值观。为此，高校要把立德树人作为中心环节，除了加强思政课程教学，各个专业的其他课程都应大力开展课程思政改革，与思政课程同向同行，形成协同效应，把思政教育贯穿于教育教学全过程，实现全程育人和全方位育人。

为此，北方工业大学经济系教师围绕国际经济与贸易专业的课程思政，开展了多种形式的学习与交流活动，并在国际经济学课程中开展了课程思政教学探索与建设。课程团队定期开展深入的教学研讨，收集多种课程思政教学素材，详细探讨课程思政案例，形成了较为完善的课程思政教学方案与体系。

2. 课程思政目标设计

北方工业大学办学定位于为满足国家和北京市经济社会发展需求而培养高水平应用型人才。学校国际经济与贸易专业定位是：以北京城市发展战略（四个中心）为导向，为北京国际交往中心建设培养适用人才，特别是，为北京国家服务业扩大开放综合示范区和中国（北京）自由贸易试验区建设培养应用型经贸人才。根据以上人才培养定位与要求，形成了国际经济学课程的育人目标与课程思政建设思路。

2.1 课程育人目标

国际经济学课程的育人目标分为知识目标、能力目标和思政素养目标。（1）知识目标：掌握国际经济活动和国际经济关系方面的基本规律、原理、方法、工具。（2）能力目标：对国际经济现象与本质具有深入理解并能运用所学原理、方法、工具进行独立的专业分析。（3）思政素养目标：具有开阔的国际视野和胸怀、较高的站位，坚定秉持社会主义核心价值观、大局观念和整体意识强，爱国敬业，善于沟通与合作。

2.2 课程思政目标

根据课程的育人目标，课程思政设计如下。（1）树立开放、包容、合作的贸易观与经济发展观。（2）坚定中国特色社会主义的"四个自信"，培养爱国主义情怀。（3）树立民族复兴和人类共同繁荣的理想和责任。（4）具有较强的大局观念和整体意识，正确认识人际之间的竞争与合作、个人发展与集体利益的关系。

2.3　课程思政建设思路

根据课程思政目标，通过深入调研和研讨，课程团队制定课程思政建设思路如下：（1）通过学习国际经济的基本规律与原理，揭示国际经贸现象中蕴含的常识与真理，引领学生树立开放、包容、合作的贸易观与经济发展观。（2）通过学习中国的对外经贸战略与政策，弘扬中国的全球价值观与贸易观。（3）通过学习中国在经贸领域的发展成就，及与其他国家的对比分析，培养学生对中国特色社会主义的"四个自信"和爱国主义情怀。（4）通过学习"一带一路""人类命运共同体"等倡议和理念，引导学生树立民族复兴和人类共同繁荣的理想和责任。（5）通过学习国际经济关系、国家发展与全球发展的关系等问题，引导学生正确认识人际之间的竞争与合作、个人发展与集体利益的关系，树立较强的大局观念和整体意识。

3. 课程思政的内容策略

课程思政有效实施的关键，在于挖掘与课程相关的思政元素，并将其与课程知识内容有机结合，融入课程内容体系，达到润物细无声的教育效果。国际经济学课程团队结合学校高水平应用型大学的办学定位，以及本专业为北京国际交往中心建设培养人才的目标，立足于课程为偏重宏观视角的理论型课程，得出本课程的课程思政教育应以价值塑造和引领为主。具体而言，本课程的课程思政目标融入教学过程的基本安排如下。

3.1　课程思政目标一的内容策略

国际经济学的课程思政目标一为：树立开放、包容、合作的贸易观与经济发展观。与此目标相匹配的课程思政元素有：中国对外开放的基本国策、历史上的自由贸易宣言、WTO 及多边贸易体制的历史沿革、全球价值链和全球大市场的好处。

体现上述思政元素的相关知识点有：国际贸易对国家福利的影响、国际贸易模式的影响因素、自由贸易与贸易保护主义的争论、各种国际贸易政策的成本和收益分析、贸易政策的收入分配效应、国际要素流动的福利效应、国际要素流动的收入分配效应、国际贸易政策的博弈论分析等。

3.2　课程思政目标二的内容策略

国际经济学的课程思政目标二为：坚定"四个自信"和培养爱国主义情怀。与此目标相匹配的课程思政元素有：中国经济发展和人民生活改善的重大成就、中国对外贸易改革中的重大成就、中国在全球价值链和全球市场中的重要地位及其变迁、中国在货物贸易中取得的重大成就、中国在服务贸易中取得的重大成就、中国在吸引和利用外资中取得的重大成就、中国在对外直接投资中取得的重大成就、中国对外开放方面重大成就的国际对比。

体现上述思政元素的相关知识点有：国际贸易对国家福利的影响、国际贸易模式的影响因素、贸易政策对福利的影响、投资政策对福利的影响、贸易政策的收入分配效应、投资政策的收入分配效应等。

3.3　课程思政目标三的内容策略

国际经济学的课程思政目标三为：树立民族复兴和人类共同繁荣的理想和责任。与此目标相匹配的课程思政元素有：中国对外开放的基本国策、"一带一路"倡议的背景与内容、"一带一路"倡议的实施情况、"人类命运共同体"的提出与内涵、中国参与 RCEP 自贸区建设情况、中国参与 WTO 和多边贸易体制建设情况、中国参与其他自贸区建设情况。

体现上述思政元素的相关知识点有：国际贸易对国家福利的影响、区域经济一体化、规模经济与国际贸易等。

3.4　课程思政目标四的内容策略

国际经济学的课程思政目标四为：具有较强的大局观念和整体意识，正确认识竞争与合作、个人发展与集体利益的关系。与此目标相匹配的课程思政元素有：中国对外开放的基本国策、历史上的自由贸易宣言、全球价值链和全球大市场的好处、"人类命运共同体"的提出与内涵、中国对外贸易改革中的重大成就、中国对外开放方面重大成就的国际对比。

体现上述思政元素的相关知识点有：国际贸易对国家福利的影响、自由贸易与贸易保护主义的争论、贸易政策的成本和收益分析、贸易政策的收入分配效应、国际贸易政策的博弈论分析等。

4. 课程思政的方法策略

经过长期探索，北方工业大学国际经济学的课程思政形成了独特的教学方法，主要体现为教学过程的三结合。

（1）课内与课外相结合：为了取得较好的课程思政效果，本课程除了在课堂上引导学生，还将相关思政热点问题作为课外任务布置给学生，进行追踪分析，发动学生搜集课外实践中的信息和资料，并通过小组报告等形式组织课堂问答与讨论。切实提高思政教学的学生参与度，摆脱单纯说教灌输，使学生成为课程思政教学的主体。

（2）线上与线下相结合：本课程主体教学方式为线下教学，同时通过微信、多模式教学网、慕课堂等途径建立线上教学平台。通过线上平台教师不仅完成课外答疑，而且教师将与课程相关的时事热点新闻、评论、案例、链接等分享给学生，并就相关话题组织学生在课外参与线上讨论。运用现代信息技术和网络平台对学生进行潜移默化的思政引导。

（3）课程与竞赛相结合：本课程任课教师积极担任本专业学生竞赛的指导教师，指导学生参加多项与国际贸易相关的国家级竞赛。在竞赛中，教师对学生的比赛策划、文案、设计、排练、现场比赛、总结等环节进行了全过程指导。教师将本课程的思政内容在每个指导环节逐步传导、渗透给学生，取得了显著成效。本课程学生参赛成绩优异，连续多年荣获国家级一等奖。

5. 课程思政的考核评价策略

在教学团队老师的不断努力下，本团队探索出一套行之有效的课程考核评价机制，并得到了校内外同行和学生的高度评价，保证了课程思政的有效实施。

5.1 课程考核评价机制

（1）通过系、院、校三级体系，确保课程思政有效实施。学校颁布了《北方工业大学深化课程思政建设实施方案》，并对实施情况进行督导。学院成立教学督导委员会，对课程思政方案进行指导。系里建立了课程群听课制度，保证课程思政方案的具体实施。

（2）通过"期中教学检查"，形成"专家听课—意见反馈—改进提升"与"学生评教+期中座谈会+意见反馈+改进提升"的闭环反馈机制，促进课程思政教学持续改进，注重学生对课程思政教学的吸收效果，保障课程思政目标达成。

（3）本团队内部建立了听课和定期研讨机制。教师相互听课，定期举行教研活动，针对课程思政教学内容、教学教法等展开研讨，确保课程思政方案持续改进。

（4）本专业定期组织校友座谈、问卷调查、用人单位的意见征集等活动，对课程思政实施效果进行跟踪与评价，并对方案进行反思与改进。具体内容如表1所示。

表 1　课程考核评价机制

机制名称	机制目的	机制内容
系、院、校三级评价体系	保证课程思政方案的具体实施，并对过程进行指导	学校颁布《北京工业大学深化课程思政建设实施方案》，并对实施情况进行督导。学院成立教学督导委员会，对课程思政方案进行指导。系里建立课程群听课制度，保证课程思政方案的具体实施
"期中教学检查"制度	促进课程思政教学持续改进，注重学生对课程思政教学的吸收效果，保障课程思政目标达成	形成"专家听课—意见反馈—改进提升"与"学生评教+期中座谈会+意见反馈+改进提升"的闭环反馈机制
内部听课和定期研讨机制	确保课程思政方案持续改进	教师相互听课，定期举行教研活动，针对课程思政教学内容、教学教法等展开研讨
教学效果外部反馈机制	对课程思政实施效果进行跟踪与评价，并对方案进行反思与改进	定期组织校友座谈、问卷调查、用人单位的意见征集等活动，对方案效果进行跟踪与评价，并进行反思与改进

5.2　学生与校内外同行评价

（1）本课程结合相关理论，向学生展示中国对外经贸发展的巨大成就，讲好中国故事。这些故事深深打动了同学们，同学们反映，通过课程不仅学会了专业理论和知识，还唤起了他们的家国情怀和民族自信，并立志为民族复兴和全人类共同繁荣的理想而奋斗。

（2）通过参加校内外有关课程思政的培训、论坛、沙龙等活动，本课程教师经常与校内外和学科内外的同行展开交流，并向同行分享课程思政的经验和做法，获得了同行的赞誉和好评。2020 年，团队教师荣获经管学院课程思政说课大赛一等奖，同年被评为经管学院课程思政优秀教师。同年，团队教师应邀参加北京联合大学课程思政论坛，并做主题演讲，分享本课程的思政教学方案。同年，国际经济学课程荣获北方工业大学一流课程。2021 年，团队教师参加北京地区高校课程思政建设发展论坛，并做主题演讲，推广本课程思政的经验做法，受到了同行的好评。

6. 课程思政的特色与创新

通过课程团队的潜心探索，并与教学实践结合不断改进，国际经济学课程已形成了鲜明的课程思政特色与创新。

（1）把理论学习与价值塑造相结合，挖掘理论知识背后的价值观含义，引导塑造正确的价值观。本课程的特点是理论性强，理论本身比较抽象，价值判断指向不明显。根据这一特点，本课程在设计上，注重挖掘理论知识背后的价值观含义，将理论学习与价值塑造相结合，引导学生树立开放、包容、合作的贸易观与经济发展观，并弘扬中国的发展观与贸易观。例如，在学习贸易与国家福利的关系时，得出结论：国际贸易能增进国家的整体经济福利。由此可以进一步引申，推导出：自由贸易能为参与贸易的各国带来互利和共赢，因此我们应该弘扬开放、包容、合作的贸易观与经济发展观，摒弃重商主义和以邻为壑的保护主义观念。在此处，须进一步联系阐明中国对经济全球化和自由贸易的观点，弘扬中国的全球价值观与贸易观。

（2）通过展示中国发展的重大成就，并与其他国家进行对比，培养学生坚定"四个自信"和爱国主义情怀。例如，在学习 H-O 模型和斯托珀—萨缪尔森定理时，可以应用这一定理，对中美两国的贸易收入分配效应进行对比分析。贸易对美国收入的分配效应意味着其贫富差距拉大，社会走向分裂。相反，中国的贫富差距缩小，社会凝聚力提高，从而选择开放和扩大贸易。由此激发学生的民族自豪感，体会在国际竞争中的中国优势，增强学生对中国特色社会主义的"四个自信"。

（3）由大及小，见著知微，将国际关系规律引申到人际关系的行为准则中，培养学生的大局观念和整体意识。本课程的研究对象是国际经济关系，偏向宏观视角，离学生的个人生活较远。针对这一特点，为了塑造学生个人的道德修养，课程将国际关系规律引申到人际关系的行为准则中，传播做人做事的基本道理，培养学生的大局观念和整体意识。世界贸易扩大了，各国都受益，世界市场缩小了，对各国都没有好处。各国应大力推进全球自由贸易格局，维护多边贸易体制，构建互利共赢的全球价值链，培育全球大市场。习近平的讲话揭示了国际关系的真谛，而此规律同样适用于人际关系准则。人和人之间增进交流、合作，大家就能互利共赢，共同进步；相反，如果封闭自我，拒绝交流，则会限制自己的发展。更进一步，如果以邻为壑，为了自己的利益不惜损人利己，则不仅会损害别人，最终也会损害自己。因此，人与人之间，和国与国之间一样，需要秉持开放、包容、合作的心态，从大局和整体利益出发，把个人发展和集体进步统一起来。

7. 课程思政的未来建设规划

课程团队在教学实践中不断思考，结合实践中需要进一步解决的问题，以及相应的改进和保障措施，提出了本课程在课程思政方面的持续建设计划。

（1）根据中国对外经贸领域的最新成就和国际经贸形势的最新进展，结合课程教学内容，持续挖掘课程思政元素和案例，不断完善课程思政教学体系。本课程将持续关注与跟踪中国对外经贸发展方面的重大成就，以及"一带一路""人类命运共同体"的发展、中国参与 RCEP 等自贸区建设、中国参与 WTO 和多边贸易体制建设进展等，不断挖掘新的课程思政元素、案例，并将其融入课程教学中，完善课程思政教学体系。

（2）在现有课程教学资源基础上，对课程思政内容进行再加工，编写与课程配套的课程思政习题集和案例库，并将这些习题与案例融入现有章节的习题与案例之中。

（3）进一步将课内教学拓展到课外，将重点课程思政思辨题和案例题形成课后作业，发动学生展开课后阅读、调查和研究，并利用多模式教学网、慕课堂和微信等平台，开展问题的讨论，过程中教师进行引导、评价和总结，使学生主动参与到课程思政教学中。

（4）进一步组织团队教师参加校内外举办的课程思政培训、论坛等，加强与同行之间的交流，定期举行教研活动，对课程思政教学内容、教学教法进行研讨，持续改进课程思政方案，提高教师的思政教学素质和水平。

（5）在现有教学方式基础上，增加线上教学方式及线上线下混合教学方式，进一步扩大课程思政的开放度和受众面，使本课程思政建设发挥更大的作用。

参考文献

[1] 王洪庆，曹亚军．"国际经济学"课程思政教学设计及实践［J］．黑龙江教育（理论与实践），2022（9）：6-9.

[2] 马艳艳．基于"两性一度"的《国际经济学》课程思政教学设计探索［J］．呼伦贝尔学院学报，2022，30（3）：138-142.

[3] 王冰心．新文科建设背景下专业课课程思政原则探讨与体系构建——以《国际经济学》课程为例［J］．豫章师范学院学报，2022，37（1）：41-45.

[4] 李猛，贺俊艳，董哲昱．基于OBE理念的"国际经济学"课程思政研究［J］．牡丹江大学学报，2022，31（1）：73-81.

[5] 卢晨．课程思政融入经济学专业课程教学的探索——以《国际经济学》为例［J］．当代教育实践与教学研究，2019（7）：164-165.

[6] 牟岚，刘岩，苗芳，等．国际经济与贸易专业"课程思政"的探索与实践——以《中国对外贸易概论》为例［J］．教育教学论坛，2020（13）：46-48.

[7] 章秀琴．"国际贸易理论"课程思政建设的探索与实践［J］．黑龙江教育（理论与实践），2020（6）：13-15.

比较优势陷阱

潘素昆

（北方工业大学经济管理学院，北京，100144）

摘要： 后发国家如果过度依赖资源禀赋或要素成本方面的优势，不能随着经济发展而实现比较优势的动态调整与升级，往往容易陷入发展困境，经济增长与既有比较优势之间形成恶性循环，从而落入比较优势陷阱。本文介绍了什么是比较优势陷阱以及中国如何避免落入比较优势陷阱，指出内生比较优势理论是避免落入比较优势陷阱的理论基础，并提出了具体的政策建议。中国正努力向高收入国家迈进，避免落入比较优势陷阱，同时，增加国民收入是实现中国经济可持续发展的必要条件。

关键词： 比较优势陷阱；内生比较优势；比较优势

1. 引言

在本科的国际贸易理论与政策课程中，在讲完亚当·斯密的绝对优势理论和大卫·李嘉图的比较优势理论的内容后，会讲到比较优势陷阱的问题；在讲到新兴古典贸易理论时，会提到如何避免陷入比较优势陷阱。

第二次世界大战后，一些资源丰富的国家或地区因对资源优势的过度依赖，最终陷入增长困境。改革开放后，中国经济也基本是遵循比较优势理论发展的，中国经济是否也会陷入比较优势陷阱引发了学者们的关注。关于中国是否会陷入比较优势陷阱，学者们的观点并不统一。袁文琪（1990）[1] 指

163

出中国在改革开放之后对于比较优势理论的利用是积极地利用其合理的理论内核，而对其不合理的部分则加以扬弃。中国之所以注重劳动密集型产品的出口，不是落入了"比较优势陷阱"，而是与中国的具体国情密不可分的。中国自身具有发展的各种有利条件，因此不能根据某些国家落入了比较优势陷阱就断定中国也一定会落入陷阱。但也有学者提出，中国出口的高速发展及经济增长是以低廉的要素成本，尤其是低廉的劳动力成本以及资源环境代价为基础的"比较优势"，长期而言不具有可持续性（王小鲁等，2009）[2]。由于"中国制造"的产品低端、利润微薄，在全球价值链分工中处于低端地位。中国的低成本优势会因为人民币升值、原材料价格上涨、环保成本提高、劳动力成本上升等因素而受到冲击（刘林青等，2009）[3]。如果逐渐失去在劳动密集型产业中的比较优势，而尚未获得技术资本密集型产业的比较优势，中国将面临"比较优势真空"的挑战，亦即面临落入"比较优势陷阱"的风险（蔡昉，2011）[4]。

2010年，中国超过日本成为世界第二大经济体，人均收入水平达到4382美元。中国也成为世界第一大出口国和制造业生产国。2021年是我国加入世界贸易组织20周年。据海关统计，我国进出口总值从2001的4.22万亿元增至2021年的39.1万亿元，年均增长12.2%。"入世"20年间，我国进出口增长超过8倍，货物贸易规模跃居世界第一。我国进出口占全球市场份额也由2001年的4%大幅提升至2021年前三季度的13.5%，2013年我国首次成为全球货物贸易第一大国。❶但是中国出口货物质量却不高。我国出口的大量增长是基于廉价的劳动力和对资源及环境的消耗。后发国家如果过度依赖资源禀赋或要素成本方面的优势，不能随着经济发展而实现比较优势的动态调整与升级，往往容易陷入发展困境，经济增长与既有比较优势之间形成恶性循环，从而落入比较优势陷阱。比较优势陷阱是后发国家经济发展进程中常常会面临的一大问题。因此，中国经济发展中应充分重视这一问题。中国正努力向高收入国家迈进，避免落入比较优势陷阱，同时，增加国民收入是实现中国

❶ 2021年我国外贸交出亮眼成绩单 进出口规模首破6万亿美元［EB/OL］.（2022-01-15）［2023-04-15］. https：//baijiahao. baidu. com/s？id=1721973551453595809&wfr=spider&for=pc.

经济可持续发展的必要条件。

2. 国内外研究现状

比较优势陷阱理论站在发展中国家立场分析国际贸易问题，指出发展中国家完全按照比较优势，生产并且出口初级产品和劳动密集型产品，在与资本和技术密集型产品出口为主的发达国家进行贸易中，虽然能短期获利，但贸易结构不稳定，处于不利地位，从而落入"比较优势陷阱"。关于某些国家陷入比较优势陷阱的原因，学者们进行了很多探讨。一些拉美、非洲国家以及太平洋中的小岛国，由于疆土与人口的原因导致经济规模太小，产业数量过少，长期依赖一种或几种初级产品的出口，导致经济结构的多样化和产业升级受阻。这些国家虽拥有丰富的自然资源，但是丰富的自然资源导致过度的寻租行为，形成了强势货币，阻碍了产品出口，反而阻止了其制造业部门的发展（Sachs and Warner，1995）[5]。第二次世界大战后一些资源丰富国家或地区因对资源优势的过度依赖，最终陷入增长困境，亦即"荷兰病"或者资源诅咒（Auty and Gelb，2000；Auty，2002）[6][7]。郭柯（2011）[8]指出一国由于在某种生产要素上具有比较优势，大量使用这种生产要素形成一国的主导产业，但产业在发展过程中对生产要素的投入形成路径依赖，在要素禀赋结构发生变化时，形成要素市场的扭曲，没有变初始的静态比较优势为动态比较优势，从而落入"比较优势陷阱"。比较优势陷阱理论指出发展中国家完全按照比较优势，生产并出口初级产品和劳动密集型产品，在与资本技术密集型产品出口为主的发达国家进行贸易中，虽然能在短期内获利，但是其贸易结构不稳定，在国际分工中处于不利地位，从而容易落入"比较优势陷阱"（邵邦、刘孝阳，2013）[9]。陆善勇和叶颖（2019）[10]指出因为长期遵循比较优势战略，没有及时调整和转变发展战略，固守原有经济增长模式，缺乏科技创新能力和产业结构升级失败致使拉美国家落入"比较优势陷阱"。比较优势战略过分地强调静态贸易利益，忽略了贸易的动态利益，即科学技术的进步、制度创新的推动作用以及对外贸易对产业结构演进的促进作用。

一些学者的研究关注中国如何避免陷入比较优势陷阱。黄晖（2009）[11]指出全球经济衰退以及伴随而来的贸易保护主义给我国建立在外生比较优势基础上的外贸进出口格局和增长方式带来冲击。新形势下我国外贸结构及增长方式应着眼于动态的内生比较优势，依据经济发展水平调整我国在国际分工中的比较利益结构，促使比较优势转化为竞争优势，而转换的关键是技术创新。以技术进步促进贸易结构调整必须立足于我国各区域的比较优势，具有不同技术水平和要素结构的区域适宜采用不同技术革新方式，通过多元化的技术创新模式促进我国外贸结构调整。杨高举和黄先海（2014）[12]采用改进的对比较优势的测度方法（Levchenko and Zhang）[13]，就比较优势的测度结果进行跨国跨期比较分析，发现中国的比较优势正从低等技术产业转向高等技术产业，如果这一进程能够持续，则中国能够像新兴工业化经济体一样避免落入比较优势陷阱。持续的技术创新是中国避免陷入比较优势陷阱的重要推动力。陆文聪和许为（2015）[14]分析了中国出口产品比较优势及技术复杂度的变化趋势，研究结果显示，中国已跨越比较优势陷阱。中国的比较优势呈现很强的流动性，且明显高于其他国家；具有中等程度比较优势的产品比重明显增加，贸易结构呈现多样化趋势；比较优势已实现从低技术复杂度产品向中等技术复杂度产品的转换。中国在低技术含量产品上逐渐失去了原有的比较优势，在中等技术含量产品上形成了新的比较优势，但在高技术复杂度产品上尚未形成明显的比较优势。

由上述研究可见，关于中国是否可能陷入比较优势陷阱，依然存在争论，学者们的研究得出了不同结论。在未来的经济发展中，我国仍须重视比较优势的动态变化，避免陷入比较优势陷阱。

3. 比较优势陷阱理论产生的背景

比较优势是指一国（数种产品中）生产一种产品的生产成本相对较低的

优势。如果一个国家在本国生产一种产品的机会成本（用其他产品来衡量）低于在其他国家生产该产品的机会成本，则这个国家在该产品的生产上就拥有比较优势。李嘉图把比较优势学说作为国际分工的理论基础，其国际分工的核心思想是"两优相权取其重，两劣相权取其轻"。他认为，只要不同产品生产的绝对劣势程度不同，互利贸易仍有可能发生。一国可以专门生产并出口其绝对劣势相对较小的产品（具有比较优势的产品），同时进口其绝对劣势相对较大的产品（具有比较劣势的产品），这样进行的国际贸易可以为双方带来利益。在一个两个国家、两种产品的贸易模式中，如果一国在一种产品的生产上具有比较优势，则另一国在另一种产品的生产上必定具有比较优势[15]。

按照比较优势理论，各国应当充分利用其现有资源，以便从国际贸易中获利。各国生产要素的状况对建立贸易竞争优势起关键作用。通过什么样的机制实现生产要素的有效结合十分重要。发达国家通过市场经济体制实现生产要素的有效结合。市场经济体制在生产要素的配置方面具有灵活和有效的特点。发达国家在技术和技能方面对发展中国家已经具有巨大的优势，在双方都采用同样机制的条件下，发展中国家难以超越发达国家。发展中国家在国际贸易中处于竞争劣势的地位。当发达国家已经进入了技术驱动阶段的中期或后期，大多数发展中国家还处于资本驱动阶段的初期或中期。在相当长的时间里，发展中国家难以在整体上取得贸易竞争优势。但是发展中国家可以力争在某个产业集中资本或技能，取得局部的贸易竞争优势[16][17]。

现阶段比较优势陷阱理论主要包含两个层次：第一，发展中国家按照本国资源禀赋来确定在国际分工体系中的位置，充分利用本国自然资源和劳动力资源，出口需求弹性小且附加值低的初级产品，陷入初级产品比较优势陷阱；第二，随着初级产品出口状况不断恶化，发展中国家开始注重以制成品出口代替初级产品出口，并且注重产业优化升级，但由于国际经济环境和产业结构因素的束缚，只靠引进、模仿、改进先进技术来改善贸易状况，获得高附加值，第三，由于依赖技术引进，自身创新能力不强，后发优势一直得不到发挥，陷入制成品比较优势陷阱（邵邦、刘孝阳，2013）[9]。

4. 避免落入比较优势陷阱的理论基础：内生比较优势理论

我国是世界人口大国，拥有丰富的劳动力资源，根据李嘉图比较优势理论，应该生产并出口劳动密集型产品。但是，劳动密集型产品的需求弹性小、附加价值低，容易出现出口的"贫困化增长"。以劳动密集型产品为主的出口贸易在国际分工中处于从属和被动的不利地位，极易陷入比较优势陷阱。因此，我国应采取有效措施避免陷入比较优势陷阱。为此，我国应运用内生比较优势理论，重视培养动态比较优势。

20世纪90年代以来，以澳大利亚华人杨小凯为代表的经济学家对传统贸易理论进行了重新思考，进一步突破了传统比较优势理论的框架。杨小凯（1994）[17]把内生比较优势和外生比较优势区别开来，内生比较优势是由对生产方式和专业化水平的事后选择产生的，外生比较优势是由事前的差别引起的（包括嗜好、禀赋和生产函数）。内生比较优势理论将比较优势理论置于一个交易成本和分工演进相互作用的理论框架中，认为经济增长并不仅是资源配置问题，而且是经济组织演进问题。通过经济组织的演进，能够获得市场的发展和技术的进步，进而决定了比较优势的内生演化。杨小凯的内生比较优势理论以事前和事后的生产率差别把比较优势区分为内生比较优势和外生比较优势。外生比较优势是由于天生条件的差别产生的一种特别的贸易好处，是以外生给定的技术和禀赋差异为基础的比较优势，即外生比较优势是由事前的差别引起的。内生比较优势可以通过后天的专业化学习或通过技术创新与经验积累人为创造出来，强调的是比较优势的内生性和动态性，由对生产方式和专业化水平的事后选择产生的。这种内生比较优势有可能在最初生产条件完全相同的国家之间产生。或者说由于选择不同专业方向的决策造成的事后生产率差别称作内生比较优势。专业化分工导致人力资本与知识的积累，从而产生内生比较优势。

杨小凯和张永生（2000）[18]指出比较优势理论只是简单比较了少数国家少数商品的交换，但是如果推广至国家、商品、要素比较繁杂的国际贸易中去时，此理论不再成立。他提出内生比较优势理论，指出发展中国家应发展自己的内生优势，避免落入比较优势陷阱。杨小凯的内生比较优势理论为发展中国家走出比较优势陷阱提供了理论基础。杨小凯和张永生（2001）[19]证明了内生比较优势可能随分工的逐渐演进而演进，而且内生比较优势的演进是知识加速积累和生产率内生发展的主要动力。杨小凯和张永生（2002）[20]的内生贸易模型中，每个人的天生条件可能相同，人们之间不一定有与生俱来的差别，即可能不存在外生比较优势。分工后的总合生产力水平之所以高于自给自足水平，原因在于分工可以节省重复学习的费用。基于分工的发展而后天不断创造出来的比较优势具有重要意义。内生比较优势有可能在外生比较优势不存在时出现。如果接受先天的生产率差异（外生比较优势）作为分工的条件，就会导致贸易产品、方向和格局的静态化，这也是比较利益陷阱存在的根本原因。基于分工造成生产率差异的内生比较优势能够随着分工的逐步发展而不断演进。内生比较优势的演进是加速知识积累和生产率内生进展的动力。基于分工和专业化的内生比较优势的演进就成为一国贸易发展和经济增长的持续不断的源泉。

5. 避免落入比较优势陷阱的政策建议

首先，内生比较优势理论是现代国际分工与贸易分析的基石，我国对外贸易格局的转换必须基于比较优势的内生演进。我国制定产业政策的出发点应该是内生优势的形成，国际竞争优势的获得，不能长期依赖劳动力成本低廉带来的比较优势，而要不断进行技术创新，将静态的比较优势转化为动态的比较优势。我国要逐步形成良性的产业升级机制，即依靠制度创新和技术进步两大动力，推进产业结构升级，有效提高中国产品的国际竞争力。针对劳动密集型产业进行供给侧改革，淘汰高污染、高能耗产业，主动节省资源和空间，降低过剩产能，减少传统低附加值产品出口带来的贸易摩擦。

其次，减少对国外高新技术产业的依赖，提高我国企业自主创新研发能力。中国高新技术产品的关键技术仍由国外供应商掌握，应进一步推动建立产学研深度融合的技术创新体系，加强对中小企业的支持，促进科技成果转化。加大研发投入及人才培养，促进国内高新技术产业的发展。要实现企业、高校和科研院所等主体的深度融合，形成创新合力，实现从资本密集型产业向技术密集型产业升级。

最后，借鉴"亚洲四小龙"成功转型的经验，在产业衔接的基础上主动培育主导产业，注重技术引进、吸收、创新。在利用本国比较优势的基础上进行制度设计和改革，积极发展发达国家控制的高新技术产业及金融服务。当前中国的比较优势正从低技术产业转向高技术产业。如果这一进程能够持续，则中国商品的国际竞争力就能持续提升，我国就可以像"亚洲四小龙"等新兴工业化国家（地区）一样，实现在全球价值链中的升级，从而避免落入比较优势陷阱。

参考文献

[1] 袁文琪. 中国对外贸易发展模式研究 [M]. 北京：中国对外经济贸易出版社，1990.

[2] 王小鲁，樊纲，刘鹏. 中国经济增长方式转换和增长可持续性 [J]. 经济研究，2009，44（1）：4-16.

[3] 刘林青，李文秀，张亚婷. 比较优势、FDI 和民族产业国际竞争力——"中国制造"国际竞争力的脆弱性分析 [J]. 中国工业经济，2009（8）：47-57.

[4] 蔡昉. "中等收入陷阱"的理论、经验与针对性 [J]. 经济学动态，2011（12）：4-9.

[5] SACHS J D, WARNER A M. Natural Resource Abundance and Economic Growth [R]. Boston：NBER Working Paper，1995.

[6] AUTY R M, GELB A H. Political Economy of Resource Abundant States [R]. Paris：the Annual Bank Conference on Development Economics，2000.

［7］AUTY R M. Natural Resources and Development：Comparison of Bangladesh and South Korea ［J］. Tijdschriftvoor Economische en Sociale Geografie，2002，93（3）：242-253.

［8］郭柯. 经济增长中的"比较优势陷阱"分析［D］. 北京：中共中央党校，2011.

［9］邵邦，刘孝阳. 比较优势陷阱：本质、原因与超越［J］. 当代经济管理，2013，35（12）：42-45.

［10］陆善勇，叶颖. 中等收入陷阱、比较优势陷阱与综合优势战略［J］. 经济学家，2019（7）：15-22.

［11］黄晖. 内生比较优势理论的发展及我国外贸结构的转换［J］. 经济体制改革，2009（5）：166-169.

［12］杨高举，黄先海. 中国会陷入比较优势陷阱吗？［J］. 管理世界，2014（5）：5-22.

［13］LEVCHENKO A A，ZHANG J. The Evolution of Comparative Advantage：Measurement and Welfare Implications［R］. Boston：NBER Working paper，2011.

［14］陆文聪，许为. 中国落入"比较优势陷阱"了吗？［J］. 数量经济技术经济研究，2015，32（5）：20-36.

［15］潘素昆，白小伟，马骆茹，等. 国际贸易理论与政策［M］. 北京：清华大学出版社，北京交通大学出版社，2019.

［16］谢鑫，李谱. 李嘉图比较优势理论对我国的指导意义［J］. 合作经济与科技，2008（17）：35-36.

［17］YANG X. Endogenous vs. Exogenous Comparative Advantages and Economies of Specialization vs. Economies of Scale［J］. Journal of Economics，1994（60）：29-54.

［18］杨小凯，张永生. 新兴古典经济学和超边际分析［M］. 北京：中国人民大学出版社，2000.

［19］杨小凯，张永生. 新贸易理论、比较利益理论及其经验研究的新成果：文献综述［J］. 经济学（季刊），2001（1）：19-44.

［20］杨小凯，张永生. 新贸易理论及内生与外生比较利益理论的新发展：回应［J］. 经济学（季刊），2002（4）：251-256.

中国与印度双边贸易的度量与评价

白小伟

（北方工业大学经济管理学院，北京，100144）

摘要： 本文以 2000—2021 年中国与印度的货物贸易数据为基础，运用贸易额、贸易密集度、出口商品结构、显示性比较优势指数、贸易互补指数等指标，对中印双边贸易进行全方位度量。结果表明：（1）中印双边贸易密切程度不断加强，且双边贸易质量有所上升；（2）中印贸易各自的竞争优势不同，互相竞争的领域不大；（3）中印贸易互补性较强，具有较大的发展潜力。

关键词： 中国；印度；贸易密集度；RCA；TCI

1. 引言

国际贸易理论与政策课程的第一章主要讲述国际贸易的概念及分类，其中介绍了国际贸易的基本概念，包括贸易值、贸易量、贸易差额、国际贸易商品结构、国际贸易地理方向等。这些概念对于描述和评价一国的对外贸易、国家之间的双边或多边贸易关系，以及世界贸易具有重要作用。[1]在现实经济中，要深入理解和评价国际贸易，还需要学习更多的度量指标。在教学过程中，以中国与印度的货物贸易为例，向学生展示双边贸易的度量与评价，进而更深入地理解中国的贸易地位。

中国与印度同为发展中国家，两国均为人口大国，地域辽阔，历史文化悠久，同时都保持着高速的经济增长，两国间的经贸关系在过去与当下都是十分重要的。首先，中、印两国均为世界文明古国，两国人民之间的交往有几千年历史；1950年中印建交以来，共同提出和平共处五项原则，进入21世纪，尤其是2001年中国加入世界贸易组织之后，双方保持稳定发展势头，两国确立了构建更加紧密的发展伙伴关系的目标；在"一带一路"倡议提出之后，印度成为"海上丝绸之路"沿线人口最多的国家。当前中印是世界上两个最大的发展中国家，已成为地区乃至世界经济发展的重要推动力量。2021年，中国GDP为17.82万亿美元，位居全球第二；印度的GDP为3.15万亿美元，经济规模为世界第六位。

中国和印度同属世界贸易组织、二十国集团、金砖国家、上海合作组织等成员。两国之间的对外贸易合作存在巨大的发展前景，2021年，中印双边贸易额1256.48亿美元，同比增长43.3%。本文将运用贸易额、市场占有情况、贸易密集度、出口商品结构、显示性比较优势指数、贸易互补指数等指标，衡量2000年以来中印双边贸易密切程度、贸易质量、贸易竞争性和互补性，对双边贸易进行全方位的度量和评价，并为双方未来经贸发展提供建议。

2. 中印贸易密切程度指标

2.1 双边贸易额

近20年来，中国和印度对外贸易合作不断加深。2000—2021年，中印双边贸易额从29.14亿美元上升到1256.48亿美元，增长了42倍，其中中国对印度的出口贸易额从15.61亿美元上升到975.11亿美元，增长了61倍；中国对印度的进口贸易额从13.53亿美元上升到281.37亿美元，增长了20倍；中国对印度的贸易顺差从2.07亿美元上升到693.73亿美元，增长了334倍。由图1可以看出，2000—2008年中国对印度出口额稳步上升；受到国际金融危机、新冠疫情等因素影响，2009年、2012年、2013年、2019年、2020年略有下降，但整体呈现上升趋势，尤其是在2021年之后，中国对印度出口额强势回弹，达到 975.11 亿美元，同比增长 46.2%。2000—2021 年中国对印度的进口额也保持了相似的变化趋势，但是总额和增长率都低于出口。大部分年份，中国对印度保持贸易顺差，仅在 2003—2005 三年之间有小幅度的贸易逆差。

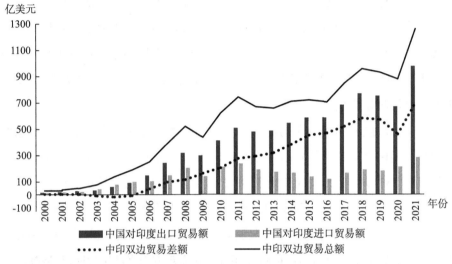

图 1　中印双边贸易额

数据来源：根据 UNCTAD 统计数据库计算整理。

2.2　双边市场占有情况

2000—2021 年，中国在印度总进口中的比重从 2.95% 上升到 17.10%，中国在印度总出口中的比重从 3.20% 上升到 7.13%。从图 2 可以看出变化趋势，中国占印度进口的比重在 2008 年、2012 年、2017 年略有回调，但总体呈现增长趋势；中国占印度出口的比重在 2008 年之前增长迅速，一度超过 10%，此后呈现下降态势，降至 5% 左右，2017 年后又有所回升。在两国经贸合作过程中，中国成长为印度最重要的贸易伙伴之一。

在同一时期，印度在中国总进口中的比重从 0.60% 上升到 1.05%，印度在中国总出口中的比重从 0.63% 上升到 2.90%，总体来说，印度在中国进出口中所占的角色日渐凸显，但印度对于中国市场的依赖程度远高于中国对印度市场的依赖程度。

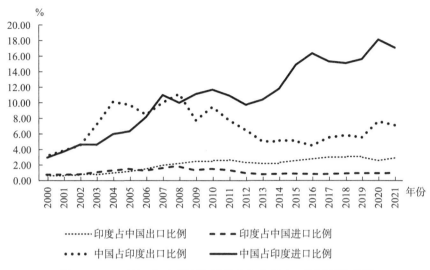

图 2　2000—2021 年中印双边贸易占各自进出口贸易额的比重

数据来源：根据 UNCTAD 统计数据库计算整理。

表 1 列举了目前中国和印度的主要贸易伙伴，2021 年中国在印度的出口目的国（地区）中排名第 3，在印度的进口来源国（地区）中名列第 1；与此同时，印度在中国的出口目的国（地区）中排第 8 位，但在中国的进口来源国（地区）中仅排第 23 位。

表 1　2021 年中国和印度主要贸易伙伴

排序	中国出口		中国进口		印度出口		印度进口	
	伙伴	份额（%）	伙伴	份额（%）	伙伴	份额（%）	伙伴	份额（%）
1	美国	17.16	韩国	7.95	美国	18.11	中国	15.35
2	中国香港地区	10.39	日本	7.66	阿联酋	6.45	阿联酋	7.55
3	日本	4.93	美国	6.74	中国	5.83	美国	7.26
4	韩国	4.43	澳大利亚	6.10	孟加拉	3.57	瑞士	5.17
5	越南	4.10	德国	4.47	中国香港地区	2.86	沙特阿拉伯	4.85

排序	中国出口		中国进口		印度出口		印度进口	
	伙伴	份额（%）	伙伴	份额（%）	伙伴	份额（%）	伙伴	份额（%）
6	德国	3.43	巴西	4.09	新加坡	2.70	伊拉克	4.66
7	荷兰	3.05	马来西亚	3.66	英国	2.63	中国香港地区	3.19
8	印度	2.90	越南	3.44	荷兰	2.60	新加坡	3.19
9	英国	2.59	俄罗斯	2.94	德国	2.41	韩国	2.99
10	马来西亚	2.34	印尼	2.38	尼泊尔	2.33	印尼	2.93

数据来源：根据 UNCTAD 统计数据库计算整理。

2.3 贸易密集度

贸易密集度指数（Trade Intensity Index，TII）由经济学家布朗（Brown，1949）[2]提出，后经过德雷斯德（Drysdale，1988）[3]发展，用来衡量两国（地区）的贸易紧密程度。贸易密集度指数是指一国（地区）对某一贸易伙伴国（地区）的出口占该国（地区）出口总额的比重，与该贸易伙伴国（地区）进口总额占世界进口总额的比重之比。其数值越大，表明两国（地区）在贸易方面的联系越紧密。公式如下：

$$TII_{ij} = \frac{X_{ij}/X_{iw}}{M_j/M_w} \tag{1}$$

TII_{ij}是 i 国对 j 国的贸易密集度指数；X_{ij}/X_{iw} 是 i 国（地区）对 j 国（地区）的出口 X_{ij} 占 i 国（地区）对世界出口 X_{iw} 的比例；M_j/M_w 是 j 国（地区）的进口 M_j 占世界进口 M_w 的比例。如果 TII_{ij} 大于 1，表明 i 国（地区）对 j 国（地区）的出口强度高于它对其他国家（地区）的平均出口强度。如果 TII_{ij} 小于 1，表明 i 国（地区）对 j 国（地区）的出口强度低于它对其他国家（地区）的平均出口强度。

图 3 描绘了中国和印度双边贸易密集度变化情况。可以看到 2000—2021 年中国对印度的贸易密集度指数在 0.7~1.3 之间小幅波动，2000—2005 年，

中国对印度的贸易密集度低于 1，表明中国对印度的出口强度低于对其他国家出口的平均强度；2005—2011 年，该指数略高于 1，基本上与对其他国家（地区）的出口强度持平；2012—2014 年有所下降，2015 年之后小幅波动并超过 1，最高曾达到 1.23（2016 年），2021 年为 1.11，目前中国对印度出口强度略高于对其他国家（地区）出口的平均强度。

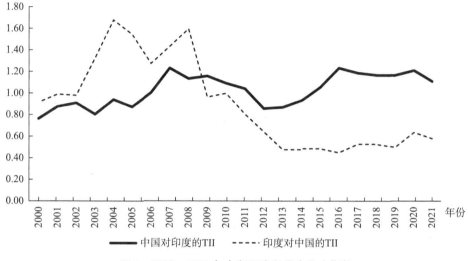

图 3　2000—2021 年中印双边贸易密集度指数

数据来源：根据 UNCTAD 统计数据库计算整理。

印度对中国的贸易密集度呈现出前高后低的态势，2000—2008 年上升较快，从 0.92 上升到 1.60，其中 2004 年高达 1.68，高于对其他国家（地区）出口的平均强度，2009 年之后指数在波动中下降，到 2021 年仅为 0.58，表示目前印度对中国的出口强度低于对其他国家（地区）出口的平均强度。

3. 中印贸易质量指标

3.1　中国对印度出口商品结构

双边贸易的商品结构反映了两国贸易质量水平。目前中国对印度出口商品集中在 SITC 7（机械及运输设备）、SITC 5（未另列明的化学品）、SITC 6（按原料分类的制成品）和 SITC 8（杂项制品），2021 年所占比例分别为 49.53%、21.51%、15.79% 和 11.72%，其他各类商品所占比例均不足 1%（见表 2）。

表 2 中国对印度出口商品分布及占比   单位:%

SITC	描述	2000 年	2005 年	2010 年	2015 年	2021 年
0	食品和活动物	2.15	0.52	0.53	0.44	0.19
1	饮料及烟草	0.04	0	0.01	0.01	0.01
2	非食用原料	14.14	3.15	1.27	0.84	0.52
3	矿物燃料、润滑油	17.15	5.69	1.08	1.35	0.67
4	动植物油、脂和蜡	0.06	0.02	0	0	0.01
5	未另列明的化学品	26.21	19.42	19.33	21.73	21.51
6	按原料分类的制成品	13.73	26.20	20.64	19.79	15.79
7	机械及运输设备	20.89	38.90	49.30	42.45	49.53
8	杂项制品	5.62	5.97	7.74	13.38	11.72
9	未另分类的其他商品	0.01	0.11	0.10	0	0.05

数据来源：根据 UNCTAD 统计数据库计算整理。

从变化趋势来看分为三种情况：第一种是保持不变，SITC 5 在 2000—2021 年变化较小，保持在 20% 左右，2021 年为 21.51%。第二种是增长，其中 SITC 6 从 2000 年的 13.73% 经过波动增长，到 2021 年达到 15.79%；SITC 7 则经历了快速增长，从 2000 年的 20.89% 上升为 2021 年的 49.53%，占据了中国对印度出口的将近一半；SITC 8 从 2000 年的 5.62% 增长到 2021 年的 11.72%，增长了一倍。第三种是下降，包括 SITC 0（食品和活动物）、SITC 2（非食用原料）、SITC 3（矿物燃料、润滑油），2000 年所占比例分别为 2.15%、14.14%、17.15%，到 2021 年均降低到不足 1%。

SITC 分类中，0—4 类为初级产品，一般认为是资源密集型产品；5—8 类为工业制成品，一般认为 6、8 类为劳动密集型产品，5、7 类为资本和技术密集型产品。由此可见，中国对印度出口以工业制成品为主，资本和技术密集型产品比重上升，劳动密集型产品比重基本不变；资源密集型产品比重下降。中国对印度出口结构升级明显，出口贸易质量不断提升。

3.2 印度对中国出口商品结构

印度对中国的出口商品当中，2021 年排在前三位的是 SITC 6（按原料分类的制成品）、SITC 2（非食用原料）和 SITC 5（未另列明的化学品），所占比例分别为 35.08%、25.79% 和 14.01%；排在第二梯队的是 SITC 7（机械及运输设备）和 SITC 0（食品和活动物），所占比例分别为 9.57% 和 7.98%；另外，SITC 8（杂项制品）和 SITC 4（动植物油、脂和蜡）所占比例分别为 3.39% 和 3.03%；而 SITC 1（饮料及烟草）和 SITC 9（未分类的其他商品）所占比例可以忽略不计（见表 3）。

表3　印度对中国出口商品分布及占比　　　　　　　　　　单位：%

SITC	描述	2000 年	2005 年	2010 年	2015 年	2021 年
0	食品和活动物	9.23	1.58	1.93	2.12	7.98
1	饮料及烟草	0	0	0	0.04	0
2	非食用原料	37.99	65.25	68.06	18.29	25.79
3	矿物燃料、润滑油	2.09	0.58	1.63	2.76	1.09
4	动植物油、脂和蜡	2.06	0.57	1.25	2.41	3.03
5	未另列明的化学品	17.15	10.63	6.73	14.05	14.01
6	按原料分类的制成品	25.67	16.40	14.82	48.41	35.08
7	机械及运输设备	3.69	3.85	4.10	8.10	9.57
8	杂项制品	2.12	0.88	1.41	3.75	3.39
9	未另分类的其他商品	0	0.26	0.06	0.07	0.05

数据来源：根据 UNCTAD 统计数据库计算整理。

从变化趋势来看，2000—2021 年，SITC 6 经历了较大的波动，最终增长了 10% 左右，达到 35.08%；SITC 2 则在剧烈波动之后，下降了 12% 左右，占据 25.79%；SITC 7 有少量增长，从 3.69% 提升到 9.57%；其他各类商品所占比例变化不大。

由此可见，印度对中国的出口结构也发生了升级，呈现以工业制成品为主的特征，所占比例为 2/3 左右，初级产品比例则从 1/2 左右下降到 1/3 左右。从要素密集度来看，SITC 1—4 类资源密集型产品比例有所下降，但仍占 1/3 左右，SITC 6、SITC 8 类劳动密集型产品增多，从不足 30% 提升至将近 40%，SITC 5、SITC 7 类资本和技术密集型产品比例略有上升，从不足 1/5 提升至约 1/4。

4. 中印贸易竞争性和互补性指标

两国的贸易在国际上具有一定的竞争性和互补性，本文通过显示性比较优势指数和贸易互补性指数，分析中印两国在贸易上的竞争和互补关系，找到未来贸易的潜力。

4.1 显示性比较优势指数

显示性比较优势指数（Revealed Comparative Advantage Index，RCA 指数）由巴拉萨（Balassa，1965）[4] 提出，它通过将某国（地区）某产品出口放到与该产品世界出口的比较中，来定量地描述一个国家（地区）内某产品相对出口的优劣。RCA 指数的含义是：一国（地区）某种出口商品占其出口总值的比重与世界该类商品出口占世界出口总值的比重二者之间的比率。公式为：

$$RCA = \frac{X_i/X_t}{W_i/W_t} \tag{2}$$

在公式中，X_i 表示一国或地区某种商品的出口值，X_t 表示一国或地区商品的出口总值，W_i 表示世界某种商品的出口值，W_t 表示世界商品贸易的出口总值。RCA 的数值可用于反映一国（地区）在某种商品出口上比较优势的强弱，如果 $RCA>1$，则说明该国（地区）在该商品出口上具有比较优势，如果

RCA<1，则说明该国（地区）该商品的出口具有比较劣势。

表4计算了中国出口商品RCA指数。2021年，在SITC 0—4类初级产品和SITC 5（未另列明的化学品）、SITC 9（未另分类的其他商品）上的RCA指数小于1，表明在这些产品上存在显著的比较劣势；在SITC 6—8类工业制成品上的RCA指数大于1，表明存在比较优势。从变化趋势来看，2000—2021年，SITC 5的RCA指数略有回升，但仍然存在比较劣势；SITC 0—4的比较劣势在扩大；SITC 6（按原料分类的制成品）和SITC 7（机械及运输设备）的比较优势指数变化不大；SITC 8（杂项制品）的比较优势有所下降，但仍保持比较优势。

表4　中国出口商品显示性比较优势指数

SITC	描述	2000—2005年	2006—2010年	2011—2015年	2016—2020年	2021年
0	食品和活动物	0.74	0.47	0.43	0.41	0.33
1	饮料及烟草	0.28	0.15	0.16	0.17	0.10
2	非食用原料	0.43	0.21	0.18	0.17	0.14
3	矿物燃料、润滑油	0.27	0.15	0.10	0.17	0.12
4	动植物油、脂和蜡	0.10	0.09	0.05	0.08	0.11
5	未另列明的化学品	0.47	0.45	0.53	0.55	0.63
6	按原料分类的制成品	1.20	1.26	1.33	1.35	1.28
7	机械及运输设备	1.03	1.32	1.39	1.30	1.36
8	杂项制品	2.44	2.15	2.25	1.93	1.90
9	未另分类的其他商品	0.05	0.03	0.02	0.09	0.25

数据来源：根据UNCTAD统计数据库计算整理。

表5计算了印度出口商品的RCA指数。可以看出，2021年印度在SITC 0（食品和活动物）和SITC 3（矿物燃料、润滑油）两类初级产品以及SITC 5（未另列明的化学品）和SITC 6（按原料分类的制成品）两类工业制成品上的RCA指数大于1，表明印度在这些产品上具有出口比较优势；印度在其他

类别产品出口上大多存在比较劣势。从变化趋势来看，2000—2021 年，印度在 SITC 0、SITC 6 的 RCA 指数有所下降，但仍然保持一定的比较优势地位；在 SITC 3 的 RCA 指数上升，从比较劣势转变为比较优势地位；而在 SITC 2、SITC 4、SITC 8 的 RCA 指数下降，从比较优势转变为比较劣势地位。

如果中国和印度在同一个行业都具有出口比较优势，表明两国在该行业存在相互出口竞争性。从表 4 和表 5 可以看出，双方仅在 SITC 6（按原料分类的制成品）上 RCA 指数同时大于 1，体现出了一定的贸易竞争性。总体而言，中印两国在国际市场上并不是主要的出口贸易竞争对手。

表 5　印度出口商品显示性比较优势指数

SITC	描述	2000—2005 年	2006—2010 年	2011—2015 年	2016—2020 年	2021 年
0	食品和活动物	1.88	0.77	1.56	1.52	1.59
1	饮料及烟草	0.47	0.33	0.48	0.47	0.38
2	非食用原料	1.61	1.09	1.23	0.96	0.82
3	矿物燃料、润滑油	0.61	0.72	1.21	1.31	1.35
4	动植物油、脂和蜡	1.18	0.43	0.61	0.77	0.66
5	未另列明的化学品	1.10	0.58	1.12	1.37	1.27
6	按原料分类的制成品	2.67	1.26	1.96	2.06	2.15
7	机械及运输设备	0.23	0.23	0.43	0.48	0.49
8	杂项制品	1.55	0.81	1.19	1.14	0.91
9	未另分类的其他商品	0.41	0.31	0.45	0.10	0.01

数据来源：根据 UNCTAD 统计数据库计算整理。其中 2008 年和 2009 年数据缺失，仅用 2006 年、2007 年、2010 年数据计算平均值。

4.2　贸易互补指数

贸易互补指数（Trade Complementary Index，TCI）由德莱斯德（Drysdale，1967)[5]提出，是衡量两个国家（地区）之间某产品的互补性时使用较多的指标之一，该指数考虑了比较优势和比较劣势两方面，公式为：

$$TCI_{kij} = RCA_{xik} \times RCA_{mjk} \qquad (3)$$

RCA_{xik} 表示用出口衡量的 i 国（地区）k 产品的贸易比较优势，公式为：

$$RCA_{xik} = \frac{X_{ik}/X_i}{X_{kw}/X_w} \qquad (4)$$

其中 X_{ik} 表示 i 国（地区）k 产品出口额，X_i 表示 i 国（地区）所有产品出口总额，X_{kw} 表示 k 产品的世界出口额，X_w 表示世界贸易出口总额。RCA_{xik} 越大时，表明 i 国（地区）在 k 产品出口上具有比较优势。

RCA_{mjk} 表示用出口衡量的 j 国（地区）k 产品的贸易比较优势，公式为：

$$RCA_{mjk} = \frac{M_{jk}/M_j}{M_{kw}/M_w} \qquad (5)$$

其中 M_{jk} 表示 j 国（地区）k 产品进口额，M_j 表示 j 国（地区）所有产品进口总额，M_{kw} 表示 k 产品的世界进口额，M_w 表示世界贸易进口总额。RCA_{mjk} 越大时，表明 j 国（地区）在 k 产品进口上具有比较优势。

在贸易互补指数中，一国（地区）的出口商品类别与另一国（地区）进口商品类别越吻合，两国（地区）间的贸易互补指数会较大；如果两国（地区）间进出口商品类别不对应，则贸易互补指数较小。若贸易互补指数大于 1，则表明贸易出口国（地区）和贸易进口国（地区）的互补性高于国际市场平均水平。

以中国为出口国、印度为进口国对贸易互补指数进行测算的结果如表 6 所示。可以看出，SITC 6（按原料分类的制成品）大部分年份大于 1，说明中国出口和印度进口的贸易互补性较强；其次是 SITC 7（机械及运输设备），贸易互补指数逐年上升，到 2021 年达到 0.79；贸易互补指数有所增长并超过 0.5 的还有 SITC 5（未另列明的化学品）、SITC 8（杂项制品）、SITC 9（未另分类的其他商品）、SITC 4（动植物油、脂和蜡），2021 年分别为 0.68、0.59、0.56 和 0.55。贸易互补性下降的是 SITC 3（矿物燃料、润滑油）、SITC 2（非食用原料），分别从 21 世纪初的 0.84 和 0.70 下降为 2021 年的 0.30 和 0.14；贸易互补性最低的是 SITC 0（食品和活动物）和 SITC 1（饮料及烟草）。总体来看，中国对印度的出口贸易中，互补性较强的为工业制成品，存在较大发展潜力，而初级产品的贸易互补性逐渐降低。

表6 中国（出口）与印度贸易互补指数

SITC	描述	2000—2005 年	2006—2010 年	2011—2015 年	2016—2020 年	2021 年
0	食品和活动物	0.24	0.08	0.11	0.14	0.09
1	饮料及烟草	0.01	0.01	0.02	0.02	0.01
2	非食用原料	0.70	0.17	0.21	0.21	0.14
3	矿物燃料、润滑油	0.84	0.20	0.23	0.44	0.30
4	动植物油、脂和蜡	3.52	0.19	0.23	0.42	0.55
5	未另列明的化学品	0.42	0.23	0.48	0.57	0.68
6	按原料分类的制成品	1.48	0.83	1.45	1.61	1.31
7	机械及运输设备	0.48	0.47	0.70	0.79	0.79
8	杂项制品	0.80	0.39	0.71	0.67	0.59
9	未另分类的其他商品	0.11	0.05	0.05	0.16	0.56

数据来源：根据 UNCTAD 统计数据库计算整理。其中印度 2008 年和 2009 年数据缺失，仅用 2006 年、2007 年、2010 年数据计算平均值。

以印度为出口国、中国为进口国对贸易互补指数进行测算的结果如表7所示。首先，2021 年贸易互补指数超过 1 的有 SITC 2（非食用原料）、SITC 3（矿物燃料、润滑油）、SITC 6（按原料分类的制成品）和 SITC 0（食品和活动物），分别为 2.63、1.76、1.41 、1.17，说明在这些产品上印度出口和中国进口贸易互补性很强。从 2000 年以来的变化趋势来看，SITC 2 呈现波动下降态势，而 SITC 0 和 SITC 3 逐年上升，SITC 6 则经历了下降之后的回升。其次，贸易互补性较高的为 SITC 5（未另列明的化学品），2021 年的贸易互补指数为 0.98，但 2000 年以来总体是波动下降的。再次，SITC 4（动植物油、脂和蜡）、SITC 8（杂项制品）、SITC 7（机械及运输设备）的贸易互补指数在 0.5 左右，贸易互补性较低，其中 SITC 4 的贸易互补指数呈现下降趋势，而 SITC 7 经历了小幅上升才到达目前水平，SITC 8 经历了波动下降趋势。最后，SITC 1（饮料及烟草）和 SITC 9（未另分类的其他商品）贸易互补指数接近 0，互补性最低。总体来看，中国对印度的进口贸易中，贸易互补性较高的是资源密集型产品以及部分劳动密集型产品，而资本和技术密集型产品的贸易互补性较低。

表 7 印度（出口）与中国贸易互补指数

SITC	描述	2000—2005 年	2006—2010 年	2011—2015 年	2016—2020 年	2021 年
0	食品和活动物	0.59	0.19	0.59	0.83	1.17
1	饮料及烟草	0.07	0.07	0.16	0.20	0.14
2	非食用原料	4.22	3.59	4.01	3.16	2.63
3	矿物燃料、润滑油	0.46	0.60	1.17	1.68	1.76
4	动植物油、脂和蜡	1.75	0.72	0.64	0.68	0.59
5	未另列明的化学品	1.32	0.57	1.01	1.19	0.98
6	按原料分类的制成品	3.06	0.99	1.33	1.30	1.41
7	机械及运输设备	0.26	0.27	0.47	0.51	0.51
8	杂项制品	0.94	0.62	0.82	0.70	0.52
9	未另分类的其他商品	0.05	0.04	0.43	0.08	0.00

数据来源：根据 UNCTAD 统计数据库计算整理。其中印度 2008 年和 2009 年数据缺失，仅用 2006 年、2007 年、2010 年数据计算平均值。

5. 结语

本文运用中国和印度 2000—2021 年双边货物贸易数据，对贸易密切程度、贸易质量、贸易竞争性和互补性进行度量，得出如下结论：

第一，中印双边贸易紧密程度不断加深。中印双边贸易额在波动中上涨，中国处于顺差地位；中国成长为印度最重要的贸易伙伴之一，印度在中国进出口中所占的角色日渐凸显；但印度对于中国市场的依赖程度远高于中国对其依赖程度，印度对中国的出口强度低于对其他国家出口的平均强度。

第二，中印双边贸易质量在不断提升。中国对印度出口结构升级明显，目前以工业制成品为主，资本和技术密集型产品比重上升，资源密集型产品比重下降。印度对中国的出口结构也发生了升级，呈现出工业制成品为主的特征，但初级产仍占 1/3 左右，资源密集型产品和劳动密集型产品比重较大，资本和技术密集型产品约占 1/4。

第三，中印贸易竞争优势不同。中国在 SITC 6—8 类工业制成品上存在出口比较优势。印度在 SITC 0 和 SITC 3 两类初级产品，以及 SITC 5 和 SITC 6 两类工业制成品上存在出口比较优势。双方仅在 SITC 6 上 RCA 指数同时大于 1，体现出了一定的贸易竞争性。中印两国并不是主要的出口贸易竞争对手。

第四，中印贸易互补性较强。中国对印度的出口贸易中，互补性较强的为工业制成品，存在较大发展潜力，而初级产品的贸易互补性逐渐降低。中国对印度的进口贸易中，贸易互补性较高的是资源密集型产品以及部分劳动密集型产品，而资本和技术密集型产品的贸易互补性较低。

针对上述特点，中印双方应当继续深化两国经贸合作，抓住新冠疫情后的发展机遇，在"一带一路"倡议下进一步推动孟中印缅经济走廊合作。通过中印自贸区建设，促进双边贸易持续健康发展。中国可以加大对印度基础设施和相关领域的投资，以投资带动贸易，促进中国出口的多元化和质量提升。积极鼓励发展差异性中间产品，解决两国产品的竞争问题。基于双方的贸易互补性，增加对印度具有比较优势产品的进口，利用印度丰富的矿产资源满足我国市场对原材料的巨大需求，改善双边贸易不平衡状态。

参考文献

[1] 潘素昆，白小伟，马骆茹，等. 国际贸易理论与政策 [M]. 北京：清华大学出版社，北京交通大学出版社，2019.

[2] BROWN A J. Applied Economics：Aspects of the World Economy in War and Peace [M].

London：George Allen and Unwin，1949.

［3］DRYSDALE P. International Economic Pluralism：Economic Policy in East Asia and the Pacific［M］. New York：Columbia University Press，1988.

［4］BALASSA B. Trade Liberalization and Revealed Comparative Advantage［J］. The Manchester School of Economic and Social Studies，1965，33（2）：99－123.

［5］DRYSDALE P. Japanese－Australian Trade：An Approach to the Study of Bilateral Trade Flows［D］. Canberra：Australian National University，1967.

国际服务贸易课程思政案例分析

——以数字服务税为例

马骆茹

（北方工业大学经济管理学院，北京，100144）

摘要： 挖掘国际服务贸易教学中的课程思政元素，有利于更好地发挥专业课程的全面育人作用。基于国际服务贸易的课程特点，本课程以数字服务税作为案例分析，深入分析其产生背景、发展现状和壁垒性质，剖析其背后的国家利益博弈。数字服务税案例可作为国际服务贸易课程教学融入课思政的重要切入点之一，有利于学生了解当前国际服务贸易的热点问题，并理解国际规则制定背后的利益分配和国家立场。

关键词： 国际服务贸易；思政案例；数字服务税

1. 引言

在人类社会向服务经济深入发展的当下时代，国际服务贸易代表着未来国际贸易发展的方向和趋势，因而系统学习和了解国际服务贸易的相关知识内容是国际经济与贸易等专业学生的必经环节。国际服务贸易这门课程是为国际经济与贸易专业大三学生开设的一门专业必修课，总学时为 48 学时，共计 3 学分。该课程的主要内容包括国际服务贸易的概念、分类与统计，国际服务贸易理论，国际服务贸易政策工具，国际服务贸易规则，国际服务贸易政策体系与管理体制，典型国家服务贸易发展状况等内容。

国际服务贸易课程教学目标可以从知识目标、能力目标和育人目标三个方面来进行设置。知识目标是指本课程要求学生掌握国际服务贸易的概念、相关理论，掌握服务贸易协定的内容以及主要的服务贸易产业的发展现状，了解国内外服务贸易领域发展动态和理论前沿，为学习后续专业课程打下坚实的理论基础。能力目标是指本课程重在培养和增强学生对国际经济贸易，特别是服务贸易形势的观察、分析、研究和判断能力，牢固掌握服务贸易的基础理论并能够发现问题，提出自己的观点和看法，同时对各种具体的贸易形式有所认知和了解，由此不仅提高学生的理论研究水平，同时加强其把握新问题的敏感性和适应新形势、新局面的综合能力。育人目标是指国际服务贸易课程要求学生关注我国服务贸易领域的法律法规和相关政策，以及国内国际经济运行趋势，提升学生专业素养；与此同时结合我国及世界服务贸易发展的历史和现状，引导学生正确认识我国的经济发展道路，增强学生的爱国情怀、民族自豪感，鼓励学生发扬以改革创新为核心的时代精神，增强学生对我国经济发展模式的政治认同、思想认同、情感认同。

在国际服务贸易课程教学中，服务贸易壁垒是该课程的核心知识点之一。与货物贸易相比，服务贸易壁垒更加灵活隐蔽且复杂多变，以各国国内政策法规为主，形式繁多，并且不同服务行业的主要壁垒形式也有所不同。随着数字技术与服务贸易加速融合，数字服务贸易保持高速增长，规模逐渐扩大，新业态新模式正在服务贸易创新发展中发挥引领作用。在新业态新模式中，很多数字企业不需要设立实体机构，仅仅通过互联网即可完成交易，由此大型互联网企业能够有效逃避纳税责任，数字服务税的征收迫在眉睫（陈洪章等，2022）[1]。然而，各国针对数字服务税的征收引发了新一轮贸易保护主义抬头，可能形成新型服务贸易壁垒，对全球化经济体系产生深刻影响。因此，本文以数字服务税的产生与发展作为国际服务贸易壁垒这一知识模块的思政案例进行深入探讨，引导学生关注当代国际服务贸易热点问题。

2. 数字服务税案例分析

信息技术的快速发展正改变着经济活动的方方面面，同时也正对国际贸易产生着越来越大的影响，其中就包括对现行税制体系带来的巨大挑战。数字经济当前发展势头迅猛，然而数字服务税的问题至今都没有得到很好的解决。从当前国际服务贸易的现实可以看出，以苹果、亚马逊、谷歌为代表的互联网巨头公司，其利润并非完全依靠有形商品，部分利润来自软件专利之类的知识产权所衍生而来的使用费收益，甚至相当一部分的产品本身就以数字形式存在，如下载的歌曲。数字服务贸易与传统国际贸易方式不同，不存在海关通关以及征收关税的问题，数字企业将服务提供给其他国家获取巨额收入，却没有在相应国家和地区缴纳足够税费，激化了数字企业与国家主权、国家利益间的矛盾。目前，以英法为代表的部分国家开始征收单边税，其他很多国家对此持观望态度，各国数字化进程不一致，对于数字服务征税问题的主张也就各不相同（董小君、郭晓婧，2022）[2]。

2.1 数字服务税可能成为新型服务贸易壁垒

至于数字服务税是否会成为新型服务贸易壁垒，需要溯及服务贸易壁垒的定义。服务贸易壁垒是指一国通过设置限制或标准从而影响国际服务贸易的自由开展。服务贸易总协定（General Agreement on Trade in Services, GATS）作为当前主流的国际服务贸易规则，可以通过分析数字服务税有无违反 GATS 相应规则来判断是否会成为新型服务贸易壁垒，主要涉及最惠国待遇原则、国民待遇原则和一般性例外情况（茅孝军，2020）[3]。

首先，从最惠国待遇原则来看，其核心关注点主要在于对不同来源国的待遇不能存在差别，即不能存在对于某个或某些来源国提供的产品或服务的歧视。就目前针对数字服务税的改革方案来看，无论是哪种方案，其适用对象都是符合条件的所有企业，即使征收数字服务税本身被认为是一种歧视行为，也不存在针对某个或某些来源国的歧视问题，因此目前数字服务税的问题没有违反最惠国待遇原则。

其次，从国民待遇原则来看，其核心关注点主要在于比较其他国家和本国的待遇是否一致，即是否存在歧视外来产品或服务的问题。征收数字税本身是对本国数字产业的一种保护，从这个角度来看，征收数字税存在歧视外来数字服务的问题。然而，这里还需要明确数字服务税是否属于关税，因为对外国产品征收关税并不违反国民待遇原则，如果对外国产品进入本国关境后征收其他税时与本国产品待遇不同才违反国民待遇原则。就目前而言，尽管数字税在一定程度上有着类似传统关税的性质，但其与关税也存在着一些不同之处，各国并未真正将其视为关税。因此，对外来数字服务征收并不是关税的数字服务税则，在国际法层面构成了歧视，数字税的征收违反了国民待遇原则。

最后，从一般性例外规定来看，其核心关注点主要涉及公共道德与公共秩序，保护人类、动植物生命健康所必须的措施等。一国可能进行如下辩护：一方面，数字技术加剧了传统服务提供者与数字服务提供者之间的差距，需要开征数字税以减缓这种差距，保证他国服务提供者被公平或有效课征直接税；另一方面，数字税将以非歧视方式适用至全部的数字服务提供者，并不违反非歧视原则。然而，这种说法存在两个问题：第一，适用一般性例外规定要求采取措施应当限于稽征措施或所得税中的相关制度。从实践来看，法国数字税是一种典型的间接税，因而无法适用一般性例外规定。第二，如果将数字服务税设计成间接税，将难以在实践中发挥作用。因此，数字服务税无法适用一般性例外规定。

通过以上分析可知，数字服务税的歧视违反国民待遇原则，也无法适用一般性例外规定，可能会成为一种新型的服务贸易壁垒。

2.2 数字服务税的征收方案争论

有关数字服务税的讨论最早始于经合组织（OECD）2013 年"应对数字经济对国际税收规则的挑战"的研究，并得到 G20 圣彼得堡峰会支持。2018

年 3 月，OECD 发布《数字化带来的税收挑战中期报告》，阐述了营销型无形资产、用户参与、显著经济存在三种方案。

其中，美国主张的"营销型无形资产"方案主张跨国公司与消费者所在国的联结纽带是"营销型无形资产"。营销型无形资产是指企业的商标、品牌、用户数据等，企业利用这些营销型无形资产，能够通过互联网平台实现产品和服务的出口贸易。该方案的征税对象不仅包括互联网公司，也包括借助互联网营销的传统消费品公司，认为应对这类无形资产创造的利润征税。英国和欧盟主张的"用户参与"方案认为"用户参与"是联结跨国公司和消费者所在国的新纽带。该方案主要针对大型跨国科技公司，大型跨国科技公司在社交媒体、搜索引擎、在线交易平台三类业务上充分依靠大量海外用户参与，且参与人数越多，其业务价值越高，对用户大数据的分析也有利于相关服务的进一步优化，形成良性循环。此外，平台广告投放的受众面也随之大幅提升，这类大型科技公司还能获得这些增值业务的额外利润。因此该方案主张所在国有权对因用户参与而产生的额外利润征税，尤其是进行上述三大业务的大型跨国科技公司。"显著经济存在"方案对现有国际税收规则中的"物理存在"联结度规则进行了延伸，即如果跨国公司通过数字技术与消费者所在国保持着"有目的性和持续性的"互动，则跨国公司在消费者所在国具有"显著经济存在"（视同于在海外设置实体机构）。判定"显著经济存在"的必要条件是企业在该国持续产生收入，并可参考消费者所在国的用户数量及交易信息超过一定规模、源自消费者所在国用户的数字内容达到一定数量、以消费者所在国的货币计价或收款等附加条件（中国人民银行国际司课题组，2022）[4]。

此后，关于数字服务税改革的讨论基本围绕上述三个方案展开，"显著经济存在"方案对当前已有规则的改动最小，且存在着难以解决税收联结度问题的缺陷，因此前两种方案更受关注。从中可以看出这些方案主张背后的国家利益博弈，英国和欧盟主张的"用户参与"方案针对的正是美国的大型跨国科技公司，而美国主张的"营销型无形资产"方案则把征税对象扩大到了传统消费品公司。美欧针对数字税的问题近几年争论不休，甚至在数字服务方面发生了一系列贸易争端，因此当前全球数字服务税的改革方向并不明朗。

2.3 关于数字服务税的其他争议

除了关于数字服务税征收方案的争论，关于数字服务税的争议还包括以下三个方面（余振、沈一然，2022）[5]。

一是国家内部税制规则的改革与协调问题。诚然，在数字经济背景下，数字企业和传统企业之间存在着税负不公的问题，但数字税的征收仍然面临着种种挑战，针对数字税的税收规则往往与传统税收规则之间存在着一定的冲突。一方面，数字税的相关税收规则尚不成熟，许多细节问题有待明确，难以形成一套完善的税收规则体系，包括与传统税收规则之间的协调问题短期内难以实现。另一方面，当前数字企业的经营规划是基于传统税收规则的，急于推进数字服务税的征收会大幅增加数字企业的经营成本，虽然能够解决税负不公问题并为政府开拓税源，但却不利于数字经济的发展。

二是国家之间存在利益分配争议和重复征税的问题。首先，各国关于征收数字服务税的利益出发点存在明显差异，英国和欧盟的主张重点在于维护数字用户所在国利益，而美国的主张重点在于维护数字企业所在国利益。其次，如何划分征税权问题意见不一。传统税收规则框架下，通常通过是否固定、是否有连续性、是否存在人员或设备等指标定性分析，对常设机构进行判断或认定，并以外国企业是否在该国设有常设机构作为对非居民营业所得征税的依据。如果以常设机构为纳税地，跨国数字企业可以通过税务架构搭建与筹划在低税率国家确认所得，从而实现避税目的。为应对数字经济税收挑战，OECD 提出的新的税收联结度规则是"以销售的门槛"（数额根据市场规模可调整）作为基本标识，即通过定量分析判断数字企业在一国的实质性存在，从而赋予所得来源国优先征税权。在这种新的征税权分配规则下，数字企业将在数字用户所在国缴纳更多的税，这引起了爱尔兰等低税率国家的反对。易言之，新税收规则中的征税权门槛如何根据各国实际情况确定、由谁来确定等问题尚存争议。最后，如何解决重复征税问题尚未达成共识。OECD 设计的"双支柱"解决方案十分复杂，难以通过技术手段确定各国国内的销售份额与利润比例，实际操作中面临较大挑战。因此，以英国、意大利为代表的部分国家放弃共识性方案，选择以单边主义征收数字服务税，不将其纳入双边或者多边的税制框架，然而这种做法极有可能导致双重征税问题。

三是数字鸿沟和数字垄断问题。一方面，从宏观层面来看国与国之间数字鸿沟的形成已不可避免，在数字经济时代抢占先机既和一国的经济发展水平有关，也与该国的数字产业发展以及该国对数字产业基础设施的投入有着密切关系。然而，这意味着欠发达国家将再一次错过数字经济的全球化浪潮，其赶超将变得愈发困难，这必然也影响着这类国家对于数字服务税以及数字服务税规则的看法。另一方面，大型跨国科技公司如今随着其业务在全球范围内的展开，拥有着海量的外国用户数据，在数字经济时代，数据、信息已然成为新的生产要素，而大型跨国科技公司在这方面的大量积累已经形成了一定程度的数字垄断问题，并且数字生产要素的积累进一步扩大了数字经济先发国家与后发国家之间的差距，全球数字鸿沟将进一步扩大。

3. 数字服务税案例中的思政元素

在数字经济高速发展的背景下，中国也面临由数字服务税国际争议带来的内外双重挑战。对内而言，数字服务税会增加中国数字企业的合规成本，不利于中国数字企业的发展和"走出去"。对外而言，数字服务税给全球经济治理带来新的不确定性，对中国正在构建的开放型世界经济带来了新挑战。目前，中国还没有发展到征收数字服务税的阶段，国内还处于对数字服务税进行理论探讨和实践探索的阶段。但随着全球数字服务税征收范围的不断调整，越来越多的中国企业将面临数字服务税问题。中国作为数字经济大国，应未雨绸缪，充分利用自身优势，主动与美国、日本、欧洲国家沟通数字服务税相关问题，并在区域和全球多边等层面参与和推动数字服务税收规则谈判。

通过阐述数字服务税的产生与发展，让学生意识到国际规则的本质是各国利益博弈的结果，尤其是大国利益博弈的结果，必须依靠各国积极努力参与和表达才能达至均衡、公正。中国特色社会主义经济是全球经济中的一道独特风景，中国的法律制度与价值观理应在国际规则制定过程中获得更多的重视。只有积极参与国际规则制定，中国才能更有效地在全球范围内塑造国际架构，维持自身的地位，保障本国的发展。作为国际社会的重要一员，中国有必要严肃、积极地参与这个体系的建设，而中国参与本身也是这个规则体系多元化、健康、可持续及公正发展的必然要求。

参考文献

［1］陈洪章，袁红林，艾苏晨. 单边数字税对中国数字型企业的影响机制及风险防控措施研究［J］. 国际贸易，2022（10）：27-33，95.

［2］董小君，郭晓婧. 数字税征收的国际实践及我国应对方案［J］. 江苏行政学院学报，2022（5）：41-47.

［3］茅孝军. 新型服务贸易壁垒："数字税"的风险、反思与启示［J］. 国际经贸探索，2020，36（7）：98-112.

［4］中国人民银行国际司课题组. 全球数字税改革及其影响［J］. 中国金融，2022（2）：86-87.

［5］余振，沈一然. 数字税国际争议对全球经济治理的影响及中国对策［J］. 天津社会科学，2022（3）：84-89.

考虑忍耐度因素的铁矿石价格谈判问题分析

王书平

（北方工业大学经济管理学院，北京，100144）

摘要： 本文针对国际铁矿石市场，运用博弈理论，详细分析了铁矿石价格谈判这一重要定价模式。从微观的角度，根据国际铁矿石市场的特点以及影响铁矿石价格的因素，给出了刻画铁矿石买卖双方忍耐度的函数表达式。具体来说，忍耐度与国内铁矿石产量、进口铁矿石数量、海运价格、美元指数、铁矿石出口国国内利率等因素有关。之后，运用博弈理论，建立了包含忍耐度因素的铁矿石价格无穷次讨价还价模型。在此模型中，通过谈判决定了利润的分配比例和铁矿石价格，而铁矿石交易数量是买卖双方基于共同的利益，由铁矿石厂商生产铁矿石的边际成本和钢铁企业销售钢铁的边际收益这两个因素决定的。通过分析得出如下结论：铁矿石买卖双方各自获得的利润随自身忍耐度的增加而增加；铁矿石均衡价格随铁矿石买方忍耐度的增加而减小，随铁矿石卖方忍耐度的增加而上升；在铁矿石价格谈判中，先出价比较有利，也就是有先动优势。

关键词： 铁矿石；价格谈判；忍耐度；讨价还价

1. 引言

在本科的博弈论课程中，在讲到完全信息动态博弈时，一般会讲一个博弈模型——轮流出价的讨价还价模型。此模型是阿里尔·鲁宾斯坦（Ariel

Rubinstein）提出的，一般分为有限次和无穷次讨价还价，可以应用于商业经济的各种谈判中，比如国际铁矿石市场中的价格谈判。

随着经济的快速发展，我国对铁矿石的对外依存度逐步提高，已成为世界上第一大铁矿石净进口国。与此同时，在我国进口铁矿石的比例和数量不断上升的时候，其价格剧烈波动，整体上大幅走高。而铁矿石作为经济发展的基本原材料，其价格的大幅波动会给我国经济造成较大冲击，引起进口成本剧增，进而引发通货膨胀，减缓经济增长速度，同时，对财政政策和货币政策的有效实施也会造成不少困难。因此，深入分析铁矿石价格的形成机制及运行规律，对于铁矿石贸易乃至国民经济运行具有重要的现实意义。

国际铁矿石市场是一个典型的寡头垄断市场，其铁矿石供应主要由巴西的淡水河谷公司，澳大利亚的力拓公司、必和必拓公司三大巨头提供，而中国、日本、欧盟是铁矿石的主要需求方。从 20 世纪 80 年代开始，并经过 30 多年的发展，国际铁矿石价格主要以谈判的方式进行确定，即由供应方的代表（如淡水河谷、必和必拓或力拓）与需求方的代表（如中国的宝钢集团、日本的新日铁集团或欧洲钢铁工业联盟）进行谈判。这种由谈判确定的价格称为长协价格。长协价格采取首发跟风的模式，即供需双方阵营中任何一对率先达成铁矿石价格协议，其他各方均须无条件跟风接受谈判的结果。国际铁矿石价格每年谈判一次，下一财政年度的铁矿石均以此价格进行买卖，不受现货价格波动的影响。

但从 2010 年开始，国际铁矿石定价模式发生了较大变化，逐步放弃了年度谈判的定价模式，出现了按"铁矿石价格指数"进行季度、月度定价的模式，以及现货定价的模式。这些定价模式的共同特点是更加市场化，能比较迅速地反映供求关系的变化。但缺点也是明显的，那就是价格波动频繁（特别是现货定价模式），使得钢铁企业难以锁定成本，铁矿石供应商也无法锁定利润，从而影响到企业的生产和销售计划。这些定价模式对钢铁企业的影响也许更大，因为钢铁企业的利润本来就很单薄，对铁矿石这一重要原材料的成本很敏感，一旦铁矿石价格上涨，钢铁企业就很可能出现巨大亏损。因此，从 2012 年下半年开始，许多钢铁企业（以中国和韩国的钢铁企业为主）迫切希望恢复年度谈判的定价模式，而三大矿石巨头之一的巴西淡水河谷公司也表示，钢铁企业可以选择其偏好的定价模式，但选定后不得随意转换成其他模式。

2013 年 10 月，中国在大连商品期货交易所正式推出了铁矿石期货，这是全球首个实物和提货单交割的铁矿石合约，在铁矿石期货发展史上具有重要的意义。中国推出铁矿石期货，一方面，有利于促进铁矿石市场一种新的定价方式即期货定价逐步形成，使中国钢铁产业链的企业有更多的买卖铁矿石方式选择，另一方面，有利于提高中国在国际铁矿石定价方面的影响力。然而，目前来看，中国铁矿石期货市场的发展还存在这样几个问题：一是国内的参与交易者不够广泛，阙燕梅（2014）[1]调查研究认为，在中国铁矿石期货市场中，钢铁产业链的法人客户还是以铁矿石贸易商为主，而国有企业、钢厂和矿山的参与度仍然不足；二是国际参与度不够，根据目前的政策法规，境外投资者还无法直接参与国内铁矿石期货交易，特别是，国外三大铁矿石巨头还未参与国内铁矿石期货市场；三是铁矿石期货合约设计是以含铁量62%的进口铁矿石粗粉作为交易标的，由于我国自产矿品位低、产量小，铁矿石现货市场对进口矿的严重依赖将导致铁矿石期货市场严重依赖进口铁矿石。这些问题的存在，使得国内的铁矿石期货市场对国际铁矿石现货市场的影响非常小，更无法影响世界铁矿石价格走势。也正因为如此，铁矿石期货定价方式难以成为国际铁矿石市场的主流定价方式。

可以预期，在国际铁矿石市场中，关于定价模式以及模式选择，在钢铁企业和铁矿石供应商之间将是一个长期的、复杂的博弈过程。本文的目的是从博弈的视角，对铁矿石价格谈判这一重要的定价模式进行研究，重点考察忍耐度对价格谈判的影响。

2. 国内外研究现状及分析

从 1981 年开始，由于国际铁矿石价格主要以谈判的方式确定，许多学者也开始关注价格谈判这一问题，并进行了大量的研究工作。

世界银行较早从事了这方面的研究工作，其组织出版的一份研究报告（Priovolos，1987）[2]运用博弈理论讨论了铁矿石价格的决定，通过模拟分析认为，巴西提高铁矿石生产能力能降低铁矿石价格，而粗钢生产增加、通货膨胀率上升都会导致铁矿石价格的上涨；同时，美元相对于欧元、日元贬值，在开始的八年内会引起铁矿石价格下跌，而在八年后的两年内会引起铁矿石价格上升，但整体来看，美元贬值对铁矿石价格影响很小。罗杰斯和罗伯森（Rogers and Robertson，1987）[3]研究了国际铁矿石交易中的长期合约机制，实证分析表明，长期合约在一定程度上稳定了铁矿石的价格，为铁矿石市场的稳定发展起到了作用，同时，伴随着经济的不断发展，国际铁矿石交易的长期合约也变得越来越灵活。

阿拉兹和维拉（Allaz and Vila，1993）[4]构造了一个双寡头垄断的初级产品市场，双寡头均可以与卖方签订长期合约交易，如果其中一个买方与卖方签订长期交易，而另一个买方不签订，双方就进入斯坦克尔伯格的竞争状态，此时，签订长期合约交易的买方就具有先动优势。这样，双方都有参加长期合约交易的动力。但是，当双方都参加长期合约交易后，双方的产量会比不参加长期合约时的古诺状态下的产量高，因此就会导致现货价格的下降。极端的情况是，双方都签订无限期的长期合约，则利用现货价格与长期合约价格的价差来获得利润就是 0，这样现货的价格几乎等于边际成本，此时的经济效率接近完全竞争情况下的效率。然而，莱科克（Le Coq，2003）[5]通过给出不同的博弈情况得出了与阿拉兹和维拉相反的结论。他通过新的博弈情景，认为符合现实情况的假设是，在供方进入现货市场之前，首先会在长期合约市场进行一次性的博弈，在现货交易阶段将进行无限次的博弈。因此，双寡头会倾向于在现货交易阶段通过合谋把现货价格维持在高位。

中国从 1994 年开始，成为全球最大的钢铁消费国，1996 年成为全球最大的钢铁生产国，2003 年我国铁矿石进口数量首次超过日本，成为全球最大的铁矿石进口国，而且延续至今。也是从 2003 年开始，中国开始参与一年一度的国际铁矿石价格谈判，国内学者也逐渐重视铁矿石价格谈判问题，并对中国在铁矿石谈判中的地位问题给予了较多关注。

李新创（2005）[6]研究认为，中国钢铁企业在铁矿石价格谈判中没有话语权，其主要原因有三点：一是中国钢铁企业参与国际进口铁矿石谈判的主动性不够、经验不足；二是中国钢铁产业集中度偏低，难以形成统一对外的合力；三是中国从事进口铁矿石的贸易商很多，这些贸易商的利益不同也很难形成合力，而且贸易商与钢铁企业之间存在利益冲突。徐向春（2005）[7]研究也认为，从钢铁行业集中度的角度来看，全球的矿石开采行业处于垄断状态，相比之下钢铁市场的垄断程度低很多，因此整体上看钢铁企业在谈判中的议价能力不如铁矿石企业。一些文献提出了提高中国谈判地位的策略，如田志龙等（2005）[8]通过研究中国钢铁行业的一些经典案例，认为在铁矿石市场这个寡头垄断的行业中，采取信息共享的方式，能够帮助中国的钢铁行业提高谈判的地位，促进钢铁行业的长期健康发展。李荣（2006）[9]通过研究认为，中国钢铁企业与矿业巨头为了追求长远的利益关系，应该形成"双向依赖"的格局，以打破价格谈判僵局。徐川和黄希（2007）[10]认为政府主导铁矿石集体议价程序的做法并不符合当前中国市场经济发展的需要，只有建立现代化的组织管理体系才能解决目前中国市场结构性过剩的弊病，改变供求关系失衡的现状，进而增加己方的竞争优势并取得谈判的话语权。上述研究主要属于定性方面的分析。

与此同时，国内学者也从定量的角度分析了铁矿石价格谈判问题。商务部研究院研究员白明（2006）[11]提出采用纳什积概念来分析铁矿石价格谈判问题，纳什积的定义为：$N = (U_b - D_b)(U_s - D_s)$，其中，$U_b$ 和 U_s 分别指达成协议时买卖双方各自能够取得的效用，D_b 和 D_s 分别指不能达成协议时买卖双方各自的保留效用。铁矿石价格谈判时买卖双方应以追求纳什积最大化为目标，在此目标下合理划分买卖双方的分配比例 $(U_b - D_b)$ 和 $(U_s - D_s)$。但如何划分分配比例是一个难点，可能由于分配比例的不公平性，从而使最大化纳什积无法实现。姜南和霍佳震（2008）[12]从决策者有限理性出发，运用演化博弈方法分析了我国钢铁企业在铁矿石谈判过程中应当采取的策略，认为提高钢铁产业集中度、调整钢铁产品结构、提高企业的组织水平和管理水平，能够提高谈判的议价权。类似地，孙晓华等（2010）[13]运用演化博弈方法分析了中外铁矿石价格谈判问题，认为制度政策因素、行业协会力量都会影响到谈判的成功，进而对铁矿石价格产生影响。陈博和于同申（2010）[14]从企业理论的视角分析了中澳铁矿石价格谈判问题，并建立了相应的博弈模型，研究认为，中国钢铁行业的资产专用性和澳大利亚铁矿石厂商的机会主义行为，对谈判结果有重要作用，提出中国钢铁行业需要进行纵向一体化发展。丁永健和郝琦（2011）[15]通过博弈和回归分析认为，中国钢铁行业具有区域分割的市场结构，这一特点使中方在铁矿石进口价格谈判中处于劣势，从而导致铁矿石价格偏高。Zha 盛中和王文平（2012）[16]运用斯坦克尔伯格寡头竞争博弈模型，对国际铁矿石长协价谈判机制进行了研究，给出了长协价谈判在非合作博弈和合作博弈情形下理论上的均衡价格和收益，分析认为，近年来国际铁矿石价格上涨的原因，并不是长协价谈判机制本身，主要还是受供需方各自的市场地位、成本以及市场供求等因素的影响。王明喜等（2012）[17]针对铁矿石现货价格下跌这一现象，运用博弈论从短期和长期两个角度进行了分析，结论表明，在短期内，由于我国钢铁行业集中度较低，钢铁企业之间会进行一种"囚徒困境"式的博弈，从而使铁矿石谈判价格出现上涨，而铁矿石进口价格短期下跌是矿商营销策略的可能性较大；长期来看，由于我国钢铁行业集中度较高，矿商会选择降价销售，而我国钢铁企业会选择继续谈判策略，铁矿石价格下跌是钢铁行业发展周期的客观趋势。

从以上分析可以看出，对铁矿石价格谈判问题，主要从两个方面展开研究：一是从宏观和定性的角度分析价格谈判的影响因素，并提出相应的策略；二是运用博弈方法来研究铁矿石价格谈判问题。然而，现有的研究存在这样一个问题，缺乏对谈判双方忍耐度这一因素的考察，而忍耐度在价格谈判中是一个很重要的因素。

本文的目的是从博弈的视角，对铁矿石价格谈判这一重要的定价模式进行分析，重点是从微观的角度考察谈判双方忍耐度对价格形成的影响，并根据国际铁矿石市场的特点以及影响铁矿石价格的因素，给出刻画忍耐度的函数形式；从而在实践中，为谈判双方提供决策参考，争取达到双赢的格局。

3. 忍耐度的刻画

在铁矿石价格谈判中，每个参与者的议价能力是不一样的，而这个议价能力跟参与者的忍耐度有直接关系。所谓忍耐度是用来衡量参与者有没有耐心的一个指标，具体到经济分析中，忍耐度是指未来的收益对于参与者的一种重要程度，如果未来的收益对参与者很重要，则表示忍耐度大，如果未来的收益对参与者不重要，则表示忍耐度小。从这个意义上讲，忍耐度与经济学中的贴现率正好是一种反向关系。下面来分析忍耐度的影响因素以及刻画形式。

王书平等[18]探讨了铁矿石价格的影响因素，研究认为，影响铁矿石价格的主要因素有供求因素、海运价格、市场结构、实际利率、现货价格、美元汇率以及政治因素等；同时，考虑到影响因素的可量化性，运用向量自回归模型（VAR 模型），分析了进口铁矿石价格与中国国内铁矿石产量、进口铁矿石数量、波罗的海干散货运指数（BDI）、美元指数（USD）、中国国内利率、铁矿石出口国国内利率之间的关系。通过脉冲响应函数分析，得出这样几个结论：（1）国内铁矿石产量增加，会导致进口铁矿石价格下降，但下降的幅度有限；（2）进口铁矿石数量的增加，短期内会使铁矿石价格下跌，但长期内会拉动价格上涨；（3）反映海运价格的波罗的海干散货运指数 BDI 对铁矿石价格影响很大，BDI 的上升会引起铁矿石价格上涨；（4）美元指数 USD 上升（美元升值），会导致进口铁矿石价格下降，但下降的幅度不是特别明显；（5）中国国内利率的变化对铁矿石价格影响不显著，其原因主要有两点，一是国内铁矿石进口商不太重视利率因素，二是国内利率的传导机制不太顺畅；（6）铁矿石出口国国内利率与铁矿石价格具有一种正向关系。根据这些影响因素，下面给出忍耐度的刻画形式。

设铁矿石买方的忍耐度为 f_b，铁矿石卖方的忍耐度为 f_s，分别定义为：

$$f_b = h(x_1, x_2, BDI, USD, r_2) \tag{1}$$

$$f_s = g(x_1, x_2, BDI, USD, r_2) \tag{2}$$

由于中国国内利率对铁矿石价格影响不显著，因此，国内利率变量 r_1 没有放入忍耐度函数中。下面对函数（1）和（2）的特征进行分析。

由于铁矿价格与 BDI、铁矿石出口国利率正相关，因此当 BDI 和利率 r_2 上升时，铁矿石价格就有上涨的动力，这时卖方的忍耐程度趋向于上升，而买方的忍耐程度则下降。可以用偏导数来表示这种特征，如下：

$$\frac{\partial f_b}{\partial BDI} < 0, \frac{\partial f_b}{\partial r_2} < 0$$

$$\frac{\partial f_s}{\partial BDI} > 0, \frac{\partial f_s}{\partial r_2} > 0$$

而铁矿石价格与美元指数、买方国内铁矿石产量以及进口铁矿石数量具有反向关系，因此，当 USD、x_1、x_2 上升时，买方更具有忍耐力，谈判的议价能力也增强，而卖方的忍耐力则下降。如此，函数（1）和（2）具有如下特征：

$$\frac{\partial f_b}{\partial x_1} > 0, \frac{\partial f_b}{\partial x_2} > 0, \frac{\partial f_b}{\partial USD} > 0$$

$$\frac{\partial f_s}{\partial x_1} < 0, \frac{\partial f_s}{\partial x_2} < 0, \frac{\partial f_s}{\partial USD} < 0$$

一般来说，可以规定 f_b 和 f_s 满足：$0 \leq f_b$、$f_s \leq 1$，其值越小表示越没有耐心，越大表示越有耐心。

根据王书平等的分析，上述因素对忍耐度的影响程度从大到小依次是：BDI，r_2，x_2，x_1，USD。

4. 铁矿石价格谈判模型构建与分析

4.1 假设条件与变量说明

为了分析方便，本文做如下假设：

（1）铁矿石市场的主体都是理性的，追求利润最大化；

（2）铁矿石市场只有一个买方和一个卖方，因此市场上买卖市场都是垄断的，双方通过调节产量来获取最大化利润，同时假设这个买方是中国的钢铁企业；

（3）为了简化讨论过程，着重分析谈判过程，不计钢铁厂商的生产成本，只考虑购买铁矿石的成本，所以钢铁厂商的利润就是钢铁的收益减去铁矿石的成本；

（4）铁矿石买卖双方具有完全信息，即本文建立的模型为完全信息动态博弈模型；

（5）铁矿石买卖双方进行无穷次讨价还价，或者说双方不知道博弈什么时候结束。

下面来讨论钢铁企业和铁矿石卖方的利润函数。

令铁矿石价格为 p（此价格由双方谈判决定），铁矿石交易数量为 q，钢铁企业生产钢铁的收益为 $r(q)$，即为 q 的函数，则钢铁企业的利润函数为：

$$\pi_b = r(q) - pq \tag{3}$$

令铁矿石卖方的生产成本为 $c(q)$，即为铁矿石交易数量为 q 的函数，则铁矿石卖方的利润函数为：

$$\pi_s = pq - c(q) \tag{4}$$

双方的总利润为：$\pi = r(q) - c(q)$。

4.2 讨价还价过程

如果铁矿石买方和卖方是一个利益共同体，则只要考虑总利润 $r(q) - c(q)$ 即可，而铁矿石价格 p 对总利润没有影响，这样，双方只要选择一个合适的铁矿石生产数量，以实现总利润最大化。如果是这样的情况，则无须建立博弈模型进行分析。然而在现实中，买方和卖方并不是一个利益共同体，一方所得就是另一方所失，同时，每个参与者对未来收益的看法是不一样的，即忍耐度不一样。这样，双方就要对铁矿石价格 p 进行一番讨价还价，以实现各自利益的贴现值最大化。

在本文中，我们用忍耐度 f_b、f_s 分别对买方和卖方的未来收益进行贴现。假设买卖双方在时点 t 达成协议，则买方获得收益的贴现值为 $\pi_b \cdot (f_b)^t$，卖方获得收益的贴现值为 $\pi_s \cdot (f_s)^t$。

下面我们用无限次讨价还价的博弈思想对铁矿石价格谈判进行建模。在建模中，为了便于建模和求解，我们实行这样一项出价策略：买卖双方不直接对铁矿石价格 p 进行讨价还价，而是对总利润 π 提出一种分配方案，如果能达成这种协议，就可以决定均衡的铁矿石价格和均衡的铁矿石交易数量，这种利润分配方案实际上是对铁矿石价格 p 的一种间接报价。

讨价还价的基本过程为：在开始的时点 0，参与人 1（买方或卖方）首先出价：对总利润 π 提出一个分配方案，如果参与人 2 接受了参与人 1 的出价，则达成协议，并根据协议分配利润 π，进一步可以决定均衡价格；如果参与人 2 拒绝了参与人 1 的出价，则第一轮讨价还价结束。在第二轮中，由参与人 2 出价（也就是所谓的"还价"），如果这一出价被参与人 1 接受，则达成协议，如果拒绝，则第二轮讨价还价结束。这个讨价还价的过程不断重复下去，直到有一个参与人接受了另一个参与人的出价。这里假设，如果参与者选择接受的收益与选择拒绝的收益是无差异的，则选择接受。

具体过程如下：

假定在 t 时期，轮到买方出价，买方此时能得到的最大利润是 M。对买方而言，t 期的 M 等价于上一期即 $(t-1)$ 期得到 $M \cdot f_b$，因此，卖方在 $(t-1)$ 期出价时，只要分给买方的利润 δ_b 不少于 $M \cdot f_b$，则买方会接受这一分配方案，从而在第 $(t-1)$ 期，卖方会出价 $\delta_b = M \cdot f_b$，卖方自己得到利润 $(\pi - M \cdot f_b)$。当在第 $(t-2)$ 期时，对卖方来说，在第 $(t-1)$ 期得到的 $(\pi - M \cdot f_b)$ 等价于在第 $(t-2)$ 期得到的 $f_s(\pi - M \cdot f_b)$，因此，买方在第 $(t-2)$ 期出价时，只要分给卖方的利润 δ_s 不少于 $f_s(\pi - M \cdot f_b)$，则卖方会接受这一分配方案，从而在第 $(t-2)$ 期，买方会出价 $\delta_s = f_s(\pi - M \cdot f_b)$，买方自己得到 $\pi - f_s(\pi - M \cdot f_b)$。依次往上推算，可以预测，讨论还价在第一轮就可以达成协议，整个博弈结束。

4.3 模型求解

（1）买方先行出价情况下的均衡解。

由于本模型为无限次讨价还价模型，因此，从第（t-2）期开始的博弈与第 t 期开始的博弈是完全相同的，这样，买方在第（t-2）期得到的最大份额一定与其在第 t 期得到的最大份额相同，即有：

$$M = \pi - f_s(\pi - M \cdot f_b)$$

可以求出 $M = \dfrac{1-f_s}{1-f_s f_b}\pi$。

如果是买方先行出价，则买方在第一轮会提出这样一个利润分配方案：自己分配利润 $M = \dfrac{1-f_s}{1-f_s f_b}\pi$，卖方分配利润（$\pi-M$），由于卖方无法从拒绝此方案中获得更多的收益，则卖方会接受此方案。因此，买卖双方在第一轮可以达成协议，博弈结束。此时，买方和卖方得到的最优利润分别为：

$$\pi_b^m = \frac{1-f_s}{1-f_s f_b}\pi, \pi_s^m = \pi - \pi_b^m = \frac{(1-f_b)f_s}{1-f_s f_b}\pi \tag{5}$$

为了使利润 π_b^m 和 π_s^m 达到最大，铁矿石买方和卖方都有动力把总利润 π 做大。也就是选择一个铁矿石交易数量 q，使总利润函数 $\pi = r(q) - c(q)$ 达到最大。令总利润函数关于变量 q 的一阶导数等于 0，即：$\dot r(q) - \dot c(q) = 0$，从而可以得到利润最大化一阶条件如下：

$$\dot r(q) = \dot c(q) \tag{6}$$

从式（6）可以看出，当生产铁矿石的边际成本等于销售钢铁的边际收益时，铁矿石生产商和钢铁企业各自获得了最大利润。

如果给出了钢铁企业关于钢铁收益函数 $r(q)$ 和铁矿石生产商关于成本函数 $c(q)$ 的具体表达式，则根据式（6），可以求出最优的铁矿石交易数量，设为 q^e。此时，买方和卖方可以得到最大的均衡利润分别为：

$$\pi_b^e = \frac{1-f_s}{1-f_s f_b}[r(q^e)-c(q^e)], \pi_s^e = \frac{(1-f_b)f_s}{1-f_s f_b}[r(q^e)-c(q^e)] \tag{7}$$

要注意的是，在本文所建立的模型中，均衡的铁矿石交易数量 q^e 并不是由讨价还价决定的，而是买卖双方基于共同的利益，由铁矿石厂商生产铁矿石的成本和钢铁企业销售钢铁的收益这样两个因素决定的，也就是由条件式（6）决定的。可以看出，条件式（6）是一个固有属性，并不是由谈判来决定的。

为了求出最优的铁矿石报价 p^e，把最大的均衡利润式（7）和均衡交易数量 q^e 全部代入式（3）、式（4），可以得到两个等式：

$$r(q^e)-pq^e=\frac{1-f_s}{1-f_sf_b}\left[r(q^e)-c(q^e)\right] \tag{8}$$

$$pq^e-c(q^e)=\frac{(1-f_b)f_s}{1-f_sf_b}\left[r(q^e)-c(q^e)\right] \tag{9}$$

可以看出，式（8）和式（9）实际上是一致的。根据式（8）或式（9），可以求出买方先行出价的情况下，最优的铁矿石报价 p_b^e 为：

$$p_b^e=\frac{(1-f_b)f_s}{1-f_sf_b}\cdot\frac{r(q^e)}{q^e}+\frac{1-f_s}{1-f_sf_b}\cdot\frac{c(q^e)}{q^e} \tag{10}$$

在前面谈到，铁矿石买卖双方不直接对铁矿石价格 p 进行讨价还价，而是对总利润 π 提出一种分配方案。根据上述分析，如果买方直接对铁矿石报价为 p_b^e，则卖方会在第一轮接受这一报价，博弈结束，买卖双方得到的均衡利润同样为式（7）。因此，对总利润提出分配方案和直接对铁矿石报价，这两种出价策略本质上是一样的。

（2）卖方先行出价情况下的均衡解。

当铁矿石卖方先行出价，同理，卖方在第一轮会提出这样一个利润分配方案：自己分配利润 $\frac{1-f_b}{1-f_sf_b}\pi$，买方分配利润 $\left(\pi-\frac{1-f_b}{1-f_sf_b}\pi\right)$，由于买方无法从拒绝此方案中获得更多的收益，则买方会接受此方案。因此，买卖双方在第一轮可以达成协议，博弈结束。此时，买方和卖方可以得到最大的均衡利润分别为：

$$\pi_b^e=\frac{(1-f_s)f_b}{1-f_sf_b}\left[r(q^e)-c(q^e)\right],\ \pi_s^e=\frac{1-f_b}{1-f_sf_b}\left[r(q^e)-c(q^e)\right] \tag{11}$$

其中，q^e 为最优的铁矿石交易数量，满足条件式（6）。

同样地，可以求出卖方先行出价的情况下，最优的铁矿石报价 p_s^e 为：

$$p_s^e = \frac{1-f_b}{1-f_s f_b} \cdot \frac{r(q^e)}{q^e} + \frac{(1-f_s)f_b}{1-f_s f_b} \cdot \frac{c(q^e)}{q^e} \qquad (12)$$

4.4 模型均衡分析

下面分析忍耐度、出价顺序等因素对均衡利润和铁矿石均衡价格的影响。

4.4.1 忍耐度对均衡利润和铁矿石均衡价格的影响

从均衡利润式（7）和式（11）可以看出，对于买卖双方来说，各自获得的利润随自身忍耐度的增加而增加。

铁矿石均衡价格与忍耐度的关系不太容易直接从式（10）和式（12）看出，我们整理下这些式子，可得：

$$p_b^e = \frac{r(q^e)}{q^e} - \frac{1-f_s}{1-f_s f_b}\left[\frac{r(q^e)}{q^e} - \frac{c(q^e)}{q^e}\right] \qquad (13)$$

$$p_s^e = \frac{c(q^e)}{q^e} + \frac{1-f_b}{1-f_s f_b}\left[\frac{r(q^e)}{q^e} - \frac{c(q^e)}{q^e}\right] \qquad (14)$$

在钢铁行业中，一般地，销售钢铁的平均收益应大于生产铁矿石的平均成本，即 $\frac{r(q^e)}{q^e} > \frac{c(q^e)}{q^e}$，也就是 $r(q^e) > c(q^e)$，否则，钢铁企业会倒闭。这样，从式（13）和式（14）可以看出，铁矿石均衡价格随铁矿石买方忍耐度 f_b 的增加而减小，随铁矿石卖方忍耐度 f_s 的增加而上升。这一结论符合人们的常识。

关于忍耐度对均衡利润和铁矿石均衡价格的影响分析，考察如下几种极端情况：

极端情况1：钢铁企业的忍耐度 $f_b=1$，铁矿石卖方的忍耐度 $f_s<1$，即钢铁企业具有完全的耐心，而铁矿石卖方不具有完全的耐心。则无论出价顺序

如何，钢铁企业将获得全部利润 $[r(q^e)-c(q^e)]$，铁矿石均衡价格 $p_b^e=p_s^e=\dfrac{c(q^e)}{q^e}$。此时，铁矿石生产商获得的利润为 0，无法获得超额利润。

反之，如果钢铁企业的忍耐度 $f_b<1$，而铁矿石卖方的忍耐度 $f_s=1$。则无论出价顺序如何，铁矿石卖方将获得全部利润 $[r(q^e)-c(q^e)]$，铁矿石均衡价格 $p_b^e=p_s^e=\dfrac{r(q^e)}{q^e}$。此时，钢铁企业获得的利润为 0，无法获得超额利润。

极端情况 2：双方的忍耐度都为 0，即完全没有耐心，则谁先出价将得到全部利润。同时，如果钢铁企业先出价，则铁矿石均衡价格为 $p_b^e=\dfrac{c(q^e)}{q^e}$，价格比较低；如果铁矿石生产商先出价，则铁矿石均衡价格为 $p_s^e=\dfrac{r(q^e)}{q^e}$，价格比较高。

极端情况 3：双方的忍耐度都为 1，即都具有完全的耐心。从理论上可以证明，本文所建立的无穷次讨价还价模型有无数个子博弈精炼纳什均衡。比方说，铁矿石买方可以给定一个这样的战略：在每一轮出价中，自己总是分配利润 $\lambda\cdot\pi$，其中 $0\leqslant\lambda\leqslant1$，表示分配比例，为一给定值；在每一轮还价中，拒绝任何自己分配利润低于 $\lambda\cdot\pi$ 的分配方案，而接受任何自己分配利润不低于 $\lambda\cdot\pi$ 的分配方案。铁矿石卖方可以给定这样一个战略：在每一轮还价中，拒绝任何自己分配利润低于 $(\pi-\lambda\cdot\pi)$ 的分配方案，而接受任何自己分配利润不低于 $(\pi-\lambda\cdot\pi)$ 的分配方案；在每一轮出价中，自己总是分配利润 $(\pi-\lambda\cdot\pi)$。可以证明，上述战略组合构成子博弈精炼纳什均衡。首先，由于双方的忍耐度都为 1，当买方出价为自己分配利润 $\lambda\cdot\pi$ 时，卖方会接受，因为卖方不能从拒绝此出价中获得更高的收益；当卖方出价为自己分配利润 $(\pi-\lambda\cdot\pi)$ 时，买方也会接受，因为买方也不能从拒绝此出价中获得更高的收益，因此，上述战略组合为一纳什均衡；其次，给定原博弈的任何一个子博弈，此子博弈也是一个无穷次讨价还价模型，类似可以证明，上述战略组合在此子博弈下也是一个纳什均衡。综合起来，上述战略组合为一个子博弈精炼纳什均衡。不仅如此，分配比例 λ 可以是任意介于 0 到 1 之间的一个值。这就说明，本文所建立的无穷次讨价还价模型有无数个子博弈精炼纳什均衡。

那么，在现实情况中，哪个子博弈精炼纳什均衡最有可能出现呢？从公平的角度来看，可以预期，$\lambda = \dfrac{1}{2}$ 可能是一个聚点均衡，即铁矿石买卖双方平均分配利润 π。此时，铁矿石买卖双方获得的均衡利润相等，均为 $[r(q^e) - c(q^e)]/2$，铁矿石均衡价格 $p_b^e = p_s^e = \dfrac{1}{2}\left[\dfrac{r(q^e)}{q^e} + \dfrac{c(q^e)}{q^e}\right]$。

在实际的铁矿石市场和钢铁行业中，上述极端情况是很少出现的，但这些分析有助于我们更好地理解铁矿石价格谈判问题。下面具体分析忍耐度中的一些因素对铁矿石价格谈判的影响。

（1）波罗的海干散货运指数（BDI）对谈判的影响。自 2001 年以来，我国对进口铁矿石需求不断增加，导致全球的矿石运力比较紧张，干散货船的运力不能满足日益高涨的铁矿石运量的要求，海运价格呈现上涨趋势。这样一来，我国钢铁企业在铁矿石价格谈判中，就会急于达成协议，以便在海运价格比较低的时候安排货运。此时，我国钢铁企业在铁矿石价格谈判上的忍耐程度就会降低，使得铁矿石卖方对于谈判价格有较大的控制力，引起铁矿石谈判价格上涨。例如，在 2006 年铁矿石价格谈判时，铁矿石卖方必和必拓公司在航运市场上突然增加租船的数量，当谈判进行到第四轮时，海运价格突然上涨，使得买方的谈判者急于达成协议，以便在海运价格较低的时候签订租船合同，从而引起铁矿石谈判达成的协议价格上涨。2010 年，也发生了类似的情况。

（2）美元指数对谈判的影响。当美元指数有上涨趋势时，美元在未来具有更强的购买力，此时，铁矿石买方会更具有讨价还价的耐心，而卖方的耐心程度会降低。此时，在铁矿石价格谈判中，卖方更急于达成协议，均衡价格就会降低。但总体来说，美元指数对铁矿石价格谈判影响比较小。

（3）买方国内铁矿石产量对谈判的影响。当买方自产铁矿石供给率上升的时候，买方不急于进口大量的铁矿石，这样，在铁矿石价格谈判中，买方就更具有耐心，均衡价格会降低。对于中国来说，逐步淘汰钢铁产业的落后产能和过剩产能，可以大大降低铁矿石的对外依存度，从而提高我国钢铁企业在价格谈判中的议价能力，有利于促进钢铁行业健康稳定发展。

（4）进口铁矿石数量对谈判的影响。进口铁矿石对于买方来说是一种需求，对卖方来说是一种供给。在前面的模型求解中谈到，如果双方都是理性的，铁矿石交易数量是由条件式（6）决定的，即由生产铁矿石的边际成本与销售钢铁的边际收益相等这一条件决定，不是由谈判来决定。但是，铁矿石交易数量对双方的忍耐度是有影响的。假定其他因素不变，对于铁矿石买方来说，由于购买铁矿石需要支付货币，当进口铁矿石数量越多时，其忍耐度应该越大，也就是越迟支付越好；对于铁矿石卖方来说，卖出铁矿石可以获得收益，当卖出铁矿石数量越多时，其忍耐度应该越小，也就是越早收到支付越好。综合起来，在铁矿石价格谈判中，当进口铁矿石数量增加时，由于买方的忍耐度提高而卖方的忍耐度减小，铁矿石均衡价格会降低。然而，在2003—2012年，我国进口铁矿石数量巨大而且逐年提高，为什么铁矿石协议价格还是不断上涨呢？其原因是复杂的，但仅从铁矿石交易数量的角度来分析，实际上，我国对铁矿石的巨大需求来自众多的钢铁企业，这样，一个钢铁企业进口铁矿石的数量并不多，当一个钢铁企业与铁矿石生产商进行谈判时，其议价能力会变小，从而导致谈判的价格不利于买方。如果中国的众多钢铁企业联合起来，由统一的组织比方说中国钢铁工业协会与铁矿石生产商进行谈判，其议价能力会大幅度提升，铁矿石谈判价格也会降下来。

（5）铁矿石出口国的市场利率对谈判的影响。当铁矿石出口国的市场利率上升时，对铁矿石生产商会造成三方面的影响：一是生产成本上升；二是尽快销售铁矿石以获得货币资金，铁矿石生产商是有利可图的；三是由于美元走弱，而铁矿石贸易又以美元计价并结算，这将导致铁矿石生产商出口矿石时利益受损，为了补偿损失，铁矿石生产商在价格谈判中会要求提价。这三方面影响中，第一个和第三个影响会使铁矿石生产商的忍耐度提高，而第二个影响会使忍耐度降低。由于生产成本上升和汇率损失是直接而又比较大的影响，综合起来看，当铁矿石出口国的市场利率上升时，铁矿石卖方的忍耐度会提高。相应地，买方的忍耐度降低，希望尽快达成谈判价格。这样，当铁矿石出口国的市场利率上升时，谈判达成的均衡价格一般会上升。例如，

2006 年，在中国与澳大利亚的长协矿价格谈判中，澳大利亚铁矿石厂商要求提价 19%，其理由是澳元加息、美元贬值；2010 年也发生了类似的情况。

4.4.2 出价顺序对均衡利润和铁矿石均衡价格的影响

（1）出价顺序对均衡利润的影响。比较均衡利润表达式（7）和式（11），可以发现，$\pi_b^e \geqslant \pi_b^*$，$\pi_s^e \geqslant \pi_s^*$，即在无穷次讨价还价的铁矿石价格谈判中，对于同一个参与者来说，先出价比较有利，也就是有先动优势。

（2）出价顺序对铁矿石均衡价格的影响。比较均衡价格表达式（10）和式（12），其大小关系不太容易看出，为此，考虑 p_b^e 与 p_s^e 的差值，即：

$$p_b^e - p_s^e = \frac{(1-f_b)f_s}{1-f_s f_b} \cdot \frac{r(q^e)}{q^e} + \frac{1-f_s}{1-f_s f_b} \cdot \frac{c(q^e)}{q^e} - \frac{1-f_b}{1-f_s f_b} \cdot \frac{r(q^e)}{q^e} - \frac{(1-f_s)f_b}{1-f_s f_b} \cdot \frac{c(q^e)}{q^e}$$

$$= \frac{1+f_s f_b - f_s - f_b}{1-f_s f_b} \left[\frac{c(q^e)}{q^e} - \frac{r(q^e)}{q^e} \right]$$

由于 $\frac{c(q^e)}{q^e} < \frac{r(q^e)}{q^e}$，则有 $p_b^e < p_s^e$。也就是说，当铁矿石买方先出价时，铁矿石均衡价格比较低，而铁矿石卖方先出价时，铁矿石均衡价格比较高。

5. 结语

本文针对国际铁矿石市场，运用博弈理论，详细分析了铁矿石价格谈判这一重要定价模式，重点从微观的角度，根据国际铁矿石市场的特点以及影响铁矿石价格的因素，给出了刻画铁矿石买卖双方忍耐度的函数表达式，具体来说，忍耐度跟国内铁矿石产量、进口铁矿石数量、海运价格、美元指数、铁矿石出口国国内利率等因素有关。然后，运用博弈理论，建立了包含忍耐度因素的铁矿石价格无穷次讨价还价模型。特别要指出的是，在此模型中，谈判决定的是利润的分配方式和铁矿石价格，而铁矿石交易数量并不是由谈判决定的。铁矿石交易数量是买卖双方基于共同的利益，由铁矿石厂商生产铁矿石的边际成本和钢铁企业销售钢铁的边际收益这两个因素决定的，而这两个因素是钢铁行业的固有属性，跟谈判没有关系。通过模型分析，可以得出如下几点结论：

（1）对于铁矿石买卖双方来说，各自获得的利润随自身忍耐度的增加而增加；当双方都具有完全的耐心时，存在无穷多个子博弈精炼纳什均衡，双方平均分配利润最有可能是一个聚点均衡。这里也说明，在商业经济社会中，一方面，企业和人们在做事情的时候，需要有信心和耐心，这样才能取得更大的成功；另一方面，在利益严重冲突的时候，需要有合作的意识和精神，并做出适当的让步，这样才能达成合作，否则就会两败俱伤。

（2）铁矿石均衡价格随铁矿石买方忍耐度的增加而降低，随铁矿石卖方忍耐度的增加而上升；当双方都具有完全的耐心时，存在无穷多个均衡价格，最有可能的是，铁矿石均衡价格等于生产铁矿石的平均成本与销售钢铁的平均收益之和的一半。

（3）在铁矿石价格谈判中，先出价比较有利，即有先动优势；同时，当铁矿石买方先出价时，铁矿石均衡价格比较低，而卖方先出价时，铁矿石均衡价格比较高。

参考文献

［1］阙燕梅. 投资基金参与铁矿石期货积极性明显提升［N］. 期货日报，2014-04-10（002）.

［2］PRIOVOLOS T. An Econometric Model of the Iron Ore Industry［R］. ［S. 1.］: World Bank Staff Commodity Working Paper, 1987.

［3］ROGERS C D, ROBERTSON K. Long term contacts and market stability: The case of iron ore［J］. Resource Policy, 1987, 13（1）: 3-18.

［4］ALLAZ B, VILA J. Cournot competition, forward markets and efficiency［J］. Journal of Economic Theory, 1993（59）: 1-16.

［5］LE COQ C. Long-term supply contracts and collision in the electricity market［R］. ［S. 1.］: Working Paper Series in Economics and Finance 552, Stockholm School of Economics,

2003.

[6] 李新创. 主动争取进口铁矿石价格话语权 [J]. 冶金经济与管理, 2005 (6): 8-9.

[7] 徐向春. 拨开铁矿石涨价迷雾 [J]. 冶金管理, 2005 (10): 33-34.

[8] 田志龙, 贺远琼, 衣光喜, 等. 寡头垄断行业的价格行为——对我国钢铁行业的案例研究 [J]. 管理世界, 2005 (4): 65-74.

[9] 李荣. 铁矿石谈判僵局博弈 [J]. 瞭望新闻周刊, 2006 (4): 46-48.

[10] 徐川, 黄希. 集体议价程序与铁矿石价格谈判失利 [J]. 当代经济, 2007 (8): 75-76.

[11] 白明. 纳什积与铁矿石涨价——对中国参与国际市场铁矿石议价的个人观点 [J]. 中国物价, 2006 (8): 28-32.

[12] 姜南, 霍佳震. 国际铁矿石协议价格的分析及对策 [J]. 价格理论与实践, 2008 (9): 60-61.

[13] 孙晓华, 胡林, 张国峰. 中外铁矿石价格谈判的演化博弈分析 [J]. 南京财经大学学报, 2010 (4): 14-18.

[14] 陈博, 于同申. 资产专用性、机会主义行为与纵向一体化——基于中澳铁矿石价格谈判的实证研究 [J]. 经济与管理研究, 2010 (10): 109-114.

[15] 丁永健, 郝琦. 区域分割、先行者优势与铁矿石进口价格谈判劣势 [J]. 国际贸易问题, 2011 (6): 3-11.

[16] Zha 盛中, 王文平. 基于博弈视角的国际铁矿石长协价谈判机制研究 [J]. 预测, 2012, 31 (1): 39-43.

[17] 王明喜, 王明荣, 谢海滨, 等. 博弈视角下我国铁矿石进口价格谈判的长短期均衡 [J]. 管理评论, 2012, 24 (9): 11-18.

[18] 王书平, 闫晓峰, 吴振信. 基于 VAR 模型的铁矿石价格影响因素分析 [C] // 第十三届中国管理科学学术年会论文集. 杭州: 中国优选法统筹法与经济数学研究会, 2011: 570-575.

第三篇　金融学篇

金融学方面的课程主要包括金融学、金融风险管理、互联网金融、证券投资学、金融机构与金融市场、固定收益证券等。在本篇中围绕金融学领域相关课程的某个重要知识点进行阐述，通过对知识点的说明和进一步分析加深对课程内容的理解，并融入中国的金融实践与思政元素。

党的二十大报告再次强调"守住不发生系统性风险的底线"，商业银行资本安全性问题是稳健发展的核心。基于金融学课程，《商业银行的安全性对盈利性的影响分析》以2014—2022年的商业银行经营数据为基础，构建平衡面板模型，实证测算我国商业银行安全性对其盈利性的影响。

我国各大商业银行推出大宗商品相关的账户商品业务，在满足银行利润增长和投资者个性化投资需求的同时，给商业银行的风险管理带来考验。基于金融风险管理课程，《商业银行账户商品业务风险防范——以"原油宝"为例》以中国银行"原油宝"风险事件为例，分析了商业银行账户商品业务风险防范中存在的问题及对策。

汽车金融是汽车业和金融业融合发展的重要领域，是业务快速创新与风险不断暴露并存的焦点行业。基于互联网金融课程，《数字经济视角下汽车金融业务发展分析》将重点知识迁移到汽车金融行业发展分析中，回溯了发展阶段和现状，分析数字经济冲击下行业出现的新变化及应对方法。

养老金是影响资本市场长远发展的重要力量，随着个人养老金政策出台，个人养老金账户、养老基金产品迎来巨大发展机遇。基于证券投资学课程，《证券投资学自主学习能力培养的探索实践》引导学生掌握多因子风险模型的设计思想、变量筛选方法，提高自主学习能力，为后续的多因子价值投资奠定基础。

股票估值理论是评估股票内在价值的依据。只有对股票进行准确评估，投资者才能做出正确的投资决策。基于证券投资学课程，《相对估值模型及其在中国市场的应用——基于 PE 模型》对相对估值法中市盈率模型的计算公式、含义和使用原则进行阐述，以贵州茅台为案例，运用市盈率模型对其进行估值。

学生在面临毕业去向时会犹豫不决、纠结茫然，其自身缺乏独立思考的意识和能力。基于金融机构与金融市场课程，《金融机构与金融市场课程思政教学案例——基于投资组合选择理论的分析》帮助学生建立理性的分析框架，培养学生勇于探究的科学精神，强化深度学习理念并完善独立人格。

实体经济与金融状况之间存在密切反馈，经济学家和政策制定者面临建立良好的宏观金融联系的重大挑战。基于固定收益证券课程，《利率期限结构对我国宏观经济影响的实证分析》建立我国的利率期限结构因子模型，通过结构方程模型分析利率期限结构因子与通货膨胀、人民币汇率以及货币政策的总体关系。

商业银行的安全性对盈利性的影响分析

李洪梅

（北方工业大学经济管理学院，北京，100144）

摘要：党的二十大报告再次强调"守住不发生系统性风险的底线"，商业银行资本安全性问题是稳健发展的核心。本文以 2014—2022 年的商业银行经营数据为基础，构建平衡面板模型，实证测算我国商业银行安全性对其盈利性的影响。结果表明：总体而言，商业银行的安全性会对盈利性产生负向影响，但针对不同法人类型的商业银行，影响表现不同，股份制商业银行受到的负向影响效果最小，大型商业银行受到的负向影响效果较小，城市商业银行受到的负向影响程度最大，而农村商业银行的安全性会对盈利性产生正向影响。

关键词：商业银行；安全性；盈利性；异质性分析

1. 引言

在本科的金融学课程中，介绍商业银行的经营管理时，都会讲到经营的"三性"原则，即遵循安全性、流动性和盈利性原则。这三个原则之间既统一，又矛盾。统一的是，流动性与安全性统一，两者同向变化，但它们与盈利性形成冲突，高安全强流动的经营模式，商业银行往往难以实现高盈利性。在中国特色的金融发展过程中，商业银行作为我国极为重要的金融构成部分，其安全经营状况和盈利水平都与宏观经济稳定发展有着密切的联系。因此，在保证商业银行经营安全性的同时，其盈利性如何？安全性会对盈利性产生何种影响？两者的关系与理论结论是否一致？在现阶段，对于这些问题的讨论，有一定的研究意义。

2008 年由美国次贷危机引发的金融危机，究其根本是金融机构对于盈利性的过度追求而放松了对安全性和流动性的管理。资本低质、资产高危、高杠杆经营等情况的存在，虽然会使金融机构有可能获取巨额收益，但也孕育着巨大的风险。为防范商业银行经营中对于盈利的过度追求，国际金融监管机构不断完善对商业银行安全性与流动性的监管要求。2010 年 9 月 12 日，在前两版的《巴塞尔协议》基础上，巴塞尔银行监管委员会进一步推出了《巴塞尔协议Ⅲ》，针对商业银行的经营提出了更为严格的资本安全性要求。我国也不断修改完善《商业银行法》，规范经营要求，提高风险防控能力。

现有对商业银行盈利性影响的研究较为丰富，从多种角度展开分析，但直接关注商业银行安全性对其盈利性影响的研究相对较少。博格（Berger，1995）[1]的研究表明，20 世纪 90 年代，商业银行的资本比率与盈利之间存在一定的负相关。哈勒等（Harle et al，2010）[2]估算了欧洲规模最大的 45 家银行在《巴塞尔协议Ⅲ》之后，提高资本安全性对盈利的影响，指出经营安全性标准的提高对盈利性产生极大的压力。资本充足率的进一步提高，将造成银行利润的降低（Martin and Parigi，2013）[3]。陆静（2011）[4]通过比较分析中国、美国和欧洲等地国际商业银行的资本充足率情况，指出强化经营安全性管理的资本监管新规，增加了商业银行的经营成本，削减了相应的盈利能力。陈珠明等（2014）[5]研究发现，提高安全性过程中对资本的不断投入，会对商业银行盈利性形成负面压力。易传和等（2015）[6]研究指出，加强资本监管提高商业银行经营的安全性，存在对商业银行盈利能力的显著影响。邵爽（2016）[7]讨论资本缓冲问题时指出，提高资本缓冲加强监管，会对商业银行的绩效产生显著的不利影响。王祺等（2021）[8]探讨了宏观审慎的影响性，研究指出我国宏观审慎政策的实施，对于商业银行盈利形成一定的负向影响，即追求安全性时对于盈利性造成一定制约。

同时也有很多研究表明，提高安全性要求对于盈利性的影响不显著或为正向

（Meh and Moran，2010[9]；Hanson et al.，2011[10]；段军山、杨浦，2013[11]；王曼舒、张斌，2013[12]；马瑾，2013[13]，朱明秀、吴奇，2013[14]）。

综上所述，现有研究在提高商业银行安全性要求对于盈利性的影响方面，存在不同的研究结论。多数学者的研究表明提高对资本的监管要求，进一步强化安全性水平，会对商业银行的盈利性产生负向影响。但考虑不同因素和环境的情况下，也存在安全性水平提高，将有利于商业银行盈利性增强的情形。

为此，面对不同的研究结果，本文借助 2014—2022 年的商业银行经营数据和宏观数据进行实证测验，以验证本科金融学课程中商业银行经营三原则的现实表现之一，即商业银行三性原则中安全性原则对于其盈利性的影响表现。

2. 商业银行安全性及盈利性情况

面对即将落地的《巴塞尔协议Ⅲ》最终版，我国已于 2022 年 7 月 1 日，在中国银保监会 2022 年规章立法工作计划中，明确提出要对《商业银行资本管理办法（试行）》进行修订。党的二十大报告中，再次明确指出，要守住不发生系统性风险的底线。作为承担风险和吸纳损失的首选资金，商业银行的资本是经营安全的基本底线。现阶段推进商业银行经营安全性、构建稳健经营模式过程中，重中之重在于建立资本约束机制。本文通过整理近年商业银行经营指标发现，我国商业银行安全性与盈利性总体呈现三大特点。

2.1　商业银行安全性整体水平分析

经过多年坚持对商业银行执行严格的资本监管，现阶段我国商业银行的资本实力不断稳固，整体展现出不断稳步提升的态势。从经营安全性角度看，资本充足率是衡量商业银行安全性最重要的指标。如图 1 所示，在我国，商业银行资本充足率增长显著，一级资本充足率与核心一级资本充足率也均得到大幅提高。具体来说，资本充足率从 2009 年一季度的 12.13% 到 2022 年三季度的 15.09%，增幅 24.40%，相对监管基准要求的 10.5%，现在已高出4.59%，安全边际持续增长；核心一级资本充足率由 2013 年一季度的 10.04%到 2022 年三季度 12.21%，增幅 21.61%，相对监管基准 8.5% 高出 3.71%；核心一级资本充足率由 2009 年一季度的 10.04% 到 2022 年三季度 10.64%，增幅 5.98%，相对监管基准 7.5% 高出 3.14%。

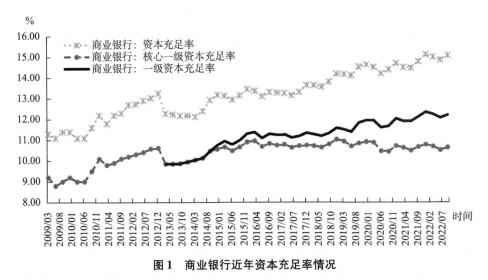

图 1　商业银行近年资本充足率情况

资料来源：中国银保监会、wind 数据库。

2.2　不同类型商业银行安全性水平分析

参照中国银保监会对商业银行按照法人的分类来看，各类型商业银行的安全性水平存在较大差距。从图 2 中可以看出，资本充足率总体水平较高的是大型商业银行，高于平均水平；股份制商业银行、城市商业银行和农村商业银行的资本充足率都低于平均水平。从资本充足率的具体情况来看，从2014 年一季度到 2022 年三季度，大型商业银行一直保持良好的增加趋势，从12.56% 增加到 17.61%，增幅 40.2%；股份制商业银行初期水平最差，仅有10.55%，但持续增长力量强劲，并于 2019 年超过城市商业银行，增长到

13.544%，增幅 28.37%；城市商业银行增长较为稳定，从 11.9% 增长到 12.849%，增幅 7.97%；农村商业银行则出现了小幅下降的情况，从最初的 13.29% 降到 12.032%，增幅-9.47%，资本补充压力明显。

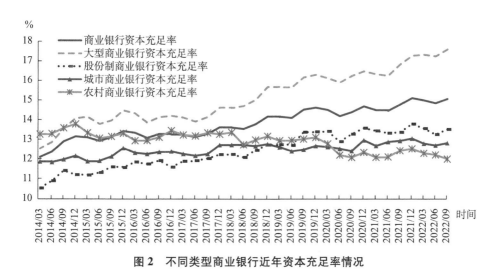

图 2　不同类型商业银行近年资本充足率情况

资料来源：中国银保监会、wind 数据库。

2.3　商业银行盈利性水平分析

　　伴随商业银行资本监管的逐步深化，防范风险能力不断完善，经营安全性得到很好的保障。但商业银行在补充完善资本的同时，盈利水平总体有所下降（见图3）。资产收益率是反映商业银行盈利性的重要指标，从该指标的变化发现，2014 年一季度到 2022 年三季度，反映商业银行盈利性水平的资产收益率不断下滑。从商业银行总体来看，早期平均达到 1.4%，但 2022 年三季度仅有 0.754%。大型商业银行的总体盈利水平位于行业平均水平之上，但依然呈现不断下降的情况，从 1.47% 降到 0.887%。股份制商业银行的盈利水平从 1.25% 降到 0.842%，股份制商业银行从资产收益率最低，从 2019 年开始逐步超出行业平均水平，并接近大型商业银行的盈利水平。城市商业银行的资产收益率从 1.3% 一路降到 0.63%，下降幅度达到 50% 以上。农村商业银行的盈利性在初期最强，资产收益率达到 1.6%，但此期间降幅 83.88%，至今资产收益率仅为 0.258%。近年来，农村商业银行和城市商业银行的盈利水平都低于平均水平。

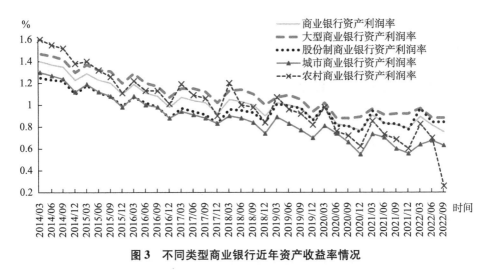

图 3　不同类型商业银行近年资产收益率情况

资料来源：中国银保监会、wind 数据库。

3. 实证设计及数据来源

3.1　样本选择与数据来源

本文选取 2014—2022 年 9 月的季度平衡面板数据作为分析基础。为体现商业银行的总体特征，结合数据情况，本文主要将我国商业银行按照法人类型划分为大型商业银行、股份制商业银行、城市商业银行和农村商业银行共 4 种类型作为样本，构建面板数据模型分析，研究商业银行经营安全性对盈利性的影响。资产收益率、资本充足率、不良贷款率和拨备覆盖率数据来源于中国银保监会和 wind 数据库，国内生产总值增长率和货币供应量相关数据分别来源于国家统计局和中国人民银行。

3.2 变量定义

3.2.1 被解释变量

参考已有研究文献，考虑数据可得性，本文主要以资产收益率作为被解释变量，反映商业银行的盈利性。资产收益率用税后净利润/平均净资产表示。

3.2.2 解释变量

本文研究商业银行安全性对盈利性的影响，安全性指标主要包括资本充足率、不良贷款率、杠杆率等。从经营安全性角度看，资本充足率是最重要的基础指标，因此，研究中选取各类型商业银行的季度资本充足率作为解释变量。

3.2.3 控制变量

参考已有研究，本文控制变量的选取主要考虑以下因素。首先，进一步关注安全性指标，选取不良贷款率和拨备覆盖率控制商业银行的安全性；其次，商业银行盈利性还会受到宏观调控政策的影响，因此选取 GDP 增长率，控制外部经济状况对商业银行盈利性的影响。变量设计如表 1 所示。

表 1 变量设计及定义

变量名称	变量定义
ROA	资产收益率，净利润/资产总额加权平均
CAR	资本充足率，一级资本净额/风险加权资产
NPL	不良贷款率，不良贷款/贷款总额
PC	拨备覆盖率，贷款损失准备/不良贷款
GDP	国内生产总值，GDP 不变价当季同比

3.3 实证模型设定

为分析商业银行的安全性原则对盈利性形成的影响，本文构建如下实证模型：

$$ROA_{i,t}=\alpha+\beta CAR_{i,t}+\gamma X_{i,t}+u_i+\delta_t+\varepsilon_{i,t} \tag{1}$$

其中，i,t 分别表示个体 i 和第 t 年的数据，$ROA_{i,t}$ 为 i 类型银行在第 t 期的资产收益率，$CAR_{i,t}$ 为 i 类型银行在第 t 期的资本充足率；u_i 代表不同类型银行的个体层面固定效应，δ_t 体现年份的固定效应；模型中 $X_{i,t}$ 为控制变量矩阵；$\varepsilon_{i,t}$ 代表随机误差项。

如果公式（1）中的 $CAR_{i,t}$ 的回归系数 β 小于 0，则说明商业银行的安全性原则会对盈利性形成一定的不利影响；否则，则反映两者之间存在正相关关系。

3.4 描述性统计

各变量的描述性统计结果见表 2，资产收益率、不良贷款率的均值和中位数较为接近，同时标准差值较小，反映出各类型商业银行相关指标的分布总体较为均衡。我国各类商业银行的资本充足率都满足监管要求，资本充足率均值大于中位数，体现出不同类型商业银行间存在一定的安全性水平差异。拨备覆盖率的均值和中位数极为接近，但标准差较大，反映出各类型商业银行间存在较大差异。

表 2　变量描述性统计

变量	样本数	均值	标准差	中位数	最小值	最大值
ROA	140	0.988	0.225	0.97	0.258	1.6
CAR	140	13.257	1.411	12.965	10.55	17.609
NPL	140	1.950	0.850	1.64	0.92	4.29
PC	140	194.546	37.982	194.898	118.14	290.02
GDP	140	6.154	3.367	6.8	-6.9	18.3

4　实证分析与结果

4.1　安全性对盈利性影响的基准回归

对盈利性指标资产收益率进行基准回归时，表 3 中：（1）中仅考虑资本充足率的影响，不考虑任何控制变量；（2）中将全部控制变量都予以考虑，包括商业银行的不良贷款率、拨备覆盖率及宏观的 GDP 增速；（3）中剔除共性时间趋势特征。

表 3　资产收益率基准回归结果

变量	（1）	（2）	（3）
CAR	−0.0856548 *** （0.0197）	−0.1041415 *** （0.0141795）	−0.10544 *** （0.0139128）
NPL		−0.1902768 *** （0.0534008）	−0.194645 *** （0.0525705）
PC		0.0017966 *** （0.0007697）	0.0017678 *** （0.0007655）
GDP		0.0018084 （0.0035273）	
常数项	2.123655 *** （0.2616908）	2.379049 *** （0.2762638）	2.421519 *** （0.2628218）
R^2	0.1228	0.6082	0.6074

注：（　）内为标准差；***、**、*分别表示在 1%、5%、10% 水平上显著。下同。

回归结果显示，任何一种设定下，安全性指标资本充足率的系数都小于 0，并且显著性水平始终在 1% 以上，充分证明商业银行的安全性与盈利性存在冲突，追求高安全性会带来盈利性水平的下降。不良贷款率与资产收益率之间也存在着负相关关系，不良贷款率越高，商业银行资产质量越差，存在的经营风险水平上升，进而导致商业银行盈利压力的进一步增加。拨备覆盖率同资产收益率之间存在正相关性，拨备覆盖率的增加原因之一是，伴随不良贷款的核销带动拨备余额减小，资产质量的有效提升，对于商业银行利润将产生一定的正向作用。

4.2　稳健性检验

为进一步提高安全性与盈利性存在负向影响的结论可靠性，一方面，考虑到商业银行盈利性会受到货币供应状况的影响，尝试引入控制变量 M2 的季节调整对数值实施稳健性检验；另一方面，考虑到不同类型商业银行在经营模式和经营环境的差异性，会形成对商业银行盈利性的差异性影响，故而进行分样本回归检验。

通过引入 M2 的季节调整对数值，发现三项基准回归中，作为解释变量的资本充足率回归系数都小于零，并都保持在1%的显著水平上（具体数据参看表4）。再将商业银行按照大型商业银行、股份制商业银行、城市商业银行和农村商业银行分别进行基准回归，仅从资本充足率角度分析对资产收益率水平的影响。表5中回归结果显示，除去农村商业银行的资本充足率系数大于零，其他三种类型的商业银行回归后的资本充足率系数都小于零，且显著水平在1%。近年来，由于疫情、气候和国际环境等多重影响，农业发展遇到诸多困难，农村商业银行的经营管理压力较大，资产质量降低，经营安全面临压力，进而一定程度上抑制了对外利息业务的发展，侵蚀营业利润，总体呈现出资本充足率下降的同时资产收益率水平不断下降。

通过上述稳健性检验，说明总体来看，安全性和盈利性之间存在负向影响的结论可靠。

表4 资产收益率稳健性检验结果1

变量	（1）	（2）	（3）
CAR	−0.0815504 *** （0.0195605）	−0.1004264 *** （0.0135731）	−0.1009358 *** （0.0133243）
NPL		−0.1938566 *** （0.0509876）	−0.1956508 *** （0.0501444）
PC		0.0018194 ** （0.0007348）	0.0018078 ** （0.0007303）
GDP		0.0007407 （0.0033795）	
M2	0.0134188 ** （0.0064437）	0.0157293 *** （0.0042277）	0.0158079 *** （0.0041972）
常数项	1.867807 *** （0.2862248）	2.1028 *** （0.2739845）	2.118689 *** （0.2632677）
R^2	0.1503	0.6457	0.6455

表5 资产收益率稳健性检验结果2

变量	大型商业银行	股份制商业银行	城市商业银行	农村商业银行
CAR	−0.1172492 *** （0.0103045）	−0.1128055 *** （0.0156474）	−0.5490474 *** （0.0478421）	0.4760705 *** （0.0664595）
常数项	2.882501 *** （0.156864）	2.363592 *** （0.1949808）	7.738973 *** （0.5982724）	−5.145179 *** （0.8600211）
R^2	0.7969	0.6116	0.7996	0.6086

4.3 内生性检验

为检验可能存在的内生性问题，借鉴项后军等（2022）[15] 和王祺等（2021）[8] 的研究方法，分别采用资产收益率滞后一期后 OLS 回归和系统广义矩估计方法（GMM）进行处理。检验结果显示，资本充足率系数依然小于零，显著水平为1%，说明商业银行安全性对盈利性的负向影响表现依然显著（见表6）。

表6 资产收益率内生性检验结果

变量	OLS 回归	GMM
CAR	−0.050877 *** (0.0135906)	−0.0973777 *** (0.0142234)
ROA 滞后一期	0.4732026 *** (0.0663362)	
NPL	−0.1892287 *** (0.0263313)	−0.3418683 *** (0.1195345)
常数项	1.559504 *** (0.2473052)	2.945588 *** (0.3395979)
R^2	0.7129	0.5838

4.4 异质性分析

通过分析发现，由于商业银行各自的经营规模和股权性质的差异，使得其所处经营环境和业务发展状况也存在较大偏差，安全性监管要求对不同类型商业银行存在差异性影响。因此，将大型商业银行、股份制商业银行、城市商业银行、农村商业银行四大类进行异质性检验（见表7）。

表7 资产收益率异质性检验结果

变量	大型商业银行	股份制商业银行	城市商业银行	农村商业银行
CAR	−0.1100857 *** (0.0183157)	−0.1066475 *** (0.0168619)	−0.4103098 *** (0.0473111)	0.1193174 (0.0772568)
NPL	−0.4457311 (0.3756217)	−0.0595357 (0.1465258)	−0.2051679 (0.1563464)	0.3675409 *** (0.1325663)

续表

变量	大型商业银行	股份制商业银行	城市商业银行	农村商业银行
PC	−0. 0010188 (0. 0020066)	0. 0018248 (0. 0017463)	−0. 000054 (0. 0018121)	0. 0115858 *** (0. 0028807)
GDP	0. 0000812 (0. 003731)	−0. 0003432 (0. 0038827)	−0. 0027457 (0. 0041276)	0. 0055938 (0. 0068883)
常数项	3. 63177 *** (0. 7434291)	2. 018856 *** (0. 4920593)	6. 379911 *** (0. 8974007)	−3. 626237 *** (0. 8689101)
R^2	0. 8603	0. 7294	0. 8890	0. 8230

异质性检验的结果显示，除农村商业银行外，其他三类商业银行的资本充足率对于资产收益率会产生一定的负向影响效果，并且都在 1% 水平显著。呈现负向影响的三类商业银行中，从资本充足率系数的绝对值看，股份制商业银行的受影响程度最小；受影响程度最大的是城市商业银行，是股份制商业银行的 3. 85 倍；大型商业银行受影响程度略高于股份制商业银行。究其原因，股份制商业银行的经营机制灵活，股权融资渠道丰富，经营管理效率高，且业务范围广泛，全国性的办理业务能够较好地消化由于资本充足率提升带来的资产盈利压力。大型商业银行主要是国有控股商业银行，资本金充足、市场占有率高，同时拥有国家的隐形担保，因此经营安全性要求的资本充足率监管，尽管会对日常盈利形成一定压力，但形成的影响相对较小。而众多城市商业银行融资渠道相对狭窄，面对安全性要求多数采取减少风险资产比重的管理方式以保证满足监管部门资本充足率的要求。同时，城市商业银行主要服务地方经济，业务领域无法做到服务全国，也就意味着收益来源相对受限。因此，资产安全的资本充足率标准的要求，就对城市商业银行的经营产生一定不利影响。

农村商业银行的回归结果中，资本充足率、不良贷款率和拨备覆盖率对于资产利润率的影响都呈现正相关，但资本充足率的影响不显著，不良贷款率和拨备覆盖率的影响在 1% 水平显著性。

5. 研究结论

本文基于 2014—2022 年 9 月的季度平衡面板数据，对我国商业银行安全性与盈利性的影响关系进行了探讨。研究结果显示：在研究关注的区间内，总体而言，商业银行的安全性会对盈利性产生一定的负向影响作用。在不同法人类型的商业银行中，呈现出差异化的影响结果。其中，近年来股份制商业银行的资本利润率水平仅略低于大型商业银行，资本充足率增长强劲，在安全性对盈利性的负向影响表现最小。这与其先进的所有制形式有着密不可分的联系，股份制经营模式使其市场化融资手段多样，在应对风险获取收益时的渠道多样。我国严格的资本监管等防风险措施为投资者和储户提供了信心保障，充分体现了国家"守住不发生系统性风险的底线"原则，也充分体现了我国在发展中国特色社会主义市场经济方面的先进性。

上述实证分析的结果，验证了商业银行"三性"经营原则中安全性与盈利性之间的矛盾关系，安全性高的资产盈利性低。通过分析我国的现实情况，显示了金融理论的现实可行性，本案例也为本科学生后续学习金融学课程提供了重要学习素材，坚定学生对我国金融安全的信心。

参考文献

［1］ BERGER A. The Relationship between Capital and Earnings in Banking ［J］. Journal of Money，Credit and Banking，1995（2）：432-456.

［2］ HARLE P，LIDERS E，PEPANIDES T，et al. Basel Ⅲ and European Banking：Its Impact，how Banks might Respond，and the Challenges of Implementation ［J］. EMEA Banking，2010（11）：16-17.

［3］ MARTIN A，PARIGI B M. Bank Capital Regulation and Structured Finance ［J］. Journal of

Money, Credit and Banking, 2013, 45 (1): 87-119.

[4] 陆静. 巴塞尔协议Ⅲ及其对国际银行业的影响 [J]. 国际金融研究, 2011 (3): 56-67.

[5] 陈珠明, 邹添杰, 丁慧. 影响我国上市银行资本充足率困境因素分析 [J]. 管理评论, 2014, 26 (1): 3-11.

[6] 易传和, 吴思远, 刘波. 基于结构方程模型的资本监管对银行盈利能力影响研究 [J]. 江西社会科学, 2015, 35 (11): 45-51.

[7] 邵爽. 资本缓冲对中国上市银行绩效的影响研究——基于动态面板数据模型的实证分析 [J]. 浙江金融, 2016 (7): 53-62.

[8] 王祺, 马思超, 彭俞超. 宏观审慎政策降低了商业银行盈利性吗? [J]. 国际金融研究, 2021, (3): 57-67.

[9] MEH C A, MORAN K. The Role of Bank Capital in the Propagation of Shocks [J]. Journal of Economic Dynamics&Control, 2010, 34 (3): 555-576.

[10] HANSON S G, KASHYAP A K, STEIN J C. A Macroprudential Approach to Financial Regulation [J]. Journal of Economic Perspective, 2011, 25 (1): 3-28.

[11] 段军山, 杨浦. 核心资本充足率变动与商业银行盈利能力 [J]. 金融论坛, 2013 (11): 36-43, 58.

[12] 王曼舒, 张斌. 商业银行资本对其盈利性的影响 [J]. 金融论坛, 2013 (4): 23-31, 47.

[13] 马瑾. 上市银行资本结构对盈利性影响的实证研究 [J]. 财会月刊, 2013 (4): 7-10.

[14] 朱明秀, 吴奇. 资本充足程度、信用风险与银行绩效——基于中国上市银行的实证分析 [J]. 财会通讯, 2013 (18): 77-79, 100.

[15] 项后军, 黄一鸣, 李加琳. 流动性囤积影响了中国商业银行盈利水平吗? [J]. 学习与实践, 2022 (11): 43-53.

商业银行账户商品业务风险防范

——以"原油宝"为例

韩　洁

（北方工业大学经济管理学院，北京，100144）

摘要：近年来，我国各大商业银行相继推出了与大宗商品相关的账户商品业务。这种创新型业务在满足银行利润增长和投资者个性化投资需求的同时，也给商业银行的风险管理带来考验。本文以中国银行"原油宝"风险事件为例，分析了商业银行账户商品业务风险防范中存在的问题及对策。首先介绍了"原油宝"的产品特点和交易规则，其次梳理了"原油宝"事件的时间线。在分析"原油宝"业务风险成因的基础上，从银行、监管机构、投资者三个方面提出了切实可行的风险防范建议。

关键词：商业银行；账户商品业务；"原油宝"；风险防范

1. 引言

金融风险管理作为金融学专业本科生的一门重要课程，不仅要帮助学生学习金融机构风险管理的知识，也要提高学生分析和解决实际问题的能力，因此案例教学尤为重要。为了帮助学生理解商业银行账户商品业务的风险防范问题，本文选取2020年中国银行"原油宝"穿仓事件作为案例进行了深入分析。

随着金融机构存贷款利率的管制放松和互联网金融兴起，商业银行的业务竞争不断加剧。为了寻找新的业务增长方式，商业银行纷纷开展产品和业务创新，账户交易类商品业务在这种背景下出现在大众视野。商业银行账户商品通常是指商业银行通过"只计份额、不提实物"的方式，为投资者提供买卖原油、大宗农产品、贵金属等产品份额的投资产品。

目前我国账户商品的发行主体主要包括大型国有银行及股份制银行，发行最多的账户商品种类则是账户金属和账户能源。例如，2014 年，中国银行成为首家推出账户金属业务全产品线的商业银行，其产品涵盖账户黄金、账户白银、账户铂等。2018 年，中国银行又推出账户原油业务，进一步丰富了其账户商品业务线。

账户商品业务的出现不仅拓宽了商业银行的利润来源，也为投资者提供了多样化的投资选择，使投资者获得了参与境内外衍生产品投资的渠道，但同时也引发了相当多的问题和风险。2020 年 4 月，中国银行的"原油宝"产品穿仓，给投资者造成了巨大损失，也给中国银行带来了严重的信任危机。此次事件引起监管机构、商业银行和投资者的警觉，引发了人们对商业银行高风险账户交易类商品业务如何防范风险的思考。

随着个人和企业财富的增加，对金融产品的要求也在不断提高。只有不断创新，银行才能满足客户日益增长的金融服务需求，才能在竞争激烈的市场环境中生存和发展，并获得更高的利润（Verschoor and Reijnders, 2015）[1]。格林（Green, 2013）[2]认为经济发展是金融创新的必要外部条件，并有效促进了金融创新，财富的增长诱发了金融机构进行金融创新。马缇娜等（Martina et al, 2016）[3]认为在现代社会中，金融市场的竞争日益激烈，通过产品创新商业银行可以降低运营成本，获得可持续的收益。

然而，由于商业账户商品业务在我国开展的时间尚短，加之产品挂钩海外商品期货，风险来源非常复杂，各家商业银行难免暴露出海外商品期货交易经验不足的问题。林海（2013）[4]指出账户原油所挂钩的海外原油期货，在其交易市场上没有限价制度的保护，极端市场条件下可能会使投资者遭受巨大损失；陈悦（2019）[5]发现，账户原油产品的交易时间与海外原油期货市场存在时差，后者可能在中国夜间或凌晨出现剧烈的价格波动，导致账户原油产品投资者蒙受损失。田成志和邱雁（2019）[6]认为投机基金对期货价格的影响越来越大。纳德瑞安和杰文（Naderian and Javan，2017）[7]指出石油不仅是一种工业产品，也是一种金融资产。基金经理的投资行为并非完全基于对石油基本面的预期，而是出于对投资组合的判断。他们的交易策略可能会扭曲市场价格的形成，增加市场风险。综上所述，账户商品类业务虽然可以给银行带来创新收益，也增加了银行面临的风险。随着我国金融市场的逐步开放，商业银行部分账户商品业务选择与一些国际金融工具相挂钩，其业务风险来源已经不仅限于国内市场，变得更加复杂。

商业银行在经济发展中发挥着重要作用，有效防范商业银行业务风险是推动我国经济高质量发展的重要保障。账户商品业务是当前商业银行金融创新的一个缩影。分析其发展过程中的典型风险事件，可以反映商业银行在金融创新、产品风险管理和市场监管方面存在的问题，为商业银行未来业务发展和金融监管体系的完善提供指导。

基于此，本文拟以中国银行"原油宝"风险事件为例，分析商业银行账户商品业务风险防范中存在的问题及解决方案。

2. 原油宝案例介绍

2.1 "原油宝"产品特点

"原油宝"是中国银行面向国内企业和个人客户发行的与海外原油期货合约挂钩的账户交易产品。在与中国银行签订相关协议后，投资者即可在中国银行提供的交易系统中进行买入和卖出"原油宝"的双向操作。

根据中国银行发布的《原油宝（个人账户原油业务）》产品公告，可以总结出"原油宝"产品以下几个特点，如表1所示：

（1）从交易对象来看，"原油宝"产品的投资者并不是买卖海外原油期货合约本身，而是与原油期货价格波动相关的收益的权利和义务。投资者在中国银行境内交易系统开立"原油宝"账户，缴纳足额保证金，并根据银行报价进行多空虚拟操作，盈亏反映在投资者资金账户中。中国银行将多方与空方进行风险对冲，对冲不了的订单由中国银行境外子公司在境外商品交易所进行真实交易。

（2）从交易规则来看，"原油宝"是无杠杆设计的，投资者需要交纳100%的保证金，而原油期货合约投资通常只需要10%~20%的保证金。

（3）"原油宝"产品的交易起点也比较低，最低交易数量为1桶，递增单位是0.1桶，而一般的原油期货交易起点至少是1000桶。

（4）从报价规则来看，境外原油期货的价格是交易两方在交易所公开竞价产生的，而"原油宝"产品的实时价格由中国银行提供，依据市场情况进行调整，综合考虑了原油市场价格、流动性、银行自身头寸情况、汇率等因素。虽然大部分情况下"原油宝"的报价与原油期货价格一致，但实质上并不是对期货价格的直接反映，属于"二次报价"，银行报价可以与期货实际价格有差异。在国内市场上，中国银行与境外期货交易所的关系仅限于使用其相关市场数据产生结算价格，"原油宝"投资者的买空卖空行为不会直接影响境外期货交易所的价格。

（5）"原油宝"产品每日交易时间为北京时间周一至周五的8点到次日2点，在最后交易日，交易截止时间提前到北京时间22点。

（6）从结算方式来看，"原油宝"属于账户交易类产品，只支持现金交易，无法进行实物交割。

表1 "原油宝"产品特点

产品要素	具体内容
最小交易单位	交易起点为1桶，最小递增单位为0.1桶
交易渠道	可以通过E融汇、柜台、手机银行等多种渠道交易
计价币种	美元和人民币两种计价单位

产品要素	具体内容
交易时间	星期一至星期五 8 点到次日 2 点。在最后交易日，当天 8 点至 22 点
挂钩标的	美国原油"WTI 原油期货合约"和英国"布伦特原油期货合约"
保证金和强平规则	100% 保证金，当保证金低于 20%，银行有权对投资者账户进行强制平仓
报价规则	中国银行通过多方参考世界上有关原油市场价格走势、人民币汇率以及市场流动性等方面后，向投资者提供交易报价，从过往交易数据来看，交易价格大都和所挂钩的期货标的价格一致
结算方式	仅支持现金结算，账户中持有的原油份额无法取得实物

资料来源：中国银行官方公告。

2.2 "原油宝"风险事件时间线梳理

2020 年初，受新冠疫情的影响，全球经济逐步放缓，原油需求量不断减少，加之 OPEC 减产谈判破裂，原油价格不断下降。国内多数投资者认为，此时的原油价格已经处于低位，即将触底反弹，多头持仓原油期货可能获利。而"原油宝"——一款由中国银行推出的挂钩境内外原油期货合约的权益类资产，通过所谓的无杠杆、低风险等宣传，成为国内许多投资者"抄底"原油期货的选择。截至 2020 年 4 月 21 日北京时间 22 点"原油宝"停止交易，"原油宝"的持仓单中 95% 为多单，仅 5% 为空单，这为"原油宝"产品发生穿仓，并引发投资者巨额亏损埋下了隐患。

芝加哥商品交易所（CME）于 2020 年 4 月 8 日发布公告，计划修改交易规则，允许出现负结算价，并于 4 月 15 日完成测试，使油价跌成负值的障碍消失。

2020 年 4 月 20 日 22 点，"原油宝"停止交易。2020 年 4 月 21 日凌晨，"原油宝"挂钩的美国轻质原油期货 5 月份合约（WTI05）价格一路下跌，出现了 -37.63 美元/桶的结算价，这也是 CME 首次出现负结算价。

在"负油价"发生后的第二天，中国银行对结算价进行了审慎确认，并宣布将参考-37.63美元/桶的CME官方结算价对"原油宝"产品进行结算或移仓，这意味着"原油宝"多头持仓的投资者不但要损失全部本金，而且还要倒欠中国银行大笔保证金，即发生穿仓。预估6万名投资者要承担接近90亿元的穿仓损失，引发了投资者巨大争议。

"原油宝"事件引起了监管机构的高度关注。2020年4月30日，中国银保监会首次回应"原油宝"事件，要求中国银行尽快查清问题，严格产品管理，加强风险管控。5月4日，国务院金融稳定发展委员会召开会议，提出要重视金融衍生品风险，保护投资者的合法权益。5月5日，中国银行提出解决方案：对于投资额低于1000万元的客户，由于不具有足够的风险投资能力，可以退还20%的保证金；对于投资额超过1000万元的客户，认定为专业投资者，不退还保证金；中国银行对穿仓部分损失金额负责。5月13日，80%购买"原油宝"产品的投资者与中国银行达成和解协议。

"原油宝"风险事件时间线如图1所示。

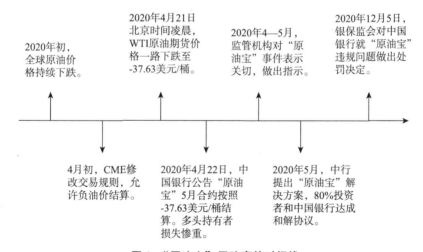

图1 "原油宝"风险事件时间线

3. "原油宝"风险事件产生的原因

对风险事件产生原因的分析是进行风险评估和制定风险管理措施的前提。金融机构风险事件产生的原因按照来源分类，包括金融机构自身的原因和外部因素的影响。

以中行"原油宝"风险事件为例，引发此次风险事件的内部原因主要包括产品设计不合理、极端风险应对经验不足和销售管理不规范；外部原因主要包括国际期货市场的风险加剧、相关业务的风险监管体系不完善和投资者缺乏相关专业知识。

3.1 "原油宝"风险事件产生的内部原因

3.1.1 "原油宝"产品设计不合理

首先，"原油宝"产品的交易起点过低，最低交易数量为 1 桶，递增单位是 0.1 桶，而一般的原油期货交易起点至少是 1000 桶。过低的交易门槛不利于筛选出合格的投资者。

其次，"原油宝"产品移仓时间设计不合理。"原油宝"移仓时间设定为 WTI 原油期货合约最后交易日的前一天，临近最后交易日，期货合约的交易量大幅缩减，流动性会受到影响，移仓成本的不确定性会相应增加。而由于没有现货交割能力，中行最终不得不以 -37.63 美元/桶平仓。这种交易模式会让做空者有机可乘。

再次，"原油宝"交易截止时间未充分考虑时差影响。根据投资者和中行的协议，"原油宝"产品在合约最后交易日前夕，交易时间截止北京时间 20 日 22 点，然而北京时间的 22 点，美国东部时间为 10 点，此时仍然是 WTI 原油期货市场交易活跃时间，所以这个交易截止时间的差别极易引发市场风险。并且，根据中国银行"原油宝"的产品协议规定，当投资者的保证金比例低于 20% 时，应强制平仓。但是这一机制是和原油宝的结算时间是相关的，4 月

20 日 22 点"原油宝"停止交易，但是当时 WTI 原油期货价格处于 11 美元，未进入负值状态，也没有触发强平机制。22 点之后，WTI 原油期货价格一路下滑，收盘于-37.63 美元/桶。中国银行决定按照负油价对"原油宝"进行结算，最终引发投资者巨大争议。

3.1.2　中国银行对极端风险的应对经验不足

"原油宝"与海外原油期货合约挂钩，受全球宏观经济、政策、汇率变化等多种因素影响，中国银行没有相应的预警和额度控制措施，对极端情况可能带来的风险准备不足、应对不力。2020 年 4 月 8 日，CME 宣布，为确保能源商品期货市场的正常运行，计划修改系统和交易规则，以便应对可能的负价情形。这个公告就已说明美国能源商品期货合约可能出现负价结算，然而中国银行并没有对这一信息给予足够重视，认为历史上原油期货从未出现过负价格，负价结算不可能发生，从而忽视了可能的巨大交易风险（白默等，2021）[8]。此外，中国银行在交易规则发生变化时，没有将负价结算的可能性及时披露给投资者，风险管理的信息沟通存在问题。

3.1.3　"原油宝"产品销售管理不规范

"原油宝"产品与海外原油期货合约挂钩，具有金融衍生品的高风险属性，适合激进的专业投资者。然而，中国银行违反投资者适当性原则，将"原油宝"包装成低门槛的理财产品，推销给普通客户，导致许多无法购买高风险等级产品的投资者购买了"原油宝"。在"原油宝"事件中，中国银行的销售人员为了业绩忽视风险，在"原油宝"产品销售过程中进行了片面、夸大的宣传，诸如"原油比水还便宜、中行带你去交易"的宣传推广文案比比皆是。

3.2　"原油宝"风险事件产生的外部原因

3.2.1　国际期货市场的风险加剧

"原油宝"产品挂钩美国 WTI 原油期货合约，自 2020 年初以来，由于全球原油市场严重供过于求，原油期货价格持续下跌。2020 年 4 月，CME 修改交易规则，允许出现负结算价，进一步放大了原油期货价格的波动幅度。机构投资者的大量增加也导致 WTI 期货市场的未平仓交易量急剧增加，并且使市场参与者的结构发生变化，增大市场的价格风险（Hamilton and Wu，2015）[9]。2020 年原油期货暴跌的极端事件发生后，伦敦维加资本的 8 位交易员因涉嫌在此次原油期货暴跌事件中操纵市场价格被指控。这些交易员在 2020 年 4 月 20 日当天有多达 99.7% 的相关交易朝着同一方向进行，他们在收盘前的半小时平均每分钟抛售 153.5 份期货合约，占全球市场总交易量的 29.2%。他们通过恶性抛售大量的 WTI 原油期货合约实现有效的负结算价，并因此赚取了巨额利润。伦敦维加资本交易员的恶性抛售并非针对中国银行的"原油宝"，但在"无意"间伤及中国银行"原油宝"投资者。

3.2.2 "原油宝"相关业务的风险监管体系不完善

"原油宝"产品作为商业银行推出的一款挂钩期货合约的产品，本质上来看属于证券衍生品，应由具有证券发行资格的证券公司发行和管理，并由中国证监会监管。然而，在现行的分业监管体制下，商业银行通过业务创新发展起了证券衍生品相关业务，证监会无权监督管理，银监会也没有足够的专业人员和经验来处理此类问题，出现了监管职责的不清晰和监管滞后的情况。

3.2.3 国内投资者自身缺乏相关专业知识

受投资教育体系和市场环境的影响，我国大多数中小投资者不具备专业的衍生品投资知识和经验，不熟悉期货市场的交易规则，缺乏相应的风险防范意识。澎湃新闻[10]对"原油宝"投资者的调查显示，"原油宝"投资者中，只有 5% 的人之前实际接触过期货投资。绝大多数投资者投资"原油宝"是为了"抄底"，赚取差价。92% 的投资者在 2020 年才开始接触"原油宝"，55% 的投资者在 WTI 原油期货交割前一个月，才开始进行"原油宝"交易。他们不知道随着交割期的临近，期货合约的价格波动会更加缺乏规律、更加剧烈，交易风险也更高。许多投资者不清楚交割规则改变也可能导致风险，此次"原油宝"事件的导火索——"负油价"，恰恰与 WTI 原油期货交割规则的改变有很大关系。

综上所述，风险事件的产生既受金融机构无法控制的外部经济、制度、环境等原因影响，也受金融机构自身在产品设计、运营和销售等环节的不足所影响，清楚识别这些风险事件产生的内外部原因为进一步制定相应的风险防范建议提供了方向。

4. 商业银行账户商品业务风险防范建议

通过对"原油宝"风险事件这一典型案例的梳理和分析，可以得出以下几点改进商业银行账户商品业务风险防范的建议。

4.1　商业银行应提高产品设计能力，强化风险控制措施

商业银行要不断改进金融投资产品的前端、中端和后端设计能力，从业务产品源头降低风险。商业银行应强化审慎的风险控制意识，根据国内外市场规则的变化或市场行情的波动，及时调整相应交易规则和策略，做出恰当的应对措施，通过有效的风险控制手段来保障投资者的权益。

4.2　商业银行应建立完善的风险评估机制，做好极端情况的风险预警

在投资海外市场时，商业银行应建立完善的风险评估机制，密切关注海外市场的变化，及时有效地向投资者进行风险披露。此外，商业银行对于有可能发生的小概率极端风险也不应放松警惕，时刻保持对投资者负责的经营态度和审慎严谨的投资态度。

4.3　商业银行应加强销售管理，改善销售激励机制

商业银行应审慎开展业务，完善风险匹配，对投资者的资格条件和风险承受能力进行全面审核并动态调整。销售部门要杜绝夸大或片面的宣传，向投资者充分揭示产品风险，帮助投资者作出合理判断。商业银行应该改善销售激励机制，避免一味追求业绩而忽视风险的存在。

4.4　金融监管机构应建立健全创新业务的风险监管体系

随着我国金融业的不断发展，商业银行金融产品的创新层出不穷，其产品和业务设计会更加专业化、复杂化。金融监管机构需要建立与之相匹配的风险监管体系。此外，健全的风险监管体系需要金融监督管理机构和金融机构的密切合作，从宏观角度强化风险监督，避免监管空白或不力的情况发生。

4.5　各类高校及金融机构应积极促进金融教育事业发展，培养专业人才

各类高校应积极建设和完善金融类相关专业的课程体系，培养具有丰富金融专业知识和风险管理意识的行业储备人才。各类金融机构需要对从业人员在业务水平和职业道德方面进一步加强培养，使之在有能力进行产品和业务创新的同时，不会忽视对投资者权益的保护。与此同时，各类金融机构还应积极开展金融知识普及的讲座或课程，提高国内投资者的专业素质，提高其投资水平。

5. 结语

本文选取 2020 年中国银行"原油宝"穿仓事件作为案例，分析了商业银行账户商品业务的风险防范。本文首先介绍了"原油宝"产品的特点和交易规则，其次梳理了"原油宝"事件爆发过程的时间线。在此基础上，分析造成"原油宝"风险事件发生的内外部原因主要包括银行产品设计不合理、风控经验不足以及国际期货市场波动、相关业务风险监管体系不完善等。为避免类似风险事件再次发生，商业银行应提高产品设计能力，完善风险控制措施，改进销售机制；监管机构应建立健全相关业务的风险监管体系，开展全面风险监督；各类高校及金融机构应积极推动金融教育发展，培养金融专业人才，提高从业人员的业务水平和职业道德。

参考文献

［1］VERSCHOOR A H, REIJNDERS L. The use of life cycle methods by seven major companies ［J］. Cleaner Production, 2015：82-85.

［2］GREEN B. An analysis and explanation of the theory of self organization evolution of financial innovation ［J］. Risk Management, 2013 (3)：34-39.

［3］MARTINA B, KATHARINA J, AUER S. The life cycle concept in marketing research ［J］. Historical Research in Marketing, 2016 (1)：68-96.

［4］林海. "纸原油"入市激起千层浪 ［J］. 新产经, 2013 (3)：44-45.

［5］陈悦. 账户原油投资怎么玩 ［J］. 理财周刊, 2019 (17)：46-47.

［6］田成志, 邱雁. 农产品期货价格由供求信息决定还是投机行为决定？——投机基金对玉米期货价格影响的实证分析 ［J］. 资源开发与市场, 2019, 35 (11)：1409-1412.

［7］NADERIAN M A, JAVAN A. Distortionary effect of trading activity in NYMEX crude oil futures market：post crisis ［J］. OPEC Energy Review, 2017, 41 (1)：23-44.

［8］白默, 牛越, 王栋. 基于风险管理视角对中行"原油宝"事件的分析 ［J］. 天津大学学报 (社会科学版), 2021, 23 (4)：295-299.

［9］HAMILTON J D, WU J C. Effects of Index-Fund Investing on Commodity Futures Prices ［J］. International Economic Review, 2015, 56 (1)：187-205.

［10］郑戈. 原油宝穿仓追踪丨120位投资人：九成是新手, 个别已缴欠款 ［N］. 澎湃新闻, 2020-04-24.

数字经济视角下汽车金融业务发展分析

王学成　　段秋爽

（北方工业大学经济管理学院，北京，100144）

摘要： 汽车金融是汽车业和金融业融合发展的重要领域，是业务快速创新与风险不断暴露并存的焦点行业。本文将互联网金融课程中的重点知识迁移到汽车金融行业发展分析中，回溯了汽车金融发展的阶段和现状，分析了数字经济冲击下行业出现的新变化，以银行、保险、融资租赁等业态的创新实践为例介绍了互联网汽车金融的经验和问题，最后提出了完善新型基础设施建设、发展全生命周期业务、重视创新技术应用、加强业态合作等相应的政策建议。

关键词： 汽车金融；数字金融；互联网金融

1. 引言

经济与金融专业本科二年级专业课互联网金融课程，系统讲授了互联网金融的定义、特征、典型模式、创新与风险等内容，并结合银行、证券、保险等主要业态展开了深入分析。为考查学生知识掌握是否牢固，能否将所学知识迁移到其他金融产品分析中，在开放学习环节，设置了"汽车金融"专题，讨论数字经济对汽车金融的具体影响，以及汽车金融如何因势利导，实现高质量发展。

作为汽车产业与金融服务的结合，汽车金融是产业金融的重要领域，是产业链价值创造、价值延伸的重要方向。随着汽车消费市场快速增长、消费主体年轻化、社会金融环境健全和汽车金融业务法规的完善，汽车金融行业蓬勃发展，商业模式也不断创新，在取得突出成绩的同时，也不可避免地产生了一系列的问题。

专家学者对汽车金融的发展做了大量的研究。许华（2017）[1]分析了我国目前汽车金融市场存在的问题，提出健全信用体系、加强行业管理、完善法律环境等建议。张婷（2017）[2]指出在互联网背景下，竞争与技术促进了汽车金融的变革。刘云燕（2017）[3]认为，由于商业银行总体设想和规划存在缺陷，影响了汽车金融业的发展。罗钰（2019）[4]提出需要同时增强政府层面的征信体系建设，商业层面发掘资金来源渠道。孙敏娴（2020）[5]认为中国的汽车金融还存在产品趋同、资金链割裂、风险畸形等瓶颈问题。张静（2017）[6]认为行业缺少了解金融和汽车的复合型人才，增加了放贷的风险。周文洁、毛军权（2021）[7]认为贷款要求过高、行业内竞争激烈、资金成本高。宋蕾浩（2021）[8]基于互联网视角剖析了盈利模式的创新，提出由互联网平台、消费者、服务提供者、线下门店四方协作的新产业链。周文龙、宁明萱（2022）[9]认为，银行单一的业务模式限制了汽车金融的发展。

整体来看，大量学者都发现互联网金融行业存在的业务模式单一、信用环境不佳等问题，提出了相应的建议。少部分学者将老话题带入数字经济的新视角下，对信贷、保险等面临的新形势进行了阐述。从数字金融理论角度出发，按照金融分析框架进行系统研究的还比较少。

2. 汽车金融基本情况介绍

2.1　汽车金融主要产品

广义上的汽车金融产品，是指在汽车研发、生产、流通、销售及消费等全产业链中融通资金的活动，主要包括信贷、证券、保险、投资等，是汽车制造业、流通业、服务业与金融业相互渗透的结果，也叫供应链汽车金融（见图1）。而狭义上的汽车金融，主要围绕汽车交易、使用和消费产生的金融需求，包括消费信贷、汽车保险、融资租赁、二手车金融等，分为面向C端购买者的"零售汽车金融"（"汽车消费金融"）和面向B端销售者的"经销商汽车金融"。

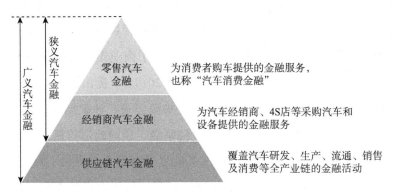

图1 汽车金融概念

目前我国汽车金融产业的主要包括三类基本产品：（1）汽车贷款类，包括经销商库存及展厅建设融资贷款、新车消费贷、二手车贷款等；（2）汽车保险，包括交强险、商业险等；（3）汽车租赁，包括经营性租赁、融资租赁等。其中最常见的是个人汽车消费贷款，包括银行贷款、汽车金融公司贷款、整车厂财务公司贷款、信用卡分期购车等。

2.2 中国汽车金融发展阶段

我国的汽车金融行业虽起步较晚，但发展迅速，根据我国汽车金融的发展特点，大致可以细分为起步、发展、成熟、变局四个阶段（见图2）。

（1）起步阶段。为了扩大汽车市场、增加汽车销量，金融机构在汽车业的推动下，推出简单金融产品。参与主体主要是国有银行，经营业务局限于高价值车辆贷款，经营效率低下，风险自担。在这一阶段，产品不成熟、系统不健全，汽车金融发展起步缓慢。

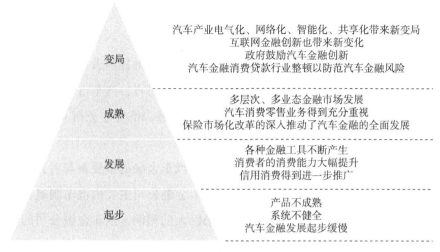

图 2　我国汽车金融发展阶段

（2）发展阶段。随着汽车产业成为国民经济的支柱产业之一，公众对社会汽车金融提出了更多的需求。我国《汽车金融公司管理办法》颁布后，国外四大汽车巨头将成熟的产品和管理经验带入中国。各种金融工具不断产生，消费者的消费能力大幅提升，信用消费等概念得到进一步推广，汽车金融市场进入快速发展阶段。

（3）成熟阶段。中国多层次、多业态金融市场的发展，为汽车金融的发展创造了良好的环境。汽车消费零售业务得到充分重视，消费信贷已经成为公众购买车辆时的重要考虑因素。保险市场化改革的深入推动了汽车金融的全面发展，汽车金融行业的规范性文件也不断出台。除此之外，融资租赁等业态也都进入稳定发展期。

（4）变局阶段。汽车产业电气化、网络化、智能化、共享化为行业发展带来新的变局；互联网金融创新也带来了新的变化，市场进入新格局。数字经济的普及在很大程度上提升了汽车金融业务的效能。政策上，政府对汽车金融创新持鼓励态度，社会包容度也比较高。同时，汽车金融的风险也在累积，汽车金融消费贷款的行业整顿成为防范金融风险的工作重点，对行业的长期稳定发展形成挑战。

2.3　汽车金融中的主体分析

（1）商业银行。作为最基础、最全面的综合金融提供者，商业银行在汽车金融中发挥了重要的作用。对于银行零售业务而言，汽车市场是较好的增量市场，利润率也相对较高。随着经济快速发展，信贷业务市场空前繁荣，但传统信贷模式已经无法满足汽车生态的需求。

（2）汽车金融公司。汽车金融公司也是汽车金融的重要参与者，由银保监会批准设立，业务受银保监会监管。汽车金融公司主要由汽车制造集团主导，能够促进销售，为汽车制造集团带来巨大的利润。汽车金融公司的利率与银行相近，常有贴息，产品竞争力强。目前中国有 25 家持汽车金融牌照的公司，且最近五年总量没有变化。

（3）融资租赁公司。汽车融资租赁作为汽车金融的重要参与者，于 20 世纪 80 年代进入中国。2011 年开始，各路资本纷纷进入汽车融资租赁行业。融资租赁公司产品设计灵活，可以更好满足客户的需求，可以覆盖更多的客户。融资租赁公司采取"售后回租"形式，快速适应汽车金融市场。

（4）保险公司。机动车辆保险是保险公司财产保险的一种，具有覆盖面广、业务稳定的特点。汽车保险属于相对年轻的险种，人保财险、平安产险和太平洋产险等头部保险公司在汽车保险市场占据了优势地位。

（5）互联网平台。互联网平台主要包括汽车电商平台、互联网汽车金融平台、网络小贷公司等，业务模式涵盖融资租赁、小额贷款、助贷等类型。互联网平台于 2013 年兴起后迅猛发展，2018 年以来互联网巨头纷纷入局，如阿里巴巴领投大搜车，腾讯投资易鑫、人人车、天天拍车，京东数科上线车白条等。

2.4　汽车金融的发展现状

（1）汽车金融市场规模快速增长。随着汽车行业的高速发展以及消费市场的不断进步，近几年我国汽车金融市场规模快速增长。根据中国汽车流通协会数据，2021 年中国汽车金融市场规模为 2.3 万亿元，较上年增长 15%（见图 3）。

万亿元

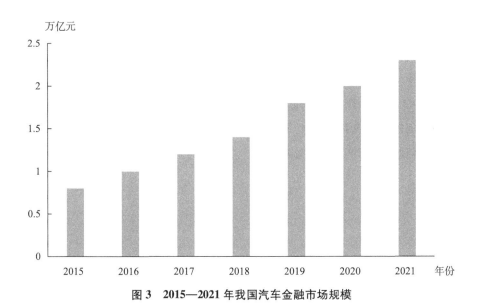

图3　2015—2021年我国汽车金融市场规模

（2）汽车金融公司成为主力竞争者。从市场份额来看，2019年汽车金融公司所占我国汽车金融市场（1.8万亿元）的份额最大（50%），为主力竞争者。此外，商业银行市场占有率约为30%，融资租赁公司、互联网平台等其他机构仅占约20%的份额（见图4）。

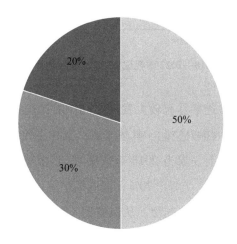

■汽车金融公司　■商业银行　■融资租赁公司、互联网平台等其他机构

图4　2019年我国汽车金融市场参与机构份额

中国银行业协会数据显示，截至 2022 年末，全国 25 家汽车金融公司资产规模达到 9891.95 亿元（见图 5）。其中，在零售端，汽车金融公司缓解了消费者购车的资金压力。截至 2022 年末，全国 25 家汽车金融公司零售贷款车辆 655.44 万辆；在供应链端，汽车金融公司为大多数中小微企业经销商持续提高稳定的资金支持。截至 2022 年末，经销商批发贷款车辆 363.48 万辆，占 2022 年我国汽车产量的 13.45%。

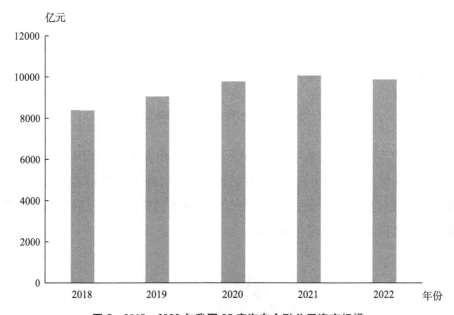

图 5   2018—2022 年我国 25 家汽车金融公司资产规模

（3）汽车金融渗透率具有较大发展空间。对比国外成熟市场，我国汽车金融渗透率❶仍有较大提升空间。具体来看，国外主要发达国家汽车消费金融渗透率平均在 70% 以上（参考 2018 年数据），其中美国、德国、英国汽车金融渗透率分别高达 86%、75%、70%，而同期中国仅有 43%（见图 6）。

（4）车险保费收入增速趋缓。从保费收入来看，根据中国银保监会数据，2020 年中国机动车承保数量为 3.01 亿辆次，同比增长 15.8%；中国车险保费

---

❶ 汽车金融渗透率，指通过贷款、融资等金融方式购买的车辆数量占总销售车辆数量的比例。

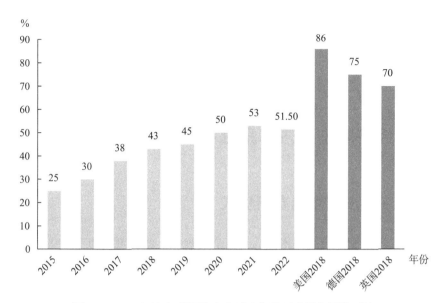

图 6　2015—2022 年我国汽车金融市场渗透率及与国外对比

收入为 8245 亿元，同比增长 0.7%。2021 年全行业保费增速为-5.72%，呈现负增长，这表明车险行业四十年来正增长的态势终结（见图 7）。

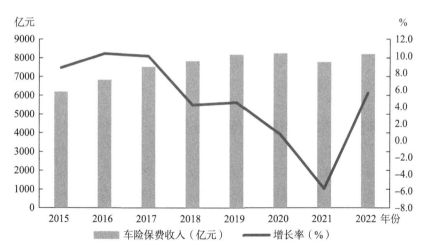

图 7　2015—2022 年我国车险保费收入及增长情况

　　整体上看，中国汽车金融市场从增量市场竞争转为存量市场竞争，由基础性金融服务转向综合金融服务，对标国际产品创新、市场渗透，中国汽车金融还有巨大的发展潜力。在汽车金融进入新竞争阶段之际，借助数字经济发展出来的新工具、新业态和新模式，实现更加融合、更富活力的新发展，具有必要性和可行性。

3. 数字经济冲击下汽车金融发展新内涵

3.1 数字经济催生消费新模式

随着人均可支配收入的增加，我国消费规模、结构都发生了极大的变化。以"90后"为代表的青年人成为社会消费的新主力，汽车不再作为财富的代表，而是日常生活的必备工具。消费者观念开放，对超前消费、信贷消费的接纳，以及生产消费者角色的统一，为汽车金融带来新的发展机会，人们更愿意用新模式来满足更高的生活水平，这成为汽车金融领域新的盈利点。消费的线上化催生了电子商业新业态的发展。直播带货兴起，私域流量与社区经济快速发展，线上展示与线下体验相结合，这对以4S店为中枢的传统汽车金融市场产生了巨大冲击，也带动了汽车金融行业扩大服务规模。

另外，汽车作为高度占用资金成本的行业，生产商利用互联网进行供应链贷款、融资租赁等操作，加快汽车的生产流通，带动需求的持续上涨。

3.2 数字经济带来个性化便捷服务

传统汽车金融行业服务水平普遍偏低，其主要局限于服务周期长、手续烦琐、空间限制大，使大量潜在客户流失。这不仅大大降低了用户对服务的满意度，还降低了员工的工作积极性。互联网时代下的汽车金融更加简单高效，突破了地域与时间的限制。互联网技术更新所提供的 App、公众号以及金融服务平台等，帮助汽车金融行业节省大量资源、提高办事效率，缩短汽车金融市场的服务周期。汽车金融贷款在申请、放款、还款等各个环节，借助互联网信息技术和商业模式创新，都可以在最短的时间内顺利完成。这加剧了汽车金融传统模式与现代模式的竞争，推动行业整体的创新发展。

3.3 新出行业态搅动传统金融市场

网约车的出现，与汽车融资租赁具有非常强的匹配性。许多网约车司机通过网约车来谋得一份生活，但他们并没有能力和意愿购买车辆，因此通过汽车租赁来获得使用权，比自购车辆划算得多。汽车的融资租赁企业借机扩大市场，增加营收。在零售业中，创新产品不断涌现，陆金所和第一车贷等网络金融公司快速发展，微众银行、蚂蚁金服等互联网银行也不断布局汽车金融。

2018 年前后，中国汽车租赁市场由蓝海转为红海，共享经济泡沫被挤破，融资租赁利率天花板显现，平台贷款业务逐渐规范化。大批企业宣布倒闭，行业洗牌加速，市场逐渐放缓。

4. 汽车金融典型案例

4.1 平安银行汽车金融业务

平安银行于 2002 年开展汽车消费贷款，2011 年成立汽车金融事业部，2012 年并购汽车金融布局较早的深圳发展银行，汽车金融业务进入高速发展阶段。2019 年 7 月平安银行汽车消费金融中心获批开业，成为业内首家持牌机构。根据公司财报，在疫情冲击背景下，汽车金融贷款余额仍在增加。截至 2022 年末，汽车金融贷款余额达到 3210.34 亿元，较上年末增长 6.6%（见图 8）。

平安银行背靠集团"车生态"深度协同，具备集团协作、创新探索、科技赋能的竞争优势。通过打造新兴销售渠道，不断创新产品体系，目前平安银行汽车金融已涵盖了新车贷、车牌贷、二手车贷、车抵贷、保费贷等丰富的产品体系。平安银行将银行账户接入汽车之家场景，汽车之家是"车生态"的流量入口，面向 C 端拥有 3800 万的移动端每日平均活跃用户（DAU），面向 B 端深度连接主机厂、经销商和二手车商等机构。此外，平安银行还将汽

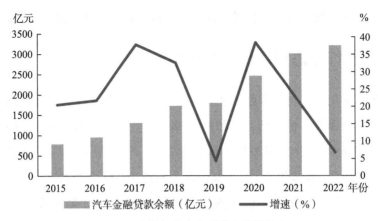

图 8　平安银行汽车金融业务发展情况

车金融与保险产品深度绑定，"平安好车主"App 注册用户数超 1 亿。2020 年
1—9 月平安银行通过 MGM 模式发放汽融贷款 496.98 亿元，占发放汽融贷款
总额的 31.4%。2021 年平安银行通过 MGM 模式发放汽融贷款 644.52 亿元，
占发放汽融贷款总额的 25.3%。2022 年末，汽车金融客群月活跃用户数
（MAU）达 356.16 万户，较上年末增长 15.1%。

4.2　路比车险 UBI 保险

2020 年 7 月 9 日，中国银保监会发布《关于实施车险综合改革的指导意
见（征求意见稿）》，将 UBI❶ 车险纳入车险改革范畴，精准定价将成为大数
据时代的必然趋势。基于大数据技术开展 UBI 保险的互联网公司，与传统保
险机构相比，非常具有代表性。

路比车险成立于 2014 年 12 月，隶属深圳鼎然信息科技有限公司，是一
家专业的 UBI 车险与车联网平台。路比车险通过智能车载硬件收集汽车数据，
使用精确的数据分析处理工具，具有精算定价模型、风险管控、运营服务和
数据分析处理等能力，致力于推广基于车主驾驶行为的 UBI 保险，为保险公
司提供 UBI 保险全系统解决方案。

---

❶ UBI（Usage-based insurance），即基于使用量而定保费的保险；UBI 车险，可理解为一种基于
驾驶行为而定价的保险。

2016 年 7 月，路比与百度地图共同推出"百度招财车险"，以百度地图车险平台为依托，面向全国车主售卖 UBI 车险；充分发挥双方在 UBI 精算技术及行车大数据上的优势。路比以此为出发点，与多家保险公司、车厂、车联网平台、互联网平台等达成 UBI 方向的合作。公司公开数据表明，路比车险可得到国内主机厂 80% 的车联网数据，同时公司采用专业的 CDH 大数据平台，通过路车联网数据连接器"路比云"采集 800 万驾驶行为数据，项目接入车辆超过 100 万。

4.3　美利车金融的覆灭

美利车金融是美利金融集团旗下品牌，最初是美利金融的汽车消费分期业务部门，在 2017 年分拆重组后引入外部股东，历经五轮大规模融资而发展壮大。经过多次战略聚焦，美利车金融确定主营二手车助贷业务。2019 年 10 月底，美利车金融向美国证券交易委员会（SEC）提交了招股书，拟登陆纽交所。2019 年 11 月 11 日，美利车金融北京总部被警方调查，武汉、深圳、重庆、石家庄等地的部分员工也被带走调查。2020 年 1 月 2 日，美利车金融称业务重心已放在存量资产管理上，实施大裁员。

美利车金融作为二手车金融的领军者，一度在市场上具有极强的影响力，但是产品设计有问题，风险管控不到位，外加与母公司之间资金往来不规范，存在资金挪用等问题，导致在短时间内快速崩盘。中国裁判文书网某份判决文书显示，某消费者贷款本金合计 15.75 万元，经销商只收款 8.83 万元，剩余 6.92 万元由融资介绍人、挂靠经销商、助贷平台及相关工作人员瓜分。在层层盘剥之下，消费者实际购车成本翻番。因此，美利车金融的崩盘不可避免地发生了。

5. 基于数字经济发展汽车金融的主要建议

5.1　巩固金融基础设施薄弱环节，完善政策支持体系

数字化、移动化和智能化已经成为金融业发展的重要方向，基础设施建

设是支持数字精通发展的必要根基。目前，我国个人信用系统落后、风险评估不全面、风控能力差、坏账数量多、损失挽回和弥补手段单一，银行配套的信息披露制度以及信息共享制度未有效建立，导致无法准确辨别汽车信贷资产的质量，无法科学评估驾驶行为的风险等。在汽车金融领域，亟待完善征信体系建设，为信贷、保险等业务的科学定价构建多方受益的商业模式。

我国汽车金融业方面法律法规的完善度，相较于西方发达国家，还存在距离。因此，我国应尽快制定相关的法律法规，对互联网汽车金融业务进行保护，一方面减少业务创新限制，另一方面应规范竞争秩序、控制金融风险。

5.2 关注汽车全生命周期，大力发展二手车金融

我国汽车金融还局限在新车交易市场，对于汽车行业上游生产制造环节和下游的流转重置环节关注较少。数字经济尤其是平台经济的发展，为二手车市场创造了极佳的条件。借助第三方评估平台，建立标准化评估体系，准确进行二手车定价，并为之配套相应的金融服务方案。加快审批流程，加强信用风控，建立买卖方、平台与金融机构之间的合作共赢生态圈。此外，汽车金融公司尤其是中小型公司，可以借助互联网打造新的交易模式，在供应链金融、信用交易、流转拍卖、拆解与回收等领域发掘新的利润增长点。

5.3 充分利用技术创新，提升大数据金融的效能

随着数字经济的发展，大数据和云计算等技术创新迭代加速，商业应用越来越成熟。将大数据和云计算运用到金融行业的风控业务上，积极探索风险评估服务，可以大大提高风控审核的速度和质量。于是，越来越多的纯技术公司通过大数据和云计算布局汽车金融。

传统汽车金融公司应该加大数字化转型力度，向上打通渠道，搭建互联、

开放、智能的数字化平台生态，向下用技术支撑，利用科技驱动传统业务流程的升级改造。在大数据方面，应在丰富的数据基础上，进行深入的数据挖掘，对用户进行综合画像，提升个性化服务水平，同时提高风险控制能力；依托大数据帮助保险公司制定价格模型，规避业务风险，稳定市场地位。在技术方面，区块链技术已进入汽车保险等领域，应有效发挥其去中心化和不可篡改的技术优势。

5.4　加强金融机构业务合作，大力发展非银金融

银行汽车金融业务在汽车金融体系中占据优势地位，具有资金雄厚、体系健全、风控能力强等特点。但是银行系统中汽车金融业务所占的比重整体较小，对汽车行业敏感度不高，因此投入有限、创新不足，很难满足数字经济新时代消费者的个性化需求。汽车企业旗下的财务公司规模较小，消费者信赖程度低、产品需求量不足，专业化的优势难以发挥。互联网汽车金融公司与融资租赁公司等机构，具有非常强的灵活性，成为重要的参与者。因此，应鼓励非银金融机构、技术公司等大力发展汽车金融业务。同时，各金融机构之间应由竞争关系转为合作关系，加强行业的交流互通，实现覆盖全面、功能完善、利益均衡的共同发展新局面。

6. 结语

本文结合数字经济时代经济社会发展中出现的新产品、新服务和新机构，对汽车金融的发展进行了全面的梳理，总结了汽车金融行业数字化转型的必然性，对当前实践中出现的新特点进行了概括，简要分析了典型企业发展的案例，对未来发展提出了相应的建议。

本教学案例，对互联网金融的定义、特征、模式、风险以及行业管理等都有涉及，通过本文引导学生巩固基础知识、进行知识迁移、锻炼逻辑分析能力，具有积极的作用。

参考文献

[1] 许华. 互联网汽车金融风险控制研究 [D]. 南京：南京邮电大学，2017.

[2] 张婷. 汽车金融的新玩法 [J]. 金融博览，2017 (22)：42-44.

[3] 刘云燕. 商业银行汽车消费信贷业务现状、问题及发展建议 [J]. 西南金融，2017 (2)：53-57.

[4] 罗钰. 我国汽车金融业存在问题及发展对策 [J]. 全国流通经济，2019 (32)：144-145.

[5] 孙敏娴. 互联网金融背景下我国汽车金融市场发展现状与问题探究 [J]. 中外企业文化，2020 (7)：31-32.

[6] 张静. 商业银行汽车金融业务现状及对策研究 [J]. 甘肃金融，2017 (7)：37-39.

[7] 周文洁，毛军权. 我国汽车金融市场的问题与发展研究 [J]. 农场经济管理，2021 (9)：52-54.

[8] 宋蕾浩. 基于互联网视角—汽汽车金融公司服务质量升级研究 [J]. 全国流通经济，2021 (13)：160-162.

[9] 周文龙，宁明萱. 互联网时代下汽车金融业务面临的挑战及对策分析 [J]. 现代商业，2022 (8)：97-99.

证券投资学自主学习能力培养的探索实践

张蜀林

（北方工业大学经济管理学院，北京，100144）

摘要：养老金是影响资本市场长远发展的重要力量，随着个人养老金政策出台，个人养老金账户、养老基金产品必将迎来巨大发展机遇。个人养老金账户投资，养老基金产品的设计、评价是养老基金产品挑选、养老基金产品市场健康发展的重大现实问题。研究这一问题对于提高学生分析问题能力、帮助学生理性选择养老基金具有重要意义。本文依据经典文献，引导学生掌握多因子风险模型的实验设计思想、变量筛选方法，提高其自主学习能力，为多因子价值投资与养老基金业绩评价奠定基础。

关键词：自主学习能力；个人养老金；基金的业绩评价；预期收益；风险

1. 引言

证券投资学是研究证券投资基本原理、证券分析方法，探索价值投资规律、市场价格运行规律的应用科学。

证券投资学的教学目标是理论联系实际，培养学生证券投资的实践能力，培养学生具有证券、基金等相关行业的工作能力。

在证券投资学的课程教学中，在行业分析、公司分析、技术分析、宏观分析、证券估值基本原理各章的教学内容完成后，证券投资教学的重要环节是证券投资专业实践：证券投资专业实践的本质是对学生证券投资知识体系的初步建立与综合运用，是对学生分析问题、解决问题能力的培养。

围绕全面提高人才培养能力这个课程思政的工作重点，证券投资教学的根本问题是如何培养和提高学生证券投资学分析问题、解决现实问题的能力。

根据笔者近十七年的证券投资研究体会，学生证券投资分析问题能力的培养主要分为三个阶段：第一，证券投资知识体系的初步建立；第二，证券投资知识体系的实际运用（专业实践能力培养的初级和中级阶段）；第三，证券投资自主学习能力的培养（专业实践能力培养的高级阶段）。

证券投资知识体系的建立，是证券投资分析问题能力培养的第一阶段，主要解决的是证券投资分析应知、必知的知识体系的初步建立。学生对证券投资的课程学习是一个从完全不知到略有所知、从略有所知到仍有所不知、不断提高的学习过程。本阶段教学的核心目标是行业分析、公司分析、估值分析三大核心知识体系的建立。

实践出真知，证券投资知识体系的实际运用是证券投资分析能力培养的第二阶段。提高学生分析问题、解决现实问题能力的首要环节是促其"行"，是给学生提供丰富多彩、紧张激烈的专业实践活动，让学生在最真实的现实世界里，亲身体验、尝试、模拟各种证券投资专业实践活动。

证券投资专业实践的初级阶段是行业分析、公司分析、估值分析、技术分析与模拟交易，中级阶段是如何综合运用行业分析、公司分析、估值分析方法进行选股，专注于证券投资实际动手能力的培养。本阶段与证券投资学课程的理论教学同步进行，专业实践学时占全部学时的1/3。要求以证券投资学的理论学习指导模拟交易实践，以模拟交易实践促进对证券投资原理，证券分析方法的理解、掌握和运用。

学生证券投资分析能力培养的第三阶段是对学生证券投资自主学习能力的培养。与其他专业课程不同，证券投资是具有重大不确定性的应用科学，证券投资涉及的众多现实问题即使教师本人事前也不知道正确答案。

为了提高学生证券投资分析能力，学生不能停留在理解、掌握、运用课程所学理论、方法这一层面上，教师需要帮助学生自主获得新知，帮助学生提高自主学习能力，帮助学生建立证券投资分析的能力圈，最终使学生能够像教师一样，能够自主学习、终身学习，不断从有所不知到有所知，实现质的飞跃，实现知与行的统一。

为了提高学生证券投资分析能力，本文从重大现实问题入手，从经典文献入手，从学术界的重大发现入手，培养学生的科学态度、探索精神，通过原汁原味的原文阅读、解读，掌握多因子风险模型的核心概念、方法、原理及应用。

2. 自主学习能力的培养：从重大现实问题入手，自主分析问题

2.1　从重大现实问题入手，科学合理地拓展专业课程的广度、深度

从生活实际出发，引导学生深入社会实践、关注现实问题，从重大现实问题入手，发现问题、分析问题。个人养老金账户的推出是影响资本市场未来发展的一项重要制度，参与人使用个人养老金资金账户里的资金，自主选择购买符合规定的储蓄存款、理财产品、商业养老保险、公募基金四种金融产品。

作为经济与金融专业的学生，分析个人养老金账户如何投资是对证券投资学课程专业深度的合理拓展，相关教学体现了我们对学生长远未来的切实关注，是对学生未来养老金账户投资、养老基金选择的帮助，也是对培养、提高学生自主学习、分析问题能力的一项重大探索。

2.2　基金投资评价的核心思想：基金投资的收益与风险的权衡

在证券投资学的教学过程中，学生已经学习了基金的相关知识：基金的概念、基金的类别、基金的目标、基金的投资范围（大类资产）、基金的业绩

基准、基金的投资理念、当前的证券市场状态的宏观分析。

为了帮助学生挑选养老基金，学生需要进一步学习基金业绩评价的基本原理、股票基金的投资风格（style）。教学的难点在于如何帮助学生建立基金业绩评价的内在经济逻辑。

基金业绩评价的最简单的方法是：将主动投资基金经理管理的基金，按照基金所属的类型进行分类，然后按照某个时期的总收益率进行排序。合理的业绩评价必须同时考虑基金投资的收益与风险，基金业绩评价的基本思路是用经过投资风险调整后的超额率衡量业绩能力。

现代金融经济学的一个基本思想是，证券组合的预期收益率是对投资者承担风险的补偿。因此，我们要对证券投资的风险有深入的认识，了解各类证券投资组合将面临的各种不同性质的风险。

在金融学的课程教学中，学生已经学过组合投资理论和资本资产定价模型，根据组合投资理论和资本资产定价模型，对于一个充分分散的投资组合，投资者唯一真正承担的风险是不可分散的市场风险，因此，投资组合的预期收益率仅仅是对投资者承担市场风险的补偿，市场风险是影响所有证券组合的收益率的唯一要素。

$$R_P - R_f = \alpha_P + \beta(R_M - R_f) + \varepsilon \tag{1}$$

这里，重要的是对预期收益率进行分解的思想：预期收益是对承担风险的补偿，投资组合对无风险资产 R_f 的超额收益率分解为两个不相关的部分，一个是与市场风险 R_M 直接相关的部分，Beta 的大小反映了投资组合承担的、与整体市场相关的风险，另一个是随机误差的部分 ε。（1）中使用 R_P 强调资本资产定价模型针对的是一个充分分散的投资组合，不是个股。有关个股的预期收益率的建模放在量化投资的下一个专题进行。

2.3　追根溯源，熟读多因子模型建立的经典文献

资本资产定价模型的重大意义是建立了不可分散风险与预期收益的基本关系。依据资本资产定价模型，市场风险是影响任何投资组合证券收益率的唯一要素，确立了证券投资组合预期收益率的第一个理论模型：单因素模型。

为了找出造成不同投资组合平均收益率差别的根本原因，法马和法兰奇（Fama and French，1992）[1]采用横截面回归的方法，同时考察了市场 Beta、股票的市值大小、每股收益与价格之比、财务杠杆、账面价值与市场价值之比与投资组合收益率的关系，结果表明：各个指标（市值大小、每股收益与价格之比、财务杠杆、账面价值与市场价值之比）在单独使用时，都对投资组合收益率横截面的差异有解释效力，但如果同时使用上述变量进行综合考察，则只有市值大小、账面价值与市场价值之比这两个变量才能真正解释不同投资组合收益率横截面的差异。

这里，最重要的是掌握法马和法兰奇（1992）的二因素模型的实验设计思想、变量筛选方法：

将所有股票按流动市值大小（size）排序，按十分位数等分成十组，形成 10 个相同数量的大小组合；为了体现 Beta 的差别对未来收益的影响与市值大小无关，要将每一个大小组合内的股票按 Beta 排序（用过去 24—60 个月度收益率计算个股的 Beta，称为排序前 Beta），形成 10 个 Beta 组合，因此，共有 10×10＝100 个股票组合，并且，每个股票都依据（size，Beta）双重排序结果进入且仅进入其中的一个组合。

组合的构造与组合收益率的测算：每个组合中的股票投资比例相等（等权组合），以等权组合的未来 12 个月的月度收益率的平均数代表各组合的（平均）收益率。

结果发现，在每个 Beta（排序前 Beta）组合内部，市值最小的组合收益率最高，不同大小的组合平均收益率与市值大小负相关，小市值的股票回报优于大市值的股票；在每个市值大小组合内部，不同 Beta 组合的收益率没有明显差别，市值最大组合的收益率甚至与 Beta 负相关（Beta 越大，收益率越低），账面价值与市值比最低的组合有最高的 Beta，却有最低的平均回报。

总之，如果成功控制了市值大小的影响，则不同组合的平均收益率与 Beta 无关。

公共风险因子（Common Risk Factors）是与众多股票预期收益率或风险有

关的、与市场风险不同的关键变量（基本面因子，宏观经济因子等）。

从经济基本面的研究出发，为了研究影响投资组合预期收益率的公共风险因子，法马和法兰奇（1996）[2]构造了三个风险因子（组合），建立了关于股票组合预期收益率的三因子模型：三因子模型描述了组合的预期收益率与多种风险因子暴露之间的内在联系。

$$R_{it}-R_{ft}=\alpha_i+\beta_{1i}(R_{mt}-R_{ft})+\beta_{2i}SMB_t+\beta_{3i}HML_t+\varepsilon_{it} \tag{2}$$

这里，重要的是掌握风险因子（组合）的构造方法：

首先，将所有股票按流动市值大小（size）排序，以市值的中位数为标准，分为2个组合：高于中位数的股票属于大组合（Big，简记为B），反之属于小组合（Small，简记为S）；其次，将所有股票按账面价值与市值大小排序，比值最低的30%的股票属于低组合（Low），比值最高的30%的股票属于高组合（High），中间的股票属于"中"组合（Middle），共有六个组合。组合内的权重构造是市值加权（按照最小方差组合的思想）。

大小（size）因子的仿制：以小市值组合的月度收益率减去大市值组合的月度收益率（small minus big，SMB）。为了衡量用这一因子选股的收益率，假设投资者买入小市值组合并卖空大市值组合，形成了一个零投入组合。

估值高低因子组合的仿制：以高比值组合的月度收益率减去低比值组合的月度收益率（high minus low，HML），假设投资者买入高比值组合并卖空低比值组合，形成了一个零投入组合。

市场因子（R_M）是上述六个市值加权组合的超额回报（R_M-R_f），无风险利率取一个月国库券利率。

投资组合的构建：将所有股票按流动市值大小（size）排序，按5等分成5组；同时，将所有股票再按账面价值与市值大小排序，按5等分成5组，共计25个投资组合。

多因子风险模型的任务是把股票的价格变动与各种市场数据联系起来，建立一个能够解释股票历史收益率的多因子模型，或者，建立一个能够预测股票未来预期收益率的多因子模型。

多因子模型也称组合的风格分析（style）。尽管我们不知道基金经理投资组合的具体股票持仓数据，不知道基金经理想要买入哪类股票，但是通过组合历史收益率与各风险因子的多元时序回归可以了解组合的风险暴露。

2.4 追寻学术界对价值投资新近重大发现的脚步

个人养老金账户投资的根本特征是投资的长期性，巴菲特执掌的伯克希尔是举世公认的价值投资、长期投资的光辉典范。巴菲特如何选股？巴菲特选择投资的公司具有哪些共同特征？弗拉齐尼等（Frazzini et al, 2018）[3]为我们展示了如何运用多因子模型分析巴菲特的投资风格，如何建立具有巴菲特投资风格的多因子模型，为巴菲特式选股组合的风险因子的构造、筛选、检验提供了系统方法，这是学术领域对价值投资的最重大发现，也是基金业绩评价方法的最新典范，为多因子量化投资开辟了正确的道路。

弗拉齐尼等对伯克希尔选股组合超额收益率的分解结果与说明：

首先，以巴菲特的投资组合收益率序列对市场因子（MKT）做一元线性回归，结果发现，伯克希尔的 β 系数 0.69 小于 1，且 alpha 值显著（表 1 的第 1 行），说明巴菲特投资组合的市场风险低于市场组合，具有显著的超额回报，巴菲特在 50 余年的投资中展示了强大的选股能力（绝非运气）。

表 1 伯克希尔的投资风格（1976 年 10 月—2017 年 3 月）（括号内为 t 统计值）

变量	单因子模型	四因子模型	五因子模型	六因子模型
alpha	13.40% （4.01）	11.00% （3.3）	8.50% （2.55）	5.40% （1.55）
MKT	0.69 （11.00）	0.83 （12.74）	0.83 （12.99）	0.95 （12.77）
SMB		−0.29 （−3.11）	−0.30 （−3.19）	−0.13 （−1.17）
HML		0.47 （4.68）	0.31 （2.82）	0.4 （3.55）

变量	单因子模型	四因子模型	五因子模型	六因子模型
UMD		0.06 (1.00)	−0.02 (−0.25)	−0.05 (−0.80)
BAB			0.33 (3.79)	0.27 (3.04)
QMJ				0.47 (3.06)
R^2	0.2	0.25	0.27	0.29
Obs.	486	486	486	486

注：（1）数据来源：https：//www.tandfonline.com/doi/full/10.2469/faj.v74.n4.3；（2）表中括号内的数值为变量系数估计的 t 统计值。

接着在控制变量中加入学术界常见的大小因子（SMB）、估值因子（HML）和动量因子（UMD）做多元线性回归，多元回归分析的结果表明（表 1 的第 3 列：四因子模型）：大小因子（SMB）的风险暴露值为负且显著，说明伯克希尔更倾向于购买大盘股；估值因子（HML）的风险暴露值为正且显著，表示伯克希尔倾向于购买相对低估（账面价值与市值相比，相对而言被低估）的股票。

动量效应的基本含义是买入过去一年表现优于同类的股票（高回报组合），同时卖出表现相对较差的股票（低回报组合），动量因子的度量方法与估值因子（HML）相似：以小市值和大市值组合中的高回报组合的平均回报减去小市值和大市值组合中的低回报组合的平均回报。动量因子的风险暴露并不显著，说明巴菲特在选股的时候不追逐趋势。alpha 值显著，总体来看，这四个学术界的常见因子仍然不能很好地解释巴菲特的超额收益的来源。

弗拉齐尼等（2018）的关键创新是引入了品质因子（Quality Minus Junk，QMJ）和贝塔套利因子（Betting Against Beta，BAB）。

QMJ 的核心思想是买入优质公司（高利润、高增长、安全、高分红等），卖出平庸公司。BAB 的核心思想是买入更安全（低 Beta）资产，卖出高风险（高 Beta）资产。结果表明（表 1 的第 5 列：六因子模型），伯克希尔在 QMJ

和 BAB 上的风险暴露显著，即巴菲特偏好购买更优质、更有价值、更安全的股票。

引入 QMJ 和 BAB 进行控制后，伯克希尔投资组合的 alpha 不再显著，因此，巴菲特组合的选股标准（投资风格）的超额收益率可以被 1 个市场因子和 5 个风格因子的收益率来解释。

在这六个风险因子中，最重要的是 QMJ 和 BAB，只有 QMJ 和 BAB 才能更好地解释了巴菲特的超额收益率的源泉，也就是说，巴菲特选择更优质、更有价值、更安全的股票。

为此，追根溯源，我们需要掌握品质因子的内涵（Asness et al, 2019）[4]：高品质股票（Quality）的共同特征是同等条件下投资者愿意为品质因子——股票的安全性（safety）、企业的盈利能力（profitablity）、成长性（growth）、良好的管理——付出更高的价格。

借鉴品质因子（Quality）的构造方法（Asness et al, 2019）[4]：

高品质的得分以安全性、盈利能力、成长性这 3 个维度的综合评分进行衡量，每个维度得分都是多个变量指标的 z 分数的平均。首先按每一个指标排序，对排序的结果做标准化变换得到该指标的 z 分数，每个变量使用的都是年度数据。

盈利能力由企业的资产毛利润（GPOA）、ROE、ROA、资产流动现金（CFOA）、毛利率（GMAR）和应计项目（ACC）构成，显然这里除了 ACC 之外，其他各项的值越高，意味着企业经营情况越好。成长性（growth）的度量：首先得到盈利能力前 5 项指标对五年前增长率的 z 分数的平均分，再进行标准化变换得到成长性的 z 分数。安全性（safety）评估指标是低 Beta 值（BAB）、低杠杆、低破产风险、企业收益的低波动性，BAB 的具体构造方法见弗拉齐尼和佩德森（Frazzini and Pedersen, 2014）[5]。

依据弗拉齐尼等（2018）[3]的研究方法可以对价值投资基金、特别是养老基金的投资风格、风险因子进行专业的分析和评价，也为养老基金的挑选奠定了坚实的理论和方法论基础。

阿斯尼斯等（2019）[4]的研究方法为价值投资者构建具有巴菲特风格的

量化投资组合提供了重要依据，弗拉齐尼和佩德森（2014）[5]的研究方法为量化投资者、风格投资者、多因子投资者提供了宝贵借鉴。

哪些因子是中国证券市场最重要的因子？在中国证券市场如何构建具有巴菲特风格的价值投资系统？能否借鉴以上研究方法在中国进行价值投资，胡熠和顾明（2018）[6]、李斌和冯佳捷（2019）[7]、尹力博和廖辉毅（2019）[8]等进行了有益的探索。

解决价值投资的根本途径是从行业分析、公司分析、估值分析三大核心知识体系入手，建立证券投资的能力圈，不断扩大证券投资的能力圈，在能力圈内建立个股的估值与预期收益率模型。

经济与金融专业的本科学生如何构造自己的投资组合进行量化探索？我们将在后续的量化投资项目、证券投资学的量化投资实验、金融工程的量化产品设计等各项教学活动中展开相关研究、教学与探索。

3. 结语

为了解决养老金账户投资和养老基金产品的评价、挑选这一重大现实问题，帮助学生建立基金业绩评价的内在经济逻辑，笔者从价值投资者、证券研究者、证券学习者（学生）的角度系统学习了法马和法兰奇（1992）经典文献，激发这一研究的动力是弗拉齐尼等（2018）的重大发现，为我们仿制具有巴菲特风格的价值投资系统提供了系统的方法。

本文其实是为学生们提供的教学要点和备课笔记，是笔者学习上述经典文献后的主要收获，也是笔者从学生的角度、从价值投资者的角度，提醒学生，在阅读学术文献中应当抓住的重点。

证券投资的学习与单纯的学术研究有巨大的不同：学术研究的角度可能是定价模型及其是否成立的学术检验，站在养老金账户投资的角度，是一切理论知识、模型、学术成果对于我们打造养老金账户产品、对于长达 10~30 年的价值投资组合能够提供多少有效帮助的研究。

本文同时也为学生从价值投资发展到多因子量化投资提供了方法论的帮助。要实现打造养老金账户产品的最终目标，还需要在后续的研究中把握我国证券市场的特点，做出比肩经典文献的中国成果。

参考文献

[1] FAMA E F, FRENCH K R. The Cross-Section of Expected Stock Returns [J]. Journal of Finance, 1992, 47 (2): 427-65.

[2] FAMA E F, FRENCH K R. Multifactor Explanations of Asset Pricing Anomalies [J]. Journal of Finance, 1996, 51 (1): 55-84.

[3] FRAZZINI A, KABILLER D, PEDERSEN L H. Buffett's Alpha [J]. Financial Analysts Journal, 2018, 74 (4): 35-55.

[4] ASNESS C S, FRAZZINI A, PEDERSEN L H. Quality Minus Junk [J]. Review of Accounting Studies, 2019, 24 (1): 34-112.

[5] FRAZZINI A, PEDERSEN L H. Betting against Beta [J]. Journal of Financial Economics, 2014, 111 (1): 1-15.

[6] 胡熠，顾明. 巴菲特的阿尔法：来自中国股票市场的实证研究 [J]. 管理世界，2018, 34 (8): 41-54, 191.

[7] 李斌，冯佳捷. 中国股市的公司质量因子研究 [J]. 管理评论，2019, 31 (3): 14-26.

[8] 尹力博，廖辉毅. 中国A股市场存在品质溢价吗？[J]. 金融研究，2019 (10): 170-187.

相对估值模型及其在中国市场的应用

——基于 PE 模型

王莉娜

（北方工业大学经济管理学院，北京，100144）

摘要： 股票估值理论是评估股票内在价值的依据。只有对股票进行准确评估，投资者才能作出正确的投资决策。本文首先对股票估值理论进行综述，其次在对相对估值法中市盈率模型的计算公式、含义和使用原则阐述的基础上，以我国 A 股市场上股票价格最高的贵州茅台（600519）作为案例，运用市盈率模型对其进行估值。分析表明与行业均值和同业竞争对手相比，贵州茅台的市盈率是相对适中的。由于贵州茅台股票的单位收益较高，其在证券市场的股价是相对合适的。本文的结论对于投资者正确评估股票价值、树立投资基于价值的正确投资理念具有重要借鉴意义。

关键词： 相对估值模型；含义；PE；案例

1. 引言

股票估值问题研究具有重要的理论意义和现实价值。对投资者来说，对股票内在投资价值的评估是其作出正确投资决策的基础和依据。投资者进入证券市场，其目的是获取高于市场平均收益的超额收益。通过使用适当的估值方法，对股票价值进行评估，识别出在市场上价格与价值存在偏差的证券，对价格低于价值的股票进行买入，对价格高于价值的股票进行卖出，是投资者能够实现超额收益的重要手段。对决策者来说，对股票正确的估值能够使其及时化解证券被严重低估或存在的泡沫问题，从而避免股市过度动荡对社会经济生活造成的严重冲击。

关于股票估值的研究由来已久，其中，估值模型在我国证券市场究竟是否适用是一个简单而又重要的问题。只有回答了这个问题，才能讨论如何正确应用模型估值及作出正确投资决策的问题。在相对估值模型中，市盈率（PE）模型采用每股净利润衡量每股收益，可以引导投资者关注公司的成长价值，建立科学合理的投资理念。另外，市盈率模型因其使用简单方便，且所需数据非常容易获取，计算的过程和技术门槛较低，从而在投资实践中广受投资者的青睐，使用非常广泛。因此，本文首先对股票估值理论进行综述，其次着重阐述了市盈率模型的计算公式、含义、使用原则、缺陷等问题，然后使用我国 A 股市场上股票价格最高的贵州茅台（600519）股票进行案例分析，探讨相对估值模型在我国的适用性问题，以期给投资者提供一定的借鉴意义。

2. 文献综述

在证券投资中传统的估值方法有两种：绝对估值法和相对估值法。绝对估值法是通过一定的折现率，将证券未来的现金流进行折现以实现价值评估的方法。未来的现金流可以是红利、自由现金流、净利润等。而相对估值法的理论基础是一价定律，即投资者在市场上为获取单位收益所支付的价格（成本）应是相同的。常用的单位收益有每股收益、每股净资产、每股销售收入等。但股票估值、公司估值并不仅是一门科学，更涉及公司资产、公司治理、风险因素、企业管理结构、高管素质等多重因素，因此仍在实践经验教训的总结过程中不断发展和演化。

一些文献对股票内在价值进行了测度。程继爽和程锋（2009）[1]对估值的主要方法做了概述，并简单探讨了其应用。刘熀松（2005）[2]对股票内在价值理论做了综述，然后利用股票内在投资价值模型测算了中国股市的内在投资价值以及中国股市的泡沫度。姚景源等（2011）[3]对国内主流的衡量股票内在价值的方法，包括股利贴现模型、自由现金流模型、剩余收益模型等进行了文献综述，在此基础上介绍了巴菲特对股票的估值方法和态度，并使用 A 股市场上的贵州茅台数据进行实证研究，得出巴菲特的方法适用于中国证券市场的结论。吕琦（2011）[4]对贴现现金流估值法的计算过程和系统设计进行阐述，并以神华能源公司股票的估值为例进行验证。汪涛（2012）[5]则主要对相对估值方法的模型进行了分析，并使用部分股票数据进行了实证。宋光辉和孙影（2017）[6]以制造业行业数据和样本为依据，基于行业市盈率对股票进行了估值。韩雪和刘尧远（2013）[7]使用修正市盈率法对上市公司的股票进行了估值。此外，也有学者进一步拓展股票估值研究，郝臣（2008）[8]将股票估值与公司治理和资产定价相结合进行研究，认为内在价值理论和相对估值理论没有考虑公司治理因素，而公司治理风险因子的提出有助于完善资产定价模型。韩洪灵等（2021）[9]则基于科技属性与金融属性的双重视角，在金融监管变革背景下对蚂蚁集团的估值逻辑进行初步构建，发现传统估值方法存在缺陷以及当前我国资本市场总体伦理水平使得蚂蚁集团 IPO 出现了扭曲估值。

随着研究的深入，一些文献对证券估值进行了更深入的探讨。管悦和冯忠磊（2020）[10]等将股票估值与财务信息披露、市场反应相结合，为价值投资在中国的适用性提供了证据支持。刘柏和徐小欢（2019）[11]研究了市场错误定价对企业研发投资的影响。周为（2019）[12]基于 2007 年中国股票市场泡沫研究了股市泡沫与个人投资者处置效应。在估值的基础上，陈英楠等（2022）[13]基于供给方法检验了中国 A 股市场的泡沫问题，结论认为 1998—2016 年我国 A 股市场总体不存在泡沫。

通过梳理文献发现，对上市证券估值的相关理论和方法已较为完备，但因公司估值并不仅仅是一门科学，更涉及公司资产、公司治理、风险因素、企业管理结构、高管素质等多重因素，因此仍在实践经验教训的总结过程中不断发展和演化。其中，对相对估值模型在我国的应用虽有涉及，但存在案例缺乏典型性、数据未及时更新、未与基本面和行业面结合分析等问题。因此，本文首先对相对估值模型的内涵、使用和优缺点做简要概述，其次以我国 A 股市场上股票价格最高的贵州茅台（600519）为例（截至 2022 年 11月），运用相对估值模型进行案例分析，判断公司股票的市场价格是否被高估或低估，从而进一步得出相对估值模型在我国 A 股市场是否适用的结论。

3. 相对估值模型

相对估值模型的理论基础是一价定律，即投资者在市场上为获取单位收益所支付的价格（成本）应是相同的。

本文分析的市盈率（PE）模型是最常见也是最常用的相对估值模型，公司的每股收益衡量投资者的单位收益，计算公式为 $PE = P \div E$（价格÷每股收益）。

在使用过程中，市盈率有两层含义：一是投资者为获取每股收益（E）所需支付的成本（P）。这一含义表明对投资者而言，市盈率越低越好，即投资者所支付的价格（成本）越低越好。更低的价格有利于投资者获取更多的超额收益。二是投资者为收回成本所需要的投资回收期。假设投资者购入某只股票的价格（P）为 10 元，每股股票每年所获得的收益（E）为 2 元，那么投资者 5 年可以将其投资成本收回。这一含义表明对投资者而言，投资回报期越短越好，更短的投资回报期有利于投资者更早地获得超额收益。因此，对投资者而言，使用市盈率模型估值的标准是 PE 数值越小越好。

市盈率模型因其使用简单方便，且所需数据非常容易获取，计算的过程和技术门槛较低，从而广受投资者的青睐，使用非常广泛。另外，使用企业的每股收益进行市盈率计算，可以引导投资者更多地去关注上市公司的成长性，从而培养投资者"投资基于价值、成长必将体现"的理性投资观念，减少在证券市场上频繁买卖股票等非理性和投机行为。

但市盈率模型存在明显的缺陷，一是当每股收益为负值时，此模型的计算结果就失去了意义；二是因不同行业的经营能力、管理水平、盈利模式等不同，不同行业的收益能力没有可比性。图 1 是按照中证行业分类后，2021年第三季度末和 2022 年第三季度末的静态市盈率。可以看出金融行业、房地产行业和能源行业的市盈率较低，主要消费行业、信息技术行业、医药卫生行业的市盈率较高。如果忽视行业因素，仅以市盈率数值越小越好的原则去制定投资策略，则全部投资金融行业即可，但证券投资策略显然不是如此简单，因此使用市盈率模型对某只股票进行估值并决定是否投资的重要前提是在与同行业内股票的市盈率进行比较。三是公司的净利润容易受到短期因素的影响，有时也会受到管理层的人为干预从而影响市盈率的结果。

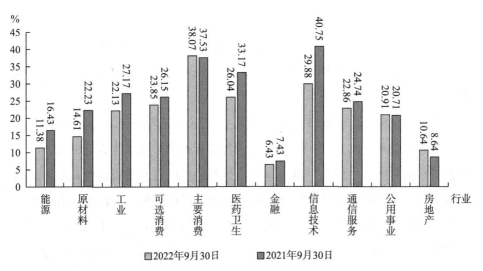

图 1　2021 年、2022 年第三季度末我国各行业静态市盈率

数据来源：中证指数有限公司官网（中证行业分类）。

4. 案例应用分析

本文以我国 A 股市场中价格最高的贵州茅台（600519）为例进行股票估

值的应用分析。使用市盈率模型对某只股票进行估值，首先需要确定该股票所在的行业，其次选择同行业的股票进行市盈率比较，进而得出科学合理的投资策略。下文将遵循这一原则进行分析。

贵州茅台全称贵州茅台酒股份有限公司，于2001年8月27日上市。按行业划分，贵州茅台归属于白酒行业，国内市场的可比公司有五粮液、泸州老窖、老白干酒、舍得酒业、山西汾酒、水井坊、今世缘、洋河股份、酒鬼酒、口子窖等。贵州茅台股票于2001年8月27日上市，发行价格31.39元；上市后股票价格呈火箭式上升，2021年2月18日上升至2627.88元，是该股票的历史最高价；2022年11月30股票收盘价为1599元，是其发行价格的50倍。贵州茅台股票长期占据我国A股市场上第一高价股票的位置。图2是2007—2022年我国白酒行业代表性股票的股价。2007年贵州茅台股价与其他白酒行业公司股票价格接近，但随着时间演进，贵州茅台股价逐渐远高于其他股票，2022年11月30日贵州茅台股价是五粮液股价的10倍左右。本文使用市盈率模型对贵州茅台进行估值，试图解答以下问题：贵州茅台的股价是否太高了？市盈率模型是否适用？

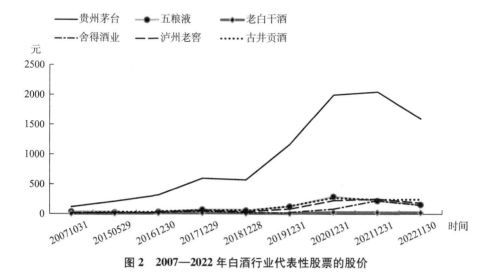

图2　2007—2022年白酒行业代表性股票的股价

数据来源：Wind数据库。

　　图 3 是 2007—2022 年我国白酒行业代表性股票的每股收益。图中清晰地显示贵州茅台的每股收益远高于其他股票，走势与股价走势基本相同。2022年 9 月 30 日贵州茅台每股收益大约是五粮液每股收益的 7 倍。

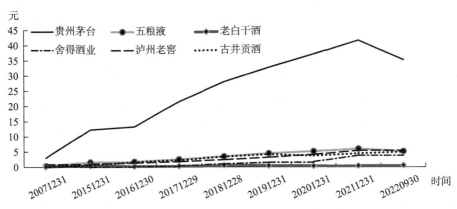

图 3　2007—2022 年白酒行业代表性股票的每股收益

数据来源：Wind 数据库。

　　图 4 是 2014—2022 年贵州茅台的滚动市盈率（TTM）与行业均值比较图。本文关注的不是贵州茅台自身市盈率数值的升降变化，而是与行业均值的比较。可以看出，在 2017 年之前，贵州茅台的市盈率始终低于行业均值。2018—2022 年，虽然贵州茅台的市盈率数值有所上升，但整体发展趋势与行业均值保持了基本一致的变化趋势，也就是说，虽然贵州茅台的股价一直居高不下，但因其每股净收益远高于同行内其他白酒类公司股票，所以市盈率保持了与行业均值基本相当的水平。从市盈率的含义层面解释，即市场上的投资者为获得贵州茅台的单位收益，付出的价格（成本）与行业平均价格（成本）是基本持平的；投资于贵州茅台的投资回收期与行业平均投资回收期也是基本持平的。从这一层面上而言，贵州茅台的股票价格是适中的。

　　图 5 是 2014—2022 年贵州茅台的滚动市盈率（TTM）与同业竞争对手比较图。虽然各竞争对手的市盈率曲线变化存在差异，但是贵州茅台市盈率曲线位于同业竞争对手中间而非上方是明确的。具体来看，2014—2022 年贵州

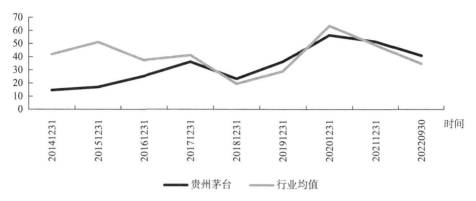

图 4　2014—2022 年贵州茅台滚动市盈率（TTM）（与行业均值比较）

数据来源：Wind 数据库。

茅台的市盈率从 16.67 上升到 40.84，但在此期间，其市盈率始终与主要竞争对手如五粮液等上市公司保持相同的变动趋势，且数值适中。

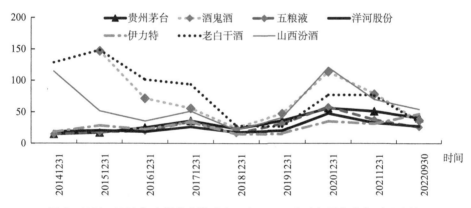

图 5　2014—2022 年贵州茅台滚动市盈率（TTM）（与同业竞争对手比较）

数据来源：Wind 数据库。

通过对图 4 和图 5 分析得出了以下结论，即投资者为获取贵州茅台单位收益所支付的价格（成本）与为获取白酒行业内其他上市公司单位收益所支付的价格（成本）是基本持平的，投资回收期也是基本相同的。贵州茅台在市场上的价格是适中的。如果预期贵州茅台未来的收益仍将保持上涨，那么根据市盈率模型可以预测其股票价格仍会随之上涨。

5. 结语

　　股票估值是对上市公司的实际价值进行估算，以便投资者找到市场上被低估的股票进而做出正确的投资决策，最终获得超额投资收益的过程。股票估值是证券投资分析中最核心的内容。股票估值估的是价值，而非价格，用是否接近价格来评估估值的好坏，是对估值概念的错误理解。估值的结果是用于决策，而不是用于决定价格，更不能用于业绩评价。本文介绍了相对估值法的理论基础，阐述了最常见也是最常用的相对估值法——市盈率模型的计算公式、含义和使用原则。进一步地，本文以我国 A 股市场上股票价格最高的贵州茅台股票（600519）作为案例，使用市盈率模型对其进行分析，判断该股票价格是否过高以及市盈率模型在我国的适用性。通过将贵州茅台市盈率与行业平均市盈率、同业竞争对手市盈率比较分析发现，贵州茅台市盈率与两者的变化趋势基本相同，即呈现同升同降趋势。从数值上看，贵州茅台市盈率数值并未远高于行业平均值和同业竞争对手数值，因此根据市盈率模型的含义得出结论，贵州茅台的股票价格是适中的。如果预期贵州茅台的利润会进一步增长，其股票价格也会随之进一步上升。市盈率模型用于我国 A 股市场的股票估值是可行的。

　　本文的结论对于投资者和上市公司具有明确的借鉴意义。对于投资者而言，一是建立投资基于价值的正确投资理念。使用正确的估值模型对投资标的进行测算，进而得出科学合理的投资决策。即使优秀的公司也可能会遭遇暂时的经营困难和利润下滑，对股票的投资应基于对其长期、趋势性的成长性分析。二是投资需要合理控制风险。一旦股票价格突破其估值，应及时退出以控制风险，避免无效的投资决策以及在市场上盲目跟风的投机操作。对于上市公司而言，应专注于公司长期的成长性而非短期的利益，优秀的公司会吸引投资者的资金投入。

参考文献

[1] 程继爽，程锋. 股票估值在我国的应用与展望 [J]. 商业会计，2009（17）：43-44.

[2] 刘煜松. 股票内在投资价值理论与中国股市泡沫问题 [J]. 经济研究，2005（2）：45-53.

[3] 姚景源，张爱香，杨彤. 巴菲特股票估值方法的实证研究——基于贵州茅台（600519）2004 年至 2008 年数据 [J]. 财会通讯，2011（15）：122-124.

[4] 吕琦. 上市公司估值模型的研究与实证分析 [J]. 特区经济，2011（8）：94-96.

[5] 汪涛. 股票相对估值理论及其应用 [J]. 商业时代，2012（16）：59-60.

[6] 宋光辉，孙影. 基于行业市盈率的股票估值 APT 及有效性分析 [J]. 财会月刊，2017（29）：116-121.

[7] 韩雪，刘尧远. 修正市盈率法在拟上市公司估值中的应用 [J]. 财会通讯，2013（35）：56-58.

[8] 郝臣. 公司治理、股票估值与资产定价 [J]. 经济管理，2008（13）：32-37.

[9] 韩洪灵，陈帅弟，陆旭米. 金融监管变革背景下蚂蚁集团估值逻辑研究——基于科技属性与金融属性的双重视角 [J]. 财会月刊，2021（1）：13-22.

[10] 管悦，冯忠磊. 财务信息披露、市场反应与股票估值——来自 A 股市场的经验证据 [J]. 投资研究，2020（3）：85-97.

[11] 刘柏，徐小欢. 市场错误定价对企业研发投资的影响 [J]. 经济管理，2019（2）：73-89.

[12] 周为. 股市泡沫与个人投资者处置效应——基于 2007 年中国股票市场泡沫的实证分析 [J]. 投资研究，2019，38（6）：105-128.

[13] 陈英楠，丁倩文，刘仁和，等. 中国 A 股市场存在理性泡沫吗？——基于供给方法的直接检验 [J]. 经济学（季刊），2022，22（3）：727-748.

金融机构与金融市场课程思政教学案例

——基于投资组合选择理论的分析

杨　汀

（北方工业大学经济管理学院，北京，100144）

摘要： 本文利用投资组合选择理论来分析学生是否出国留学，得出四个基本推论：第一，出国留学的需求应当与财富正相关。学生需要估算出国留学的费用，并判断该费用是否在家庭经济能力的接受范围之内。第二，出国留学的需求与出国留学相对于国内读研的预期回报率正相关。学生需要估算出国留学的预期收益率，并与国内读研的预期收益率进行对比。第三，出国留学的需求与出国留学相对于国内读研风险程度负相关。学生需要估算出国留学的风险，并与国内读研的风险进行对比。第四，出国留学的需求与出国留学相对于国内读研的流动性正相关。学生需要估算出国留学相对于国内读研的流动性。通过该案例分析，培养学生勇于探究的科学精神，强化深度学习理念并完善独立人格。

关键词： 投资组合选择理论；出国留学；科学精神；深度学习理念；人格发展

1. 引言

在为经济与金融专业的本科生开设的金融机构与金融市场课程中，会讲到投资组合选择理论（Theory of Portfolio Choice），该理论列出了资产需求的决定因素以及各因素对资产需求的影响关系，进而为分析利率变化打下基础。实际上，该理论不仅具有分析利率的经济学含义，还可以为生活中面临的决策提供分析框架，帮助做出理性、有效的决策。本文利用投资组合选择理论来分析出国留学的决策因素，以期为学生提供有关本科毕业去向的理论框架。

本文选取了本科生毕业去向这一问题情境，分析如何利用投资组合选择理论来决定是否出国留学。当下，很多学生的毕业决策依赖于父母和老师，其自身缺乏独立思考的意识和能力。很多本科生在面临毕业去向时会犹豫不决、纠结茫然，而投资组合选择理论就可以帮助学生建立理性的分析框架。在本科毕业去向这一决策上，投资组合选择理论可以帮助学生分析影响出国留学的影响因素，结合自身情况，学生可以逐一分析各个因素，从而判断出国留学是否适合自己。

在利用投资组合选择理论来分析是否出国留学的案例中，体现的思政元素包括：勇于探究的科学精神，深度学习理念和独立人格发展。在利用投资组合理论分析是否出国留学的过程中，学生会建立理性思维的框架，遇到问题时需要进行自主思辨，进而培养勇于探究的科学精神。同时，学生需要查找目标学校学杂费、估测毕业后的预计薪资等信息，从而锻炼信息意识，塑造深度学习理念。而整个分析过程也是学生自我人格发展、完善的良好机会。

2. 案例思政元素分析

2.1　勇于探究的科学精神

当代大学生在做出未来规划和决策时往往依赖父母和老师的判断，缺乏自身的独立决策。比如，在本科毕业后的选择（继续读研或直接工作）上，很多学生没有自己的独立见解，选择听从父母安排。而学生之所以缺乏自己的想法，一个主要原因是缺乏适合的思维框架。在成长过程中，学生的大多数重要抉择都由父母帮助选择，其自身既缺乏自主决策的主观意识，也缺乏进行自主思考的思维框架。[1-3]投资组合选择理论可以帮助学生建立自主决策的有效思维框架，从而提升学生的理性思维能力，也培养学生批判质疑、勇于探究的科学精神。比如，在考虑是否出国留学时，学生需要对比国内外高校优势、不同国家的高校特色等，案例的每个环节都向学生设置了相应问题，需要学生去探究。

2.2　深度学习理念

互联网时代的技术发展为获取多渠道的信息提供了便利，过去对于出国、国内读研、工作这样的选择，学生面临的问题是信息不足。每个学生的目标不同，针对每个学生的需求，家长甚至老师都难以提供足够信息。在投资组合选择理论之下，学生可以根据理论指导自己去搜寻信息，培养自己的信息意识，根据理论指导进行信息的深度挖掘，进而体现深度学习的理念。如，该案例要求学生估计出国留学归来的薪资水平，为了得到该信息，学生需要从学校官网、相关新闻报道等处获取书面信息，还需要从学校校友、亲戚朋友等知情人处获取口头信息，这一信息搜寻过程有助于锻炼学生深度学习的能力。

2.3　独立的人格发展观

大学是学生人格发展的重要环节。大学毕业后，学生的人格已经基本形成，因此，在大学期间帮助学生完善人格发展至关重要。而通过投资组合选择理论就可以帮助学生建立自我管理下的人格发展观。[4][5]在投资组合选择理论的指导下，学生可以根据理论步骤来搜集信息，明晰影响自身出国需求的各因素，进而结合自身情况做出决策。让学生根据理论进行自主决策，为自己的未来负责，有助于培养学生独立、坚强的人格。

3. 运用投资组合选择理论进行出国留学决策的案例分析

根据投资组合选择理论（Theory of Portfolio Choice），在其他条件保持不变的情况下：（1）对某种资产的需求量通常与财富正相关；（2）对某种资产的需求量同该资产相对于替代性资产的预期回报率正相关；（3）对某种资产的需求量同该资产相对于替代性资产的风险程度负相关；（4）对某种资产的需求量同该资产相对于替代性资产的流动性正相关。

考虑到很多同学在规划本科毕业后的去向时，会纠结于是否出国留学。那么，不妨将出国留学视为一项投资，其替代性投资为在国内读研。那么，利用投资组合选择理论，可以得到下面四个推论。

出国留学的需求应当与财富正相关。学生需要估算出国留学的费用，并判断该费用是否在家庭经济能力的接受范围之内。

出国留学的需求与出国留学相对于国内读研的预期回报率正相关。学生需要估算出国留学的预期收益率，并与国内读研的预期收益率进行对比。

出国留学的需求与出国留学相对于国内读研风险程度负相关。学生需要估算出国留学的风险，并与国内读研的风险进行对比。

出国留学的需求与出国留学相对于国内读研的流动性正相关。学生需要估算出国留学相对于国内读研的流动性。

上述四个结论为学生做出是否出国留学的具体决策提供了理论框架，接下来，根据理论指导，可以将是否出国留学的决策细化为以下步骤。

首先，确定目标学校。在确定目标学校后，查找该学校的学杂费，以及该学校所在区域的生活费，进而估算出国留学的费用。其次，估计目标学校留学归国后的薪资水平。出国留学预期回报率最直观的体现是留学后的预计薪资。因此，学生需要查找目标学校目标专业的历年毕业生工作去向及相应的薪资水平。而作为出国留学的替代性资产，在国内读研是出国留学的机会成本。因此，学生也需要评估如果在国内读研能够得到的预计薪资。再次，了解目标学校留学归国后的薪资待遇稳定性。和国内读研相比，"海归"毕业生在找工作时的侧重点不同，目标岗位也有所差别。学生需要对比出国留学与国内读研两种决策下预计薪资的稳定性。预计薪资的波动性越大，风险越大；反之，风险越小。最后，评估出国留学的流动性。流动性指资产的变现能力。具体到出国留学这个情境中，可以理解为将出国留学这项投资转换为现金的能力。例如，学生需要评估和国内读研相比，"海归"是否更容易找到高薪工作，如果答案为是，那么就可以在一定程度说明出国留学的变现能力更强。

完成上述步骤后，学生需要结合自身情况来综合决策。需要注意的是，最终决策一定是对所有因素进行考虑后的全局结果，不能基于某个单一因素做出决策。应当用全局、动态的思维来使用投资组合选择理论。如果目标学校的学费较高，超出了家庭财富的承受范围，那么学生依然需要继续分析出国留学相对于国内读研的预期回报率，而不是直接放弃出国留学。因为，虽然出国留学的费用较高，但如果出国留学的相对预期回报率极为可观，可以在工作后的若干年内收回留学成本，那么出国留学依然是值得尝试的选择。至于如何解决留学费用，可以采取金融学中的"负债"思维，向亲友借钱或向正规金融机构申请学业贷款[6-8]。

学生需要对目标学校、学杂费、生活费、毕业后薪资等信息进行搜索，强化信息意识并培养深度学习能力（见表1）。特别是，很多信息需要加工、思辨后才能得到最终答案，该过程可以锻炼学生信息挖掘能力。同时，学生也需要用理性的探究性思维来比较信息、做出决策。比如，在选择目标学校时，学生需要对比多个国外学校，对学校的专业特色、师资力量、学术氛围、地理位置等进行综合对比；在对比国外留学和国内读研的毕业后待遇时，学生也需要从工作机会、薪资水平、职业发展等多角度进行对比，进而培养自身的理性思维和探究精神。在掌握了投资组合选择理论后，学生可以利用该理论框架独立搜集信息，做出决策，进而培养独立人格。[9][10]

表1　投资组合选择理论分析出国留学的理论因素与现实条件

影响资产需求的理论因素	影响出国留学的理论因素	影响出国留学的现实条件
财富	家庭经济情况	目标学校的学杂费及生活费
相对于其他资产的预期回报率	出国留学相对于国内读研的预期回报率	留学后的预计薪资水平
相对于其他资产的风险	出国留学相对于国内读研风险程度	留学后薪资待遇的稳定性
相对于其他资产的流动性	出国留学相对于国内读研的流动性	未来工作转换为现金的能力

4. 结语

　　投资组合选择理论是金融机构与金融市场课程中的经典理论，该理论对影响资产的要素以及每种要素对资产需求的影响路径进行了详尽说明。本文利用投资组合选择理论来分析学生是否出国留学，得出四个基本结论：第一，出国留学的需求应当与财富正相关。学生需要估算出国留学的费用，并判断该费用是否在家庭经济能力的接受范围之内。第二，出国留学的需求与出国留学相对于国内读研的预期回报率正相关。学生需要估算出国留学的预期收益率，并与国内读研的预期收益率进行对比。第三，出国留学的需求与出国留学相对于国内读研风险程度负相关。学生需要估算出国留学的风险，并与国内读研的风险进行对比。第四，出国留学的需求与出国留学相对于国内读研的流动性正相关。学生需要估算出国留学相对于国内读研的流动性。在此案例分析中，学生需要对目标学校、留学费用、毕业后薪资等信息进行搜集加工，并对国外留学与国内读研等决策进行对比和思辨，最后独立做出决策。通过该案例分析，培养学生勇于探究的科学精神，强化深度学习理念并完善独立人格。

参考文献

[1] 安亚伦, 刘宝存. 美国促进高校学生外向流动的特征、动因与战略举措 [J]. 江苏高教, 2022 (7): 92-102.

[2] 毛雁冰, 吴颖. 双循环新格局下高等教育国际化促进经济增长机制研究 [J]. 教育发展研究, 2021, 41 (23): 12-20.

[3] 王璐, 邱武霞, 尤陆颖. 英国促进高校学生外向流动发展状况、动因及策略 [J]. 比较教育研究, 2021, 43 (10): 86-95.

[4] 滕珺, 安娜, 龚凡舒. 百年坐标下出国留学的新使命与新趋势 [J]. 中国教育学刊, 2021 (8): 8-13.

[5] 陈扬霖, 岳昌君. 我国高校学生留学趋势及影响因素: 2005—2017 [J]. 教育学术月刊, 2020 (5): 40-45, 111.

[6] 张日新, 王伟, 李韵婷. 教育对外开放理念下的高校教师学术能力提升 [J]. 现代教育管理, 2019 (12): 74-80.

[7] 潘昆峰, 刘佳辰. 留学归国研究生的工资溢价及其影响机制 [J]. 学位与研究生教育, 2018 (9): 53-59.

[8] 路晓蒙, 李阳, 甘犁, 等. 中国家庭金融投资组合的风险——过于保守还是过于冒进? [J]. 管理世界, 2017 (12): 92-108.

[9] 沈文钦. 我国高校本科毕业生出国读研现状及其趋势分析——基于院校差异的视角 [J]. 中国高教研究, 2017 (10): 78-82, 87.

[10] ANDERSON A, LAWTON B, REXEISEN C, et al. Short-term study abroad and intercultural sensitivity: A pilot study [J]. International Journal of Intercultural Relations, 2006, 30 (4): 457-469.

利率期限结构对我国宏观经济影响的实证分析

刘　晓

（北方工业大学经济管理学院，北京，100144）

摘要： 本文以 2010—2020 年的国债收益率数据为基础，建立我国的利率期限结构模型，通过主成分分析和动态 Nelson‐Siegel 模型对月度频率的国债利率期限结构数据进行因子提取分析，并通过结构方程模型从整体上分析利率期限结构因子与通货膨胀、人民币汇率以及货币政策的总体关系。结果表明：（1）通过前三个因子可以解释月度频率下我国利率期限结构 99.2% 的变动特征。（2）基于两步法得到的因子对于不同期限的收益率拟合残差的波动性较小，结果比较稳健。（3）债券市场利率期限结构因子对通货膨胀具有显著的影响。同时，债券市场利率期限结构因子与人民币汇率具有显著的相互影响。以及货币政策对利率期限结构因子具有显著的影响。

关键词： 利率期限结构；主成分分析；动态 Nelson‐Siegel 模型；宏观经济

1. 引言

在本科的固定收益证券课程中，会讲到一个利率期限结构模型，即某一时点上，风险、流动性、税收等性质相同的、不同期限资金的收益率与到期期限之间的关系。在理论上，可以根据市场上某一天的债券收益率数据来得到一条债券市场的利率期限曲线，并通过利率期限的关键因子来分析与宏观经济（通货膨胀、汇率和货币政策）的关系。那么，在我国的国债市场中，利率期限结构是什么样子？它对宏观经济的影响情况如何？这些问题值得进一步深入研究。

利率期限结构可以有多种形状。固定收益投资经理面临的挑战是在其投资组合中实施管理利率期限结构形状风险的过程，一种方法是找到将大部分可能的利率期限结构变动减少到几个标准化利率期限结构变动的概率组合模型。利率期限结构因子模型是一种可行的方法，被定义为一个描述收益率曲线的变动模型，与历史数据相比可以被认为是现实的。在国债利率期限结构变动因素的研究方面，许多国家研究人员都考虑采用主成分分析方法和动态Nelson-Siegel模型来解决这个问题。

基于美国政府债券收益率数据，利特曼和谢克曼（Litterman and Scheinkman，1991）[1]选择主成分分析法进行了定量研究，将可能性因子定义为水平、斜度和曲度因子。许多学者在利率期限结构研究问题上选择了主成分分析方法。尽管样本不同导致结果有所差异，但发现一般选取三个主成分就能够解释在全球很多市场中超过90%的利率期限结构变动。例如百博和卡普（Barber and Copper，1996）[2]发现，前三个主成分对利率期限结构的解释能力达到97.11%。舍雷尔和阿维亚内达（Scherer and Avellaneda，2002）[3]使用主成分因子负荷来确定各种拉丁美洲国家Brady债券的共同影响因素。德里森等（Driessen et al，2003）[4]建立了一个线性因子模型，分析美国、德国和日本的美林债券周指数收益。贾努伊（Januj，2012）[5]研究了美国、英国和德国的债券收益率的共同因子结构，发现第一个共同因素可以解释大约90%的变化。

国内方面，唐革榕和朱峰（2003）[6]发现主成分分析方法探索国债利率期限结构变动模式的影响因素，发现对利率期限结构的整体解释能力超过90%以上。王一鸣和李剑峰（2005）[7]研究表明，第一个因子是最重要的因素，单个因子的解释能力为43%。徐小华、何佳（2007）[8]发现利用主成分分析的三或四个因素便可解释大部分利率期限结构的整体变动情况。于鑫（2009）[9]分析显示因子的解释度为99%。康书隆和王志强（2010）[10]提出第一主成分能够代表水平因素；第二主成分反映斜率因素；第三主成分呈"U"形，可被视为曲率因素。叶美琴（2016）[11]根据主成分分析方法探索了利率期限结构的影响因素，发现水平因子、斜度因子以及曲度因子能够解释利率期限结构变动的95%。基于中美德三个国家的数据，韩国文等（2016）[12]从单个国家和多个国家的角度出发分别研究影响利率期限结构的主成分，发现不同国家结果相对一致，模型具有稳健性。

另外，迪博尔和李（Diebold and Li，2006）[13]对纳尔逊和西格尔（Nelson and Siegel，1987）[14]提出的指数因子结构模型进行扩展，提出了动态Nelson-Siegel模型（DNS）。迪博尔等（Diebold et al，2006）[15]发现时变参数可解释为利率期限结构的水平、斜率和曲率相对应的潜在因素。赞特德斯基等（Zantedeschi et al，2011）[16]认为，在提前三个月和六个月的预测范围内，来自DNS的时变因子载荷方法的预测效果将大大改善。维埃拉等（Vieira et al，2017）[17]提出将因子增强VAR（FAVAR）方法与利率期限结构的NS模型相结合来预测巴西的利率期限结构变动情形。

国内方面，余文龙和王安兴（2010）[18]则基于DNS模型研究了银行间国债利率期限结构拟合的实证问题。罗兴国等（2012）[19]扩展NS模型来估计和预测中国国债利率期限结构。文忠桥（2013）[20]采用粒子群算法对目标函数进行优化求解。贺畅达和齐佩金（2013）[21]考察包括DNS模型，无套利NS模型和广义无套利NS模型等构成的NS混合模型对我国利率期限结构的动态估计效果。沈根祥和陈映洲（2015）[22]发现双斜率DNS模型能显著改善我国银行间市场债券交易利率期限结构近端的拟合能力。葛静和田新时（2015）[23]考虑了无套利约束的影响，认为DNS模型和AFNS模型都存在良好的预测绩效。周荣喜等（2019）[24]将DNS用于估计国债和公司债的利率期限结构中。孔继红和岳伟（2020）[25]进行了DNS利率期限结构模型和无套利仿射模型的估计和比较。沈根祥和张靖泽（2021）[26]构建了时变方差的DNS模型。

同时，实体经济与金融状况之间存在密切反馈，经济学家和政策制定者面临需要建立良好的宏观金融联系的重大挑战。很多学者开始聚焦于利率期限结构和宏观经济变量两者关系的共同研究。洪崇理和皮亚泽西（Ang and Piazzesi，2003）[27]将仿射变量和增长等宏观因素纳入了一个仿射结构模型。伯南克等（Bernanke et al，2004）[28]使用仿射期限结构模型表明仅使用宏观经济变量就可以合理地预测所有到期日的收益率。芒什（Moench，2008）[29]提出了一种同时利用广泛的宏观经济信息集的期限结构模型。卓仕琳等（Joslin et al，2014）[30]在无套利仿射期限结构模型框架内采用主成分分析方法将期限结构分解为三个正交潜在利率期限结构因子，通过期限结构的变化来研究宏观经济现象。

考虑宏观经济对利率期限结构的单向作用方面，迪博尔德等（2006）[15]利用动态因素模型将 Nelson-Seigel 模型与针对实际活动、通货膨胀和货币政策工具的非结构性 VAR 模型进行融合。在纠正利率期限结构与宏观经济之间单向联系的缺陷方面，霍达尔等（Hördahl et al，2006）[31]构建了一个基于通胀、产出缺口和短期政策利率三个宏观经济因素的动态期限结构模型。在宏观经济和利率期限结构存在的双向作用研究方面，鲁迪布什等（Rudebusch et al，2008）[32]提出了一个通过仿射无套利期限结构模型和新凯恩斯理性预期模型将货币政策反应函数与宏观经济基本面相关的短期利率相结合的模型。阿吉亚尔-康拉里亚（Aguiar-Conraria et al，2012）[33]使用小波分析方法研究了美国的利率期限结构与宏观经济之间的关系。兰格（Lange，2013）[34]评估三个潜在的利率期限结构因素与关键的宏观经济变量之间的动态相互作用。斯旺森和威廉姆斯（Swanson and Williams，2014）[35]估计了收益率对宏观经济新闻的敏感性。久拉诺维克（Djuranovik，2014）[36]研究了印度尼西亚的利率期限结构，并在利率期限结构和宏观经济基本面之间建立了联系。斯托纳和卡尔德拉（Stona and Caldeira，2019）[37]将美国利率期限结构和巴西国内宏观经济变量因素纳入 DNS 模型。

国内方面，石柱鲜等（2008）[38]运用 VAR-ATSM 模型对我国利率期限结构因素与主要宏观变量的关系进行了研究。刘澜飚等（2014）[39]探讨了在宏观经济影响下我国利率期限结构和风险溢价的变动。周琳（2019）[40]将具有更高相关性的宏观经济指标引入 DNS 模型，对我国利率期限结构和宏观经济的相关性进行定量分析。

综上所述，主成分分析方法可以得到利率期限结构的变动因素，国内外研究均表明第一个因素即水平因素解释能力最强。DNS 模型可以得到度量利率期限结构的因子。利率期限结构与主要宏观经济变量间存在动态相关关系。一方面，宏观变量可以解释利率期限结构的部分变动，另一方面，利率期限结构中含有宏观经济的预示信息。

在此背景下，本文研究以迪博尔德和李（2006）[13] 构建的动态 Nelson - Siegel 模型为基础，引入相关性显著的宏观经济变量，运用主成分分析方法和空间状态模型估计动态利率期限结构中参数因子，进而探求在目前我国国债市场上参数因子与宏观经济变量的相互影响。

2. 模型构建

2.1 主成分分析

主成分分析是一种将给定的一组高度相关的变量，如不同剩余期限利率的变动 $[\Delta R(t, t_i)]$ 通过线性变换可以得到另一组互不相关变量的数学模型。通过保证总方差不变，即代表着没有损失有效信息，对得到的变量按照方法的大小进行排列，依次称为第一成分、第二成分和第三成分等，这几个成分定义为"主成分"。

给出利率期限结构变动的主成分分析的基本过程，主要包括以下四步：

第 1 步，首先采集不同期限即期利率变动 $\Delta R(t, t_i)$ 的历史数据，并根据下述公式将其标准化为：

$$\Delta R^*(t, t_i) = \{\Delta R(t, t_i) - E[\Delta R(t, t_i)]\} / \sigma_{\Delta R(t, t_i)} \tag{1}$$

其中，t_i 表示不同的到期时刻，$E[\Delta R(t, t_i)]$ 和 $\sigma_{\Delta R(t, t_i)}$ 分别表示利率变动 $\Delta R(t, t_i)$ 的样本均值和样本标准差。

第 2 步，计算不同期限 $\Delta R^*(t, t_i)$ 之间的方差——协方差阵 Ω，可以发现在数据标准化的情况下，Ω 实际上是相关系数矩阵。

第 3 步，计算 Ω 的特征值及其对应的特征向量，对特征向量进行正交化以及单位化，计算出互相独立的成分因子，并按特征值大小排序。

如果与最大特征值 λ 对应的特征向量表示为 $(\alpha_{11}, \alpha_{12}, \cdots, \alpha_{1n})$，那么第一成分可以计算为 $\alpha_{11}[\Delta R^*(t,t_1)]+\alpha_{12}[\Delta R^*(t,t_2)]+\cdots+\alpha_{1n}[\Delta R^*(t, t_n)]$。

以此类推，第 j 个成分就表示为第 j 大的特征值对应的特征向量中标量对 $\Delta R^*(t, t_i)$ 加权的结果，表示为 $F_j = \sum_{i=1}^{n}\alpha_{ji}[\Delta R^*(t, t_i)]$。其中，计算第一成分 F_1 的目标函数为方差最大化，计算第 k 成分 F_k 的目标函数为与前 $k-1$ 个成分 F_j $(j=1, 2, \cdots, k-1)$ 不相关条件下的方差最大化。

第 4 步，计算不同成分对应的方差贡献率，并通过计算累计方差贡献率来确定所选择主成分。第 j 成分 F_j 的方差就是相应的特征值 λ_j，F_j 的方差贡献率为 $\lambda_j \big/ \sum_{j=1}^{n}\lambda_j$，其中在标准化的情况下，$\sum_{j=1}^{n}\lambda_j = n$。前 k 个成分 F_k 的累计方差贡献率则为 $\sum_{j=1}^{k}\lambda_j \big/ \sum_{j=1}^{n}\lambda_j$。一般来说，将特征值大于 1 或者累计方差贡献率达到 85% 以上的前几个成分认定为主成分。

2.2　动态 Nelson-Siegel 模型

在假设瞬时远期利率满足参数模型的情形下，纳尔逊和西格尔（1987）[14] 提出了一种推导，即期利率函数的方法。假定远期利率与到期期限满足以下函数关系：

$$f(t) = L+Se^{-\lambda t}+C\lambda te^{-\lambda t} \tag{2}$$

其中 t 是剩余期限，$f(t)$ 是剩余期限为 t 时对应的远期利率，λ、L、S 和 C 是参数。

即期利率 $r(t)$ 和远期利率 $f(t)$ 具有以下的关系：

$$r(t) = -\frac{\ln[D(t)]}{t} = \frac{1}{t}\int_0^t f(u)\,\mathrm{d}u \tag{3}$$

其中 $D\ (t)$ 是剩余期限为 t 时对应的贴现率。

由上式可以发现 $f\ (t)\ =-\dfrac{\mathrm{dln}\ [\ D\ (t)\ ]}{\mathrm{d}t}=\dfrac{\mathrm{d}r\ (t)}{\mathrm{d}t}t+r\ (t)$。

即期利率和远期利率在端点处之间满足这样的关系：$f(0)\ =r(0)$，$f(\infty)\ =r(\infty)$。因此可以得到隐含的即期收益率曲线，即收益率曲线指数因子结构模型：

$$R_n=L+S\left[\frac{1-e^{-\lambda n}}{\lambda n}\right]+C\left[\frac{1-e^{-\lambda n}}{\lambda n}-e^{-\lambda n}\right] \tag{4}$$

其中，R_n 表示期限为 n 的国债收益率，λ、L、S 和 C 是参数。

NS 模型采用指数多项式函数形式，使得利率曲线具有光滑性的特点，实现处处多阶可导，并赋予模型中参数实际的经济意义。通过分析参数的影响范围，将三个参数分别定义为长期、短期和中期因子。

在 NS 模型的基础上，迪博尔德和李 （2006）[13] 提出了 DNS 模型：

$$R_{n,t}=L_t+S_t\left[\frac{1-e^{-\lambda n}}{\lambda n}\right]+C_t\left[\frac{1-e^{-\lambda n}}{\lambda n}-e^{-\lambda n}\right] \tag{5}$$

其中，假设利率期限结构是三个不可观察成分的函数，将其解释为利率期限结构的水平、斜率和曲率相对应的因子，从而解释了模型的经济学意义。其中，L_t 表示利率期限结构的水平因子，S_t 表示利率期限结构的斜率因子，C_t 表示利率期限结构的曲率因子。

对模型参数进行求解时，首先确定 λ 的取值，然后通过固定 λ 的取值可以将问题转化为对其他剩余参数的线性求解问题。其次基于得到的参数因子时间序列数据可以建立对应的 VAR 模型，分析利率期限结构因子的变动特征。因为该模型将确定 λ 的取值与模型中其他参数的估计分为两步进行，所以称为两步法（Two-Step）。具体来讲，在第一步根据优化思想来确定 λ 的最优取值，目标函数的设定为：$\min\limits_{\lambda}\sum\limits_{t}\sum\limits_{n}(R_{n,\ t}-R_{n,\ t}^*)^2$。其中，$R_{n,t}^*$ 表示计算的估计值。第二步将得到的 λ 最优取值作为输入，计算模型中其他参数的结果。

2.3 结构方程模型

我们运用结构方程模型（Structural Equation Model，SEM）对债券市场收益率和宏观经济之间的交互关系进行探索和实证检验。结构方程模型是一种性质优良的多元数据分析方法，其主要优点就是能够有效分析多个维度的自变量和因变量之间的因果关系。它是一种建立、估计和检验因果关系模型的方法，在研究多个变量间的复杂关系时，它常被用于替代多重回归、通径分析、因子分析和协方差分析等方法，能清晰分析单项指标、显变量（可直接观测）、潜变量（无法直接观测）对总体的作用和单项指标之间的相互关系。

结构方程模型由结构方程和测量方程两部分组成，前者是自变量对因变量的影响及二者因果关系的方程，后者是研究潜变量（自变量和因变量）与可观测变量关系的方程。

结构方程的表达式如下：

$$\eta = \beta\eta + \Gamma\xi + V \tag{6}$$

其中，η 表示内生潜变量，β 表示内生潜变量间的系数，ξ 是外生潜变量，Γ 表示外生潜变量对内生潜变量造成的影响；V 代表结构方程的残差，反映方程中内生潜变量没有被解释的部分。

同时，测量方程的表达式如下：

$$x = \Lambda_x\xi + \delta, y = \Lambda_y\eta + \varepsilon \tag{7}$$

其中，x 是外生观测变量，Λ_x 表示外生观测变量关于外生潜变量的因子载荷矩阵，δ 表示外生观测变量的误差项。y 表示内生观测变量，Λ_y 表示内生观测变量关于内生潜变量上的因子载荷矩阵，ε 表示内生观测变量的误差项。

3. 实证分析

3.1 变量选取与数据来源

选取中债国债到期收益率月度数据，样本为 2010 年 1 月至 2020 年 12 月，共计 132 个月份的数据。时间样本从 2010 年开始，是由于中国债券市场发展较晚，前期交易不活跃。如在 2010 年前，国债的日交易量平均不到 10 只，由此产生的利率期限结构是存在较大问题的。国债的到期期限选择 3 月、6 月、9 月、12 月、24 月、36 月、48 月、60 月、72 月、84 月、96 月、108 月及 120 月。其收益率变化如图 1 所示。

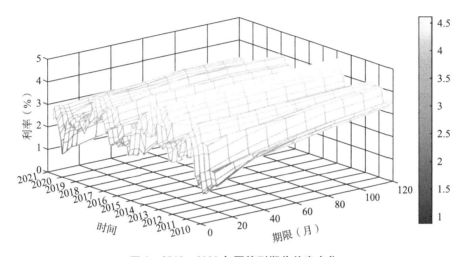

图 1　2010—2020 年国债到期收益率变化

　　图 1 描绘了 2010—2020 年国债到期利率期限结构曲线，可以看出在某一固定日期的利率期限结构基本呈现上升趋势，这与利率期限结构的预期理论是相符合的。沿着时间维度，可以发现从 2010 年到 2020 年，同一到期月（比如 10 年期）的到期收益率并不是一直增大，而是先增大后减小，说明债券市场近年来进入了较低利率时代。为进一步分析国债收益率的月度特征，在表 1 中报告了针对不同到期月份的月度收益率数据的描述性统计。

表 1　月度收益率数据的描述性统计

变量	均值	标准差	最小值	最大值	1% 分位数	99% 分位数	偏度	峰度
$M3$	2.620	0.650	0.892	4.530	1.154	4.399	0.102	3.168
$M6$	2.691	0.615	0.998	4.220	1.309	4.154	−0.041	2.887

变量	均值	标准差	最小值	最大值	1% 分位数	99% 分位数	偏度	峰度
M9	2.730	0.599	1.141	4.150	1.420	4.068	−0.049	2.666
M12	2.766	0.617	1.133	4.150	1.343	4.052	−0.105	2.663
M24	2.937	0.556	1.327	4.350	1.733	4.238	0.046	2.685
M36	3.057	0.522	1.413	4.396	1.815	4.302	0.060	2.947
M48	3.143	0.498	1.603	4.438	1.989	4.317	0.116	2.911
M60	3.228	0.478	1.793	4.480	2.163	4.332	0.169	2.879
M72	3.316	0.454	2.057	4.530	2.383	4.381	0.243	2.837
M84	3.405	0.433	2.321	4.580	2.525	4.482	0.316	2.845
M96	3.429	0.431	2.386	4.590	2.543	4.501	0.314	2.860
M108	3.454	0.431	2.450	4.600	2.559	4.519	0.290	2.860
M120	3.479	0.434	2.515	4.610	2.577	4.537	0.250	2.833

表1是针对不同到期月份的收益率数据的描述性统计，可以发现收益率的均值与到期期限具有单调递增的关系，与图1中的不同到期日的收益率均值的变化是一致的。图1结果也契合了教材所提到的利率期限结构预期理论，不同到期期限的国债利率有同向运动的趋势。同时发现到期日较短的国债收益率的标准差较大，说明短期债券相对于长期债券，其收益率具有较大的波动性。一年期以下的国债收益率的偏度为负值，呈现左偏特点，一年期以上的国债收益率为正值，呈右偏特点。

3.2　利率期限结构的因子提取

3.2.1　基于主成分分析的因子

接下来，介绍基于主成分分析的月度因子分析结果。基于我国2000年1月至2020年12月的月度收益率数据，得到和以往研究比较接近的结论。表2是3个利率期限结构因子在不同期限收益率的载荷，在图2中表示期限10年内的因子载荷图。

表 2 中国国债前三个利率期限结构因子

（2010 年 1 月—2020 年 12 月，输入为百分比）

到期日	0.25	0.5	0.75	1	2	3	4	5	6	7	8	9	10
因子 1	0.071	0.072	0.073	0.073	0.076	0.077	0.078	0.077	0.077	0.077	0.076	0.075	0.073
因子 2	0.369	0.368	0.350	0.328	0.209	0.080	-0.028	-0.076	-0.165	-0.185	-0.245	-0.292	-0.331
因子 3	1.334	0.649	0.147	0.177	-0.584	-1.136	-1.047	-0.950	-0.572	-0.507	0.129	0.538	0.822

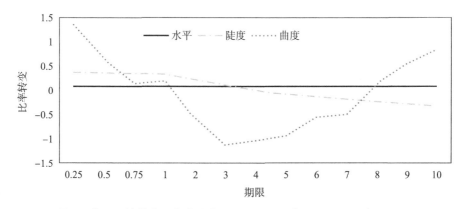

图 2 中国国债的前三个收益曲线因子（2010 年 1 月—2020 年 12 月）

根据主成分的结果显示，第一个主成分能够解释收益曲线变动的 91.2%，后两个因子的解释能力分别为 7.2% 和 0.8%。通过前三个因子可以解释月度频率下我国利率期限结构 99.2% 的变动特征，百分比结果证明本次实证满足主成分分析的基本要求。表 2 的结果说明，当第一个主成分受到一个正标准差的冲击时，会导致 0.25 年期债券的收益率增加 0.071%，2 年期债券增加 0.076% 等，随着期限的延续，引起 10 年期债券增加 0.073%。从图 2 中发现该因子对不同期限收益率造成的影响是比较相似的，也就是说该因子解释了利率期限结构整体的平行移动，是与利率期限结构中的平行变化相关的。观察第二个因子，可以发现，当它受到一个正标准差的冲击时，对长短期的收益率造成了不同的影响。短期收益率会增加，而长期收益率会降低。比如，

1 年期债券会上升 0.368%，10 年期降低 0.331%。因此认为这个主成分反映了与利率期限结构的斜率有关的特征。同时可以发现这个因子的解释 R^2 为 7.2%，与第一个主成分的解释 R^2 为 91.2% 相比，重要性要低。而第三个因子的 R^2 为 0.8%，占比更小，认为该因子反映了利率期限结构中曲度变化，原因是当第三个主成分面临一个正标准差的冲击时，短期和长期的收益率会相应增加，而中期收益率反而减小。

在任何其他时间序列或回归模型中一样，因子的影响可能会根据所选择的研究时间而变化。然而，如果选择用于估计这些因子的采样周期内的任何日期，这些因子的线性组合应该能说明在该日期利率期限结构的变动情况。

3.2.2 基于动态 Nelson-Siegel 模型的因子

根据 2.2 节提出的 DNS 模型对利率期限结构因子进行分析。两步法模型中根据迪博尔德等（2006）的研究结论中固定取值 $\lambda = 0.0609$，则根据最小二乘方法可以得到度量利率期限结构的水平因子、斜率因子以及曲率因子的时间序列数据，表 3 是描述性统计分析。

表 3　两步法的参数因子的描述性统计

变量	均值	标准差	最小值	最大值	1%分位数	99%分位数	偏度	峰度
L_1	3.740	0.448	2.903	5.228	2.920	5.045	0.552	3.540
S_1	-1.135	0.556	-3.089	-0.158	-2.933	-0.173	-1.128	4.688
C_1	-0.758	1.026	-3.862	1.471	-3.801	0.228	-0.570	3.250

从表 3 中可以发现，用该方法得到的各类因子（L_1、S_1、C_1）的均值与一些经典文献得出的这类因子的均值存在一定差异。其中曲率因子的波动性最大，在不同的日期下会存在正的曲率因子和负的曲率因子，这说明中期的收益率会受到正向和负向两种可能的影响。接下来分析当选择 $\lambda = 0.0609$ 时，利率期限结构的水平、斜率和曲率因子的载荷与到期期限（月）之间的关系，

图 3 给出模型对相应的因子载荷。

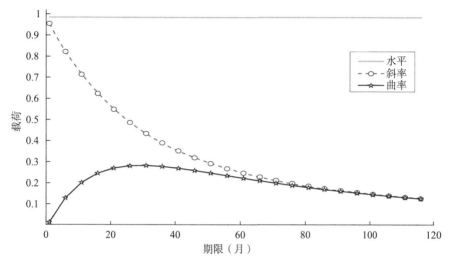

图 3　模型对应的因子载荷

　　从图 3 得到的因子载荷可以看出，水平因子的载荷为等于 1 的一条直线。斜率因子的载荷是一条递减的曲线，可以发现随着期限的增加曲线的递减速度放缓。曲率因子的载荷是一条先增大后减小的曲线。这与 2.2 中的理论分析是一致的。其次结合残差图分析两步法的拟合结果，图 4 给出模型的拟合残差。

　　从图 4 的拟合残差可以看出残差基本在 0 左右变动，意味着模型的拟合效果较好。从到期期限的维度分析，长期期限的收益率拟合的残差更加平稳，残差最大的区域位于期限 0 附近，意味着短期收益率的拟合效果不稳健。从不同期限收益率拟合残差的均值和标准差两个方面比较两步法的效果，结果见表 4。

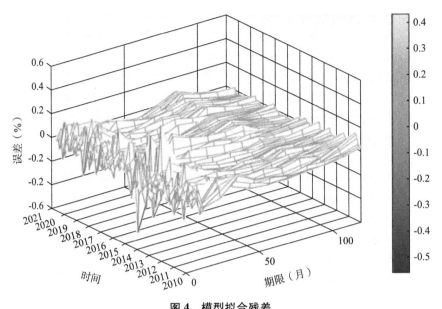

图 4 模型拟合残差

表 4 模型拟合误差的比较

月	两步法		月	两步法	
	均值（bps）	标准差（bps）		均值（bps）	标准差（bps）
M3	−2.061	7.366	M60	−2.665	4.133
M6	1.104	5.762	M72	~0.634	2.665
M9	0.943	9.387	M84	2.847	3.269
M12	0.442	12.873	M96	1.047	1.636
M24	1.642	3.902	M108	0.073	2.326
M36	0.024	4.276	M120	~0.273	4.435
M48	−2.490	3.611			

从表 4 可以看出发现基于两步法得到的因子对于不同期限的收益率拟合残差的波动性较小，结果比较稳健。相对来讲，两步法对于短期和长期国债的收益率拟合效果较好，长短期拟合效果波动较小。而对于中期债券的到期收益率拟合效果较差，残差的均值和标准差都较大。

3.3 利率期限结构的宏观经济影响

利用 AMOS17.0 构建债券市场利率期限结构因子与宏观经济因子（通货膨胀、人民币汇率和货币政策）的结构方程模型。其中，利率期限结构因子是基于 3.2 中 DNS 模型得到的 2010 年 1 月—2020 年 12 月的水平因子、斜率因子和曲率因子。在宏观经济维度，物价稳定方面选择以月度 *CPI* 同比表示的通货膨胀率（*CPI*），资产价格方面选择人民币对美元的汇率来表示外汇市场价格（*EX*），宏观流动性方面选择以 SHIBOR 一个月期利率表示的价格型货币政策（*SH*）。将样本数据进行模型适配，然后对设定模型进行参数估计、显著性检验和结果分析。

SEM 模型一般要求变量的个数超过 200 个，这样得到的结果是比较有意义的。本特勒（Bentler，1987）[41] 研究发现为保证估计结果的有效性，样本数据量要大于待估参数的 5 倍，本文选择了 4 个变量，因此样本量至少要超过 20 个才能够基本满足本次 SEM 模型的分析要求。模型的计算结果见表 5 和图 5、图 6、图 7。

分析我国债券收益率曲线变动与宏观经济指标之间相关性研究可以发现，收益率曲线中包含预测通货膨胀的信息，可以预测未来的经济活动。人民币汇率的变动会直接影响到债券市场的发展。当债券市场收益率发生变动时，国际金融市场上的资金会涌入购买收益率更高的资产，从而推动汇率的波动。一个高效发达的债券市场有助于中央银行实现货币政策的传导作用，流动性较高的债券市场可以使货币政策得到有效地贯彻落实。基于以上分析，本节做出如下 3 个假设：

H1：债券市场收益率曲线因子对通货膨胀具有显著影响；

H2：债券市场收益率曲线因子与人民币汇率存在显著的相互影响；

H3：货币政策对收益率曲线因子会产生显著的影响。

根据表 5 结构模型参数统计和图 5 显示，利率期限结构水平因子对通货膨胀和人民币汇率的影响路径的 C. R. 值分别为 -65.500 和 -10.667，P 值均小于标准值 0.05，说明路径作用达到了显著的水平，利率期限结构水平因子对通货膨胀和人民币汇率会产生显著的负向作用。在水平因子角度下证明了假设 H1 的存在性，产生的作用路径参数值依次是 -0.655 和 -1.024，意味着利率期限结构水平因子每提升 1 个单位，通货膨胀和人民币汇率会随之分别相应地减小 0.655 和 1.024 个单位，说明利率期限结构水平因子会对人民币汇率造成较大的负向作用。货币政策对利率期限结构水平因子造成的正向作用参数为 1.174，在 0.01 水平上通过了显著性检验。人民币汇率对利率期限结构水平因子的标准化路径系数为 1.081，在 0.1 水平上通过了显著性检验。说明假设 H2 与 H3 成立。同时说明利率期限结构水平因子受到货币政策的正向影响较大。

表 5　结构方程模型拟合结果

因变量		自变量	Estimate	S. E.	C. R.	P
L	<---	SH	1.174	0.099	11.859	***
CPI	<---	L	-0.655	0.010	-65.500	***
EX	<---	L	-1.024	0.096	-10.667	***
L	<---	EX	1.081	0.644	1.679	*
S	<---	SH	-1.298	0.133	-9.759	***
CPI	<---	S	-0.431	0.009	-47.889	***
EX	<---	S	1.366	0.15	9.107	***
S	<---	EX	-1.542	0.848	-1.818	*
C	<---	SH	-2.234	0.699	-3.196	***
CPI	<---	C	0.462	0.006	77.000	***
EX	<---	C	2.694	0.393	6.855	***
C	<---	EX	-3.543	4.969	-0.713	—

注：***、**、* 分别表示在 1%、5%、10% 水平上显著。下同。

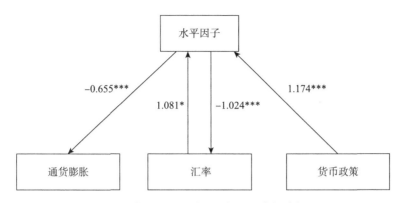

图5　水平因子影响机制标准化参数路径

　　类似地，将债券市场利率期限结构水平因子替换为斜率因子和曲率因子，进行同样分析。表5结构模型参数统计和图6显示，利率期限结构斜率因子对通货膨胀和人民币汇率的影响路径的 C. R. 值分别为 -47. 889 和 9. 107，P 值均小于标准值 0. 05，说明路径达到了显著的水平，利率期限结构斜率因子会对通货膨胀产生显著的负向作用，而对人民币汇率产生的作用则是正向的。在斜率因子的角度下证明了假设 H1 的存在性，产生的作用路径参数依次是 -0. 431 和 1. 366，意味着利率期限结构斜率因子每提升 1 个单位，通货膨胀随之相应地减小 0. 431 个单位，人民币汇率会随之相应地增加 1. 366 个单位，说明利率期限结构斜率因子会对人民币汇率造成较大的正向作用。货币政策对利率期限结构斜率因子造成的负向作用参数是 -1. 298，在 0. 01 水平上满足了显著性检验。人民币汇率对利率期限结构斜率因子的标准化路径系数为 -1. 542，在 0. 1 水平上通过了显著性检验。说明假设 H2 与 H3 成立。同时说明利率期限结构斜率因子受人民币汇率的负向影响较大。

　　接下来，分析利率期限结构曲率因子与通货膨胀、人民币汇率和货币政策的整体关系。表5结构模型参数统计和图 7 显示，利率期限结构曲率因子对通货膨胀和人民币汇率的影响路径的 C. R. 值分别为 77. 000 和 6. 855，P 值均小于标准值 0. 05，说明路径达到了显著的水平，利率期限结构曲率因子会对通货膨胀和人民币汇率产生显著的正向作用。在曲率因子的角度下证明了

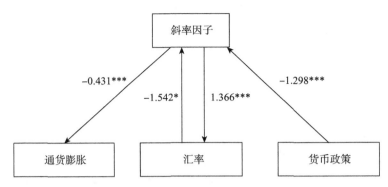

图6 斜率因子影响机制标准化参数路径

假设 H1 的存在性，产生的作用路径参数依次是 0.462 和 2.694，意味着利率期限结构曲率因子每提升 1 个单位，通货膨胀和人民币汇率会随之相应地增大 0.462 和 2.694 个单位，说明利率期限结构曲率因子会对人民币汇率产生更大的正向作用。货币政策对利率期限结构曲率因子造成的负向作用参数是 -2.234，在 0.01 水平上通过了显著性检验，这说明假设 H3 成立，利率期限结构曲率因子受到货币政策的负向影响较大。人民币汇率对利率期限结构曲率因子的标准化路径系数为 -3.543，没有通过显著性检验。

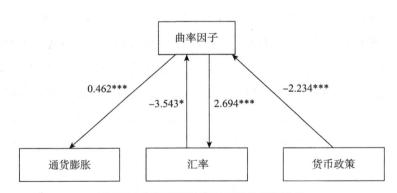

图7 曲率因子影响机制标准化参数路径

综上分析，本节以利率期限结构跨市场下的宏观经济影响关系为主线，利用结构方程模型探讨了与通货膨胀、人民币汇率和货币政策影响机制，发现债券市场利率期限结构因子对通货膨胀具有显著影响；同时，债券市场利率期限结构因子和人民币汇率之间存在显著的相互作用；以及货币政策会对利率期限结构因子造成显著的影响。从债券市场利率期限结构和宏观经济的相关性入手，研究结果为增强宏观政策的有效性，推动经济高质量发展提供了参考。

4. 结语

本文利用 2010 年 1 月—2020 年 12 月的我国国债收益率月度对我国的利率期限结构进行估计，在此基础上，通过主成分分析和动态 Nelson-Siegel 模型提取了度量利率期限结构的三个特征因子：水平因子、斜率因子和曲率因子，并根据结构方程模型从整体上探讨利率期限结构因子与宏观经济因子（包括通货膨胀、人民币汇率以及货币政策）的总体关系。研究结果表明：在样本期内，基于主成分分析发现通过前三个因子可以解释月度频率下我国利率期限结构的 99.2% 的变动特征，其中第一个主成分能够解释变动的 91.2%。基于两步法得到的因子对于不同期限的收益率拟合残差的波动性较小，结果比较稳健，可以作为利率期限结构的有效代表。在利率期限结构与宏观经济的关系研究方面发现，债券市场利率期限结构因子对通货膨胀具有显著的影响。同时，债券市场利率期限结构因子与人民币汇率具有显著的相互影响，以及货币政策对利率期限结构因子具有显著的影响。

上述实证分析的结果，充分说明了国债利率期限结构中蕴含有丰富的宏观经济层面的信息，如通货膨胀、汇率变动、货币政策的传导效应等，能够充分地反映宏观经济体的运行情况，为金融经济体系提供重要的定价基础。本文的研究为利率期限结构在我国宏观经济分析中的有效应用提供理论支持与经验依据。因此投资者应该牢固树立大局观念和全局意识，通过分析不同时期宏观经济变量与利率期限结构的关系，形成更加成熟、更加科学的投资策略机制。

参考文献

［1］LITTERMAN R B, SCHEINKMAN J A. Common factors affecting bond returns ［J］. The Journal of Fixed Income, 1991, 1 (1)：54−61.

［2］BARBER J R, COPPER M L. Immunization using principal component ［J］. Analysis Journal of Portfolio Management, 1996, Fall：99−105.

［3］SCHERER K P, AVELLANEDA M. All for one-one for all? A principal component analysis of the Latin American Brady bond debt from 1994 to 2000 ［J］. Journal of International Theoretical and Applied Finance, 2002, 5 (1)：79−107.

［4］DRIESSEN J, MELENBERG B, NIJMAN T. Common factors in international bond returns ［J］. Journal of International Money and Finance, 2003, 22 (5)：629−656.

［5］JANUJ J. Common factors, principal components analysis, and the term structure of interest rates ［J］. International Review of Financial Analysis, 2012, 24：48−56.

［6］唐革榕, 朱峰. 我国国债收益率曲线变动模式及组合投资策略研究 ［J］. 金融研究, 2003 (11)：64−72.

［7］王一鸣, 李剑峰. 我国债券市场收益率曲线影响影响因素的实证分析 ［J］. 金融研究, 2005 (1)：111−123.

［8］徐小华, 何佳. 利率期限结构中的货币政策信息 ［J］. 上海金融, 2007 (1)：32−35, 38.

［9］于鑫. 宏观经济对利率期限结构的动态影响研究 ［J］. 南方经济, 2009 (6)：25−33.

［10］康书隆, 王志强. 中国国债利率期限结构的风险特征及其内含信息研究 ［J］. 世界经济, 2010, 33 (7)：121−143.

［11］叶美琴. 我国国债收益率曲线波动的主成分分析 ［J］. 时代金融, 2016 (6)：23−25.

［12］韩国文, 黄笑言, 赵刚. 中美德国债收益率曲线的共同影响因素 ［J］. 金融论坛, 2016, 21 (10)：30−39, 50.

［13］DIEBOLD F X, LI C. Forecasting the term structure of government bond yields ［J］. Journal of Econometrics, 2006, 130 (2)：337−364.

［14］NELSON C R, SIEGEL A F. Parsimonious modeling of yield curves ［J］. Journal of Business, 1987, 60 (4)：473−489.

［15］ DIEBOLD F, RUDEBUSCH G, ARUOBA S. The macroeconomy and the yield curve：A dynamic latent factor approach ［J］. Journal of Econometrics, 2006, 131：309-338.

［16］ ZANTEDESCHI D, DAMIEN P, POLSON N G. Predictive macro-finance with dynamic partition models ［J］. Journal of the American Statistical Association, 2011, 106 (494)：427-439.

［17］ VIEIRA F, FERNANDES M, CHAGUE F. Forecasting the Brazilian yield curve using forward-looking variables ［J］. International Journal of Forecasting, 2017, 33 (1)：121-131.

［18］ 余文龙, 王安兴. 基于动态 Nelson—Siegel 模型的国债管理策略分析 ［J］. 经济学 (季刊), 2010, 9 (3)：1403-1426.

［19］ LUO X G, HAN H F, ZHANG J E. Forecasting the term structure of Chinese treasury yields ［J］. Pacific-Basin Finance Journal, 2012, 20 (5)：639-659.

［20］ 文忠桥. 中国银行间国债市场利率期限结构实证分析——基于 Nelson-Siegel 模型 ［J］. 财贸研究, 2013, 24 (3)：124-129.

［21］ 贺畅达, 齐佩金. 基于 NS 混合模型的中国利率期限结构动态估计比较研究 ［J］. 数学的实践与认识, 2013, 43 (20)：1-11.

［22］ 沈根祥, 陈映洲. 双斜率因子动态 Nelson-Siegel 利率期限结构模型及其应用 ［J］. 中国管理科学, 2015, 23 (10)：1-10.

［23］ 葛静, 田新时. 中国利率期限结构的理论与实证研究—基于无套利 DNS 模型和 DNS 模型 ［J］. 中国管理科学, 2015, 23 (2)：29-38.

［24］ 周荣喜, 熊亚辉, 李洋光, 等. 基于 DNS 模型的我国公司债信用利差预测 ［J］. 北京化工大学学报 (自然科学版), 2019, 46 (6)：78-84.

［25］ 孔继红, 岳伟. 动态 Nelson-Siegel 模型与无套利约束相容吗？ ——来自中债国债收益率曲线的经验证据 ［J］. 中国管理科学, 2020, 28 (4)：61-72.

［26］ 沈根祥, 张靖泽. 条件异方差动态 Nelson-Siegel 利率期限结构模型及其应用 ［J］. 中国管理科学, 2021, 29 (10)：1-11.

［27］ ANG A, PIAZZESI M. A no-arbitrage vector auto-regression of term structure dynamics with macroeconomic and latent variables ［J］. Journal of Monetary Economics, 2003, 50 (4)：745-787.

［28］ BERNANKE B, BLINDER A. The federal funds rate and the channels of monetary transmission〔J〕. American Economic Review, 1992, 82（4）：901-921.

〔29〕MOENCH E. Forecasting the yield curve in a data-rich environment：A no-arbitrage factor-augmented VAR approach〔J〕. Journal of Econometrics, 2008, 146（1）：26-43.

〔30〕JOSLIN S, PRIEBSCH M, SINGLETON K J. Risk premiums in dynamic term structure models with unspanned macro risks〔J〕. Journal of Finance, 2014, 69（3）：1197-1233.

〔31〕HÖRDAHL P, TRISTANI O, VESTIN D. A joint econometric model of macroeconomic and term structure dynamics〔J〕. Journal of Econometrics, 2006, 131：405-444.

〔32〕RUDEBUSCH G D, WU T. A macro-finance model of the term structure, monetary policy, and the economy〔J〕. The Economic Journal, 2008, 118：906-926.

〔33〕AGUIAR-CONRARIA L, MARTINS M, SOARES M J. The yield curve and the macro-economy across time and frequencies〔J〕. Journal of Economic Dynamics and Control, 2012, 36：1950-1970.

〔34〕LANGE R H. The Canadian macroeconomy and the yield curve：A dynamic latent factor approach〔J〕. International Review of Economics & Finance, 2013, 27：261-274

〔35〕SWANSON E T, WILLIAMS J C. Measuring the effect of the zero lower bound on medium- and longer-term interest rates〔J〕. American Economic Review, 2014, 104（10）：3154-3185.

〔36〕DJURANOVIK L. The Indonesian macroeconomy and the yield curve：A dynamic latent factor approach〔J〕. Journal of Asian Economics, 2014, 34：1-15.

〔37〕STONA F, CALDEIRA J F. Do U. S. factors impact the Brazilian yield curve? Evidence from a dynamic factor model〔J〕. The North American Journal of Economics and Finance, 2019, 48：76-89.

〔38〕石柱鲜, 孙皓, 邓创. 中国主要宏观经济变量与利率期限结构的关系：基于 VAR-ATSM 模型的分析〔J〕. 世界经济, 2008（3）：53-59.

〔39〕刘澜飚, 沈鑫, 王博. 中国宏观经济对国债利率期限结构的影响研究——基于动态随机一般均衡模型的分析〔J〕. 金融研究, 2014（11）：49-63.

〔40〕周琳. 中国国债利率期限结构与宏观经济相关性实证研究——基于动态 Nelson-Siegel 模型〔J〕. 辽宁大学学报（哲学社会科学版）, 2019, 47（3）：55-65.

〔41〕BENTLER P M, CHOU C. Practical issues in structural modeling sociological〔J〕. Methods & Research, 1987, 16（1）：78-11.